宁波文化研究工程·特色文化研究　TS31.201801

宁波帮与中国近代保险史略

王珏麟　编著

ZHEJIANG UNIVERSITY PRESS
浙江大学出版社

图书在版编目(CIP)数据

宁波帮与中国近代保险史略/王珏麟编著.—杭州：
浙江大学出版社，2018.7(2019.2重印)
ISBN 978-7-308-18438-0

Ⅰ.①宁… Ⅱ.①王… Ⅲ.①保险业－经济史－中国
－近代 Ⅳ.①F842.9

中国版本图书馆 CIP 数据核字(2018)第 161614 号

宁波帮与中国近代保险史略

王珏麟　编著

策划编辑	吴伟伟
责任编辑	杨利军　陈　翩
责任校对	陈静毅　边望之
封面设计	项梦怡
出版发行	浙江大学出版社
	（杭州市天目山路 148 号　邮政编码 310007）
	（网址:http://www.zjupress.com）
排　　版	浙江时代出版服务有限公司
印　　刷	绍兴市越生彩印有限公司
开　　本	710mm×1000mm　1/16
印　　张	18.5
字　　数	293 千
版 印 次	2018 年 7 月第 1 版　2019 年 2 月第 2 次印刷
书　　号	ISBN 978-7-308-18438-0
定　　价	54.00 元

写在前面的话

2018 年立春，在冰雪消融、春回大地之际，本书的编写工作终于完成了。窗外，红梅绽放枝头，在凛冽的寒风中愈发艳丽。

从 2004 年对中国保险历史产生兴趣，时间已经过去了 14 年；从 2008 年年初第一篇文章交与《宁波保险》期刊发表，时间也已经过去了 10 年。岁月如梭，笔者对中国保险历史特别是宁波保险历史的研究终于有了些许的成果。

一、保险是商品经济发展的产物

从中国保险业发展进程看，1805 年谏当保险行的设立是国外保险业进入中国的开始，但由于自给自足的自然经济仍然在中国封建经济中占据主导地位，直到 1835 年，国内才有了第二家外资保险行——于仁洋面保险行。

1842 年"五口通商"后，中国保险业的中心由广州转到上海，"宁波商人，自其人数之多、历史之远、势力之大，观之，实可谓上海各商领袖"。宁波人的商品意识非常强，在中国商业贸易发达地区，均能看到宁波人的身影，因此，宁波商帮进入上海后迅速崛起，实力逐渐超过广东帮，并从上海向其他地区拓展，其中当然包括保险业的外拓。

1965 年到 20 世纪 70 年代末，中国保险业的发展几近停滞。改革开放以来，特别是中国加入世界贸易组织（WTO）以来，中国经济获得了空前发展,中国终于超过日本,成为仅次于美国的世界第二大经济体。2016年年底,中国保险业的发展超过日本,中国成为世界排名第二的保险大国。中国保险业发展进程说明,只有坚持发展商品经济,只有积极融入全球经济,中国经济才会更好更快发展。正如习近平总书记在2017年达沃斯论坛上所讲:"经济全球化为世界经济增长提供了强劲动力,促进了商品和资本流动、科技和文明进步、各国人民交往。"毋庸置疑,中国目前已经是世界保险大国,而要成为保险强国,中国还有很长的路要走。但我们欣喜地看到,随着中国"一带一路"建设的推进,中国保险业正在深度参与全球保险业的治理。

二、宁波帮引领中国保险业近50年

自1805年英国人将保险业带入中国到1865年中国正式开海禁,这60年间中国保险业基本上是洋人的天下。当中国民族保险业的曙光在东方地平线上升起的时候,宁波帮通过供职于保险机构、间接参股和投资保险公司而逐步进入保险行业。洋务运动则助推了中国民族保险业的发展。而宁波帮真正拥有自己完全控股的保险公司则是在1905年。从这一时间算起,到1949年后的保险公司公私合营为止,宁波帮引领中国保险业近50年。1905年以来,无论是外资、合资还是民族保险公司,都有宁波帮的身影。由宁波帮自己创办的和直接控制的保险公司主体,占到当时民族保险公司的30%左右。中国保险学会、保险同业公会和上海市保险业业余联谊会(简称"保联")均由宁波帮发起与创办,历届正副主席、理事中,宁波人都占有一定的比例。中国共产党地下工作者在1949年之前创办的红色保险机构共有3家(民安产物保险公司、大安产物保险公司、联安产物保险公司),均为宁波人卢绪章、谢寿天创建。宁绍人寿保险公司总经理胡泳骐在担任同业公会会长期间,迫使外商同意在保险费率的确定上与华商商议,在其主持下结束了华商保险公司保险单上没有中文条款的历史。胡泳骐、沈敦和等人推动了《中华民国保险法》的制定和出台。1949年5月,谢寿天、林震峰等人接管和改造民族保险业。中国人民保险公司初创时期的人员均来自中国保险公司和太平保险公司。中国保险公司、香港民安保险公司自中华人民共和国成立以来,在香港等地继续为国家创汇,为社会主义建设和发展做出了重大贡献。清末到民国时期发生的中国保险重大事件,均有宁波人的参与。这些研究和考证都说明宁波帮在当时中国保险业发展中占有重要地位,也说明清末到中华人民共和国成立初期,中国保险业近50年的历史是在宁波帮的引领下书写的。因此,本书之研究填补了中国保险史的空白。

不知不觉,中国保险业已经走过了200多年的发展历程。今天的中国保险业,无论在主体上还是在规模上,都远超旧中国的民族保险业。从1805年保险业作为"舶来品"进入中国到21世纪初中国保险业紧紧抓住中国加入WTO的难得历史机遇乘势而上,再到2015年以来中国保险业积极"走出去"到世界保险市场展开搏击,中国保险业已经勇敢地迈出了坚实的步伐。这一巨大变化足令我国当今保险人自豪。

王珏麟

2018 年 2 月 1 日

目 录

绪论:中国近代保险业的宁波元素

"通商互市甬江东,货殖竞豪雄。"以商业贸易闻名海内外的宁波同样产生了对包括保险业在内的近代金融业的需求,进而推动宁波人在近代中国金融业的发展与进步历程中书写辉煌的篇章。19世纪初,由外商率先引入的中国保险业,由于当时社会经济条件的限制,并没有持续发展,而是时断时续,直至20世纪初,近代中国保险业才真正迎来了发展契机,并在二三十年代达到高潮。在这一过程中,宁波商人始终作为中坚力量,领风气之先,竞相投资保险业。他们不仅是近代中国华商保险业的开拓者,而且为推动保险业的发展与进步做出了巨大贡献。从我们掌握的史料看,宁波人周金箴1905年参与华洋人寿保险公司的经营管理,朱葆三于1905年创办华兴水火保险公司,1906年,朱葆三又与鄞县(今宁波市鄞州区)商人沈敦和等成立华安水火保险公司,这种竞相投资对中国近代保险业的发展起到了推波助澜的作用。特别是从民国时期到新中国对保险公司进行公私合营这段时期,宁波商人在保险业中更是以长袖善舞、奋发有为而引人注目。在近代宁波,与发达的商业贸易相适应,保险业也得到很大程度的发展,当地百姓与企业的保险意识更是可圈可点。宁波商人在近代中国保险业的发展史上扮演了十分重要的角色,他们的地位与作用至少包括以下四个方面。

第一,大批保险业精英与保险企业应运而生。

进入20世纪初特别是在20世纪二三十年代后,在中国的社会和经济近代化发展进程中,民族保险业迅速崛起,孕育和铸造了严信厚、叶澄衷、沈敦和、周金箴、朱葆三、虞洽卿、宋汉章、傅筱庵、秦润卿、刘鸿生、徐可陞、王伯元、梁晨岚、厉树雄、卢绪章、谢寿天、傅其霖、董汉槎、孙衡甫、严福堂、朱晋椒、林震峰等一大批颇具影响力的宁波籍保险人物。1904 年后,宁波人周金箴、朱葆三、沈敦和等人创办了中国第一批保险公司。据著名经济史学者杜恂诚《民族资本主义与旧中国政府》一书统计,1911 年前创办于上海、资本 1 万元以上的商办保险公司仅有 9 家,而由宁波商人创办的至少有 6 家。华兴水火保险公司、华安水火保险公司、华安人寿保险公司、华成火险公司的创办人员大多是中国通商银行的高级职员,而其中相当一部分人员是宁波人。宋汉章、刘鸿生、孙衡甫、秦润卿、卢绪章、谢寿天、方液仙、董汉槎、傅其霖等也先后创办了中国保险公司、信平保险公司、大华保险公司、宁绍保险公司、四明保险公司、中国天一保险公司、民安产物保险公司、大安产物保险公司、长城保险公司、中国航运保险公司和中国海上意外保险公司等保险公司,其中国保险公司、华安合群人寿保险公司是民国时期中国最大的保险公司。朱葆三、方椒伯、傅其霖参与创办了中国首家再保险公司——华商联合保险公司。

在近代创建的众多华商保险公司中,谢寿天创建的大安产物保险公司、卢绪章创办的民安产物保险公司与联安产物保险公司是中华人民共和国成立前由中国共产党领导创办的仅有的 3 家保险公司。胡詠骐在宁绍人寿保险公司工作期间积极支持由中共地下党创办的协会和刊物,为中国革命的发展做出了重要贡献。中华人民共和国成立后,对保险行业进行治理整顿,内地正常经营的只有中国人民保险公司。原中国保险公司、民安产物保险公司则到境外发展,创造了大量的外汇。中国保险公司、民安产物保险公司也是中国保险史上仅有的没有中断发展的保险公司。中国保险公司还为中国人民保险公司输送了大量的专业人才。林震峰则是中国人民保险公司事业的开拓者和奠基者。在经商活动中,宁波帮除了把积累的巨额资金不断投向各行各业、投入再生产外,也留有一部分用于所在地和家乡的公益事业,他们办学校、立义庄、修筑道路、设立各种基金和奖学金等,赢得了社会各界的信赖和称赞。

第二,创办行业团体,推动行业自治与发展。

1907 年,朱葆三创办了中国第一家保险同业团体华商火险公会并担任会长,随后沈敦和继任会长。宁波定海人厉树雄是华兴水火保险公司和泰山保险公司的董事,1925 年任上海保险业联合会会长,后担任当时中国最大的保险行业团体——上海市保险业同业公会常务主席。宋汉章、徐可陞、胡詠骐也先后担任过上海市保险业同业公会会长或代理会长(主席)。1936年,华商组织成立上海保险经纪人公会,宁波鄞县人朱晋椒被推选为第一届主席。1937 年,胡詠骐、谢寿天、林震峰等人筹备建立了上海市保险业业余联谊会。1942 年,董汉槎出任上海市保险同业公会常务理事,后被选为全国保险公会联合会常务理事。任职期间,他们努力争取华商保险业合法权益,加强保险界联系,同时积极倡导行业自治与自律,有力地推动了保险业的发展与进步。在保险业进入中国后的很长一段时间里,保险条款都采用英文来呈现。胡詠骐在 1935 年主持翻译了保险单上的英文条款,结束了我国民族资本保险公司保险单上没有中文条款的历史,为中国保险事业发展做出了特殊贡献。包玉刚在中央信托局工作期间,尽心尽力开办中国兵险业务。由于宁波人很早就在上海开拓中国保险事业,其间培育了一大批的保险专业人才,为中国近代再保险业、兵险和航运保险的发展做出了很大贡献。

第三,推动上海金融中心地位的建立,助力地方经济发展与社会进步。

长期以来,上海是近代中国的金融中心与经济中心,而宁波人在上海的经济活动中有着举足轻重的地位,他们操纵了上海的商业和金融业主导权,其商业版图延伸至长江中下游其他城市,尤其是直接受上海商业势力辐射的地方。在商业贸易领域迅速完成原始积累的宁波商人,频频试水航运业、银行业、保险业等行业。保险业是上海近代金融业的重要组成部分,宁波商人的保险经营活动有力推动了上海金融中心地位的建立。此外,宁波帮保险企业家在天津、汉口以及家乡宁波的经营活动,同样为当地经济发展与社会进步做出了重要贡献。民国初年,朱葆三等人创设的华兴水火保险公司,委托天津老顺记五金号代理,经营火险,为天津保险业的发展起到了积极作用。1933 年 3 月,湖北汉口荣氏家族的申新四厂突遭大火,损失达 200 余万银圆。承保的中国保险公司快速及时地全额赔偿,赔付额占公司实收资本的 80%,使该厂得以迅速恢复生产。为此,荣氏家族连续在上海《申报》《新闻报》刊登通篇的鸣谢启事,轰动一时。朱葆三参股创办的华安人寿保险公司在湖北汉口建立了分公司;张高级任华安人寿保险公司汉口分公司高级经理,并在汉口五族街建造了华安大楼。宁绍人寿保险公司在汉口河街宁绍商轮公司和武昌均设有代理行,以承保水火险为主,同时在汉口民权路设立汉口分公司。四明保险公司设汉口分公司和沙市分公司,以承保水火险为主。卢绪章的民安产物保险公司在汉口设有分公司,民安产物保险分公司经理奉化人康辛潮曾经担任汉口宁波同乡会会长。由浙江兴业银行和美商美亚保险公司合资创办的泰山保险公司在汉口设立分公司,镇海人朱翔莆任经理。金润庠在上海英商华通保险公司烟台分公司和杭州分公司任经理。20世纪20年代后期银行资本的投入和30年代初上海华商保险公司纷纷在宁波设立分支机构,形成了华商和外商共揽宁波保险市场的局面。

第四,倡导保险理念,培育保险文化。

保险意识与保险理论的传播和普及是保险事业发展的重要条件。长期以来,大批具有远见卓识的宁波籍保险业人士,为普及保险知识不辞辛劳、多方倡导,贡献尤著。1935年,宋汉章与梁晨岚、徐可陞等人发起成立中国第一个保险学术团体——中国保险学会。胡詠骐与宋汉章等当选为常务理事,宋汉章当选为理事长。该会成立后以研究保险学理、促进保险事业为宗旨,积极开展活动,如组织出版委员会,创办保险刊物《保险季刊》,推动保险学术研究。为普及保险知识,该会呈请教育部,通令各书局于小学教科书内添编保险课目,使保险知识深入民间。同时,宋汉章与胡詠骐(时任上海市保险业同业公会主席)联名函请上海各大书局于小学教科书中加入保险一课,"以示提倡,俾便普及。旋即得到各大书局的承允办理"。后又联名致函各大专院校,请设保险学课程。此外,该会呈请教育部并函中英庚款董事会、清华大学派遣国外保险留学生,以便储育国家保险人才。后得中英庚款董事会函复"当拟订招考学门,分配时提供参考"。胡詠骐等还创办或参与创办了《寿险》(季刊)、《人寿》(季刊)与《保联》(月刊)等,其中《人寿》是当时唯一研究人寿保险学理的专门刊物,"此项宣传之目的,为唤起国人认识寿险为人生之需要",在当时的保险界乃至整个社会产生了广泛影响。

雄关漫道真如铁,而今迈步从头越。历史值得回味!宁波帮在中国近代保险业发展历史上的作为与功绩,是中国保险史上浓墨重彩的一章,是值得我们传承的宝贵财富,是当代宁波保险业发展与进步的源头活水和重要起点,其中蕴含的顽强拼搏、奋发向上的创业创新精神与开拓进取意识更将激励当代宁波保险人投身国家保险创新综合试验区的建设中。有理由相信,已经走过百余年历程的宁波保险业在未来必将再创辉煌,谱写新的精彩篇章!

1 　近代宁波保险业的产生和发展

1.1 　清末宁波保险业的产生和发展

海上保险起源于 14 世纪的意大利。16 世纪初期,欧洲各国进入资本主义社会,工业、商业、银行业和航运业迅速发展。到了 17 世纪中叶,清政府开海禁,进行通商贸易,推动了西方保险制度落根中国。19 世纪初,西方保险制度开始正式传入中国,中国保险业的产生比西方资本主义国家晚了 500多年。

1.1.1 　外商保险业的产生和发展

19 世纪上半叶是中国近代保险业的第一阶段,外商保险业的产生和发展构成这一阶段的主要内容。这一时期保险业发展和活动的区域主要在广州、香港,广州则是保险业发展的中心。

1685 年(康熙二十四年),清政府正式开海禁,设广东、福建、浙江、江苏四省为通商贸易地点,并在广州、漳州、宁波、云台山设立了四个海关。这标志着自唐代以来中国对外贸易的市舶制度的终结和海关制度的创始。浙海关是旧中国的四个海关(江海关、浙海关、闽海关、粤海关)之一。浙海关设

设立在宁波市江北区中马路 542 号的浙海关

在宁波城内,当时关址在江东的包家道头,商舶往来于此验税。自浙海关设立后,宁波不但对日贸易有了发展,与东南亚各国的商贸往来也更加密切,从而促进了宁波地区手工业、商业的繁荣。1757 年(乾隆二十二年),清政府下令关闭漳州、宁波、云台山三海关,保留广州一口对外贸易。1758 年,清政府关闭宁波浙海关。嘉庆、道光年间,宁波港与国内沿海诸港口间的贸易取得了前所未有的发展,以内河为港口货物的集疏渠道而形成的转运贸易亦随之活跃。光绪《鄞县志》卷二记载了嘉道间宁波港口的繁忙景象:"鄞之商贸,聚于甬江,嘉道以来,云集辐辏,闽人最多,粤人、吴人次之。""滨江庙左,今称大道头①,凡番舶、商舟停泊,俱在来远亭至三江口一带。帆樯矗竖,樯端各立风鸟,青红相间,有时夜燃樯灯。每遇闽广船初到或初开,邻舟各鸣钲迎送,番货海错,俱聚于此。"1842 年,根据中英《南京条约》的规定,宁波作为"五口通商"口岸之一被迫开埠,随后,宁波江北岸开辟了外国人居留地。1854 年,慈溪人费纶志、盛植绾等集资 7 万两,向英国商人购买了一艘蒸汽机动轮船,定名为"宝顺"号,并配备武器装备,为商船护航。这是中国最早的一艘蒸汽机动轮船,也是宁波告别帆船港进入机船港的标志。1861 年,宁

---

① 即江厦码头。

波设立了税务司制的浙海关。自设立以来,浙海关伴随着老外滩经历了宁波对外贸易的多个发展阶段。对外贸易的出现和发展,使得原来比较封闭的宁波经济,市场化程度和对外开放程度日益提高,并逐渐成为国际市场体系的组成部分。长期以来,宁波区域经济正是通过江北岸港口与外部世界建立日益密切的联系,而国际市场的变动也在很大程度上决定了宁波区域经济的发展状况与内容,进而影响地方社会的变迁与发展。与此同时,外国教会及其传教士在外滩一带从事着文化教育、医疗及其他社会公益活动。一种完全不同于中华民族传统文化的西方文化,以各种物质或精神的载体直接呈现在宁波人的面前。教堂、报社、学校、医院以及近代市政设施纷纷在宁波外滩出现,这不仅为外滩增添了许多色彩,也逐渐推动着宁波由传统向现代转型。

广州粤海关的贸易量一直位居四海关之首。十三行产生于粤海关设立的第二年(1686),据《粤海关志》记载:"设关之初,番舶入市者,仅二十余柜,至则劳以牛酒,令牙行主之,沿明之习,命曰十三行。"乾隆初年,每年十三行的海外贸易关税收入,除支付军饷、衙役差饷所需之外,尚有盈余 50 多万两上缴朝廷。1757 年(乾隆二十二年),清政府开始实行闭关自守政策,关闭了其他海关,仅保留粤海关作为唯一合法的中国对外贸易口岸,史称"一口通

位于黄埔湾的粤海关办事处

商"。由于粤海关的存在,广州成为中国对外贸易的唯一城市,因而也就成为外国近代保险业进入中国的桥头堡。

十三行商馆区外百船云集

这一时期,特别是 19 世纪初叶,工业革命已经在英国首先完成。其他一些欧美国家的工业革命也陆续开始。与此同时,西方资本主义国家走上了对外扩张、掠夺殖民地的道路,为配合其经济、贸易的需要,相继扩大和发展国外的保险市场。1805 年(嘉庆十年),英商在中国广州成立了谏当保安行。这是外商在中国开设的第一家保险机构。"舶来品"保险业开始被动在中国播种发芽。谏当保安行是鸦片贸易的附属产品,它的设立有助于英商将鸦片大量倾入中国,这给当时的中国人民带来了深重的灾难。中国对英贸易的顺差也从鸦片贸易兴起后开始发生逆转。由此可知,中国的资本主义形式的保险业,是伴随着西方资本主义国家对中国的通商贸易和经济侵略而来的。

1.1.2 宁波帮的崛起与宁波保险业的产生和发展

中国近代保险业第二个发展阶段是 19 世纪中后期。中国民族保险业的产生和发展构成这一阶段的主要内容。这一时期中国保险业发展和活动的区域主要在上海,上海成为全国保险业发展的中心。值得一提的是,这一时期宁波帮迅速崛起。资料显示:道光年间,在上海的闽粤籍商人达万人,起初,闽帮商人在上海的势力占优,但不久就让位于粤商;江浙商人后来居上,而宁波商帮在上海的势力亦迅速发展,并逐渐超过广东帮,从上海向其他地区拓展。20世纪初,宁波帮开始投资参与保险业。但如果从间接参与保险业经营活动看,1842年第一次鸦片战争结束后,由于上海开埠,宁波人开始向上海聚集,商业贸易就已经开始了。从目前可见的相关文字资料与研究来看,宁波帮正式登上保险业的舞台应该是在轮船招商局创办我国第一家保险机构(1875)之后,较1805年国内第一家保险机构的成立晚了近100年。

上海轮船招商局在宁波的营业大楼

宁波商帮在形成和发展的不同时期,认识到保险业有利可图,于是竞相投资保险业,从而对中国近代保险业的发展起到了推波助澜的作用。特别是到了民国时期,宁波帮在中国近代保险业发展历程中起到了近50年的领导作用。这种影响一直持续到中华人民共和国成立以后,直至保险业在内地停办。而在改革开放初期,宁波帮对国内保险业的恢复和发展也同样起到了积极的作用。

在位于宁波三江口的庆安会馆,立有一块石碑,碑文《宝顺轮船始末》乃清人董沛所作。碑记详尽地介绍了购买"宝顺"轮的原因、经过和"宝顺"轮的最终结局。

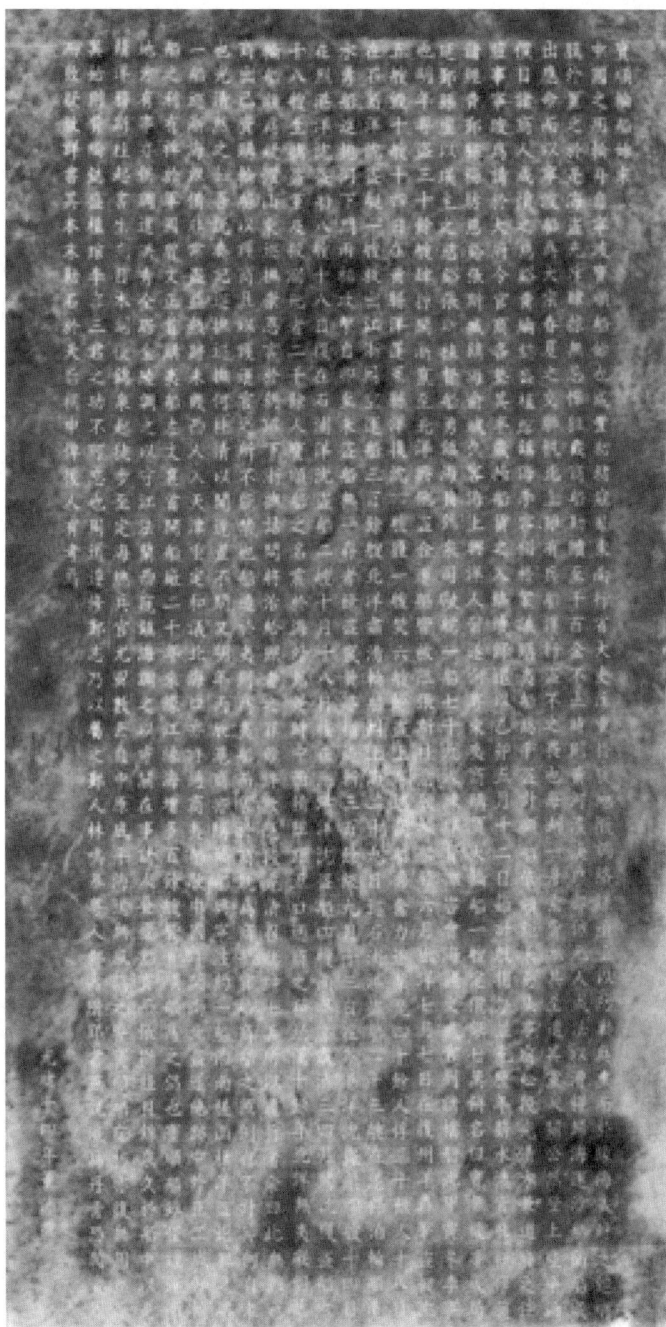

［清］董沛撰《宝顺轮船始末》碑记

咸丰时期,由于黄河溃决,海盗抢劫商船频繁。在木帆船护航无效的形势下,"1854年,宁波慈溪人费纶志、盛植琯,镇海人李容,倡于众议购夷船为平盗计……","鄞县杨坊,慈溪张斯臧,镇海俞斌,久客海上,与洋人习,逐向粤东夷商购买大轮船一艘,定价银七万饼,名曰'宝顺',设庆成局,延鄞县卢以瑛主之,慈溪张斯桂督船勇,镇海贝锦泉司炮舵。一船七十九人。陈牒督抚,咨会海疆文武官"。这艘向英国宝顺洋行购买,被命名为"宝顺"号的蒸汽机动铁壳轮船,在1855年配备武装运行以后,担负起了"为商船护航,保护海运之安宁"的责任。该船驶进北洋、南洋对海盗进行了清扫,共击沉盗船68艘,击毙盗贼2000余人,平定了海盗之乱,由此声名大振。此后,"宝顺"轮被洋人雇佣来对付太平军,但因一次搁浅,导致杭州城被太平军攻破。这次事件后,"宝顺"轮突然从历史的舞台上消失了。直到30年后它才重新出现,已然老朽的它,没有了当年的辉煌。装满了石块的"宝顺"轮等候在镇海海防口,作为封堵法国舰队入侵的沉船沉入航道,这是它留给历史的最后一瞥。这艘来自海洋的船最终仍然回归海洋,永远地沉睡在了烟波浩渺之下。"宝顺"轮的启用标志着宁波港作为古代单纯木帆船港时代的结束和轮船港新时代的开始,是宁波港在近代化道路上迈出的重要一步。"宝顺"轮的故事也说明宁波的航海文化历史悠久,这也是今天宁波参与21世纪海上丝绸之路建设的历史基础。

购置"宝顺"轮所耗费用按年运量从船政收入中抽成,官商各负其半,以期共保航海安全,此种做法符合保险原理,被称为"宁波民族保险业的萌芽"。1856年,宁波又购置轮船一艘,在南槎山一带与"宝顺"轮联防。频繁的贸易往来,推动了外国保险商抢占中国保险市场的步伐。

宁波之所以成为浙江保险业最早发生地,主要有三个原因。一是宁波自古以来就是著名港口城市。它地处东海之滨,居全国大陆海岸线中段,海道辐辏,河道和陆路交通也很方便。自秦代以来,宁波与近海岛屿和滨海地区就有贸易往来。到唐宋时期,宁波一直是我国重要的对外交通贸易的港口城市,城乡商品经济比较活跃。宁波在南宋建都临安(今杭州)之后,人口日见增多,市场日益繁荣,洋人贸易往来于此者也日渐增多。二是清政府正式开放海禁。清康熙二十四年(1685),浙江为四省通商地之一,宁波始设海关,由此逐渐形成东南沿海著名港口。宁波地区对外贸易和航海业相当发

"宝顺"轮模型

No.	Ships.	Masters	Tons.	BUILD.		Owners	Port belonging to.	Destined Voyage.	No. Years first assigned.	Character for Hull & Stores.
				Where.	When.					
51	Panope I'g YM.53	G. Ward	205 230	Yrmth Srprs 52	1839	H. Jay	Yarmth	Lon. Medit. Cont. 51	12 4	A 1 51
2	Pantaloon Bk YM.53	Hicks	252 256	Yrmth len.40 Sr	1838 prs 50	G. Nichols	London	Lon. Natal	12 C. 4	Æ 1 51
3	Panthea S r.&YM. 52 overp	Hinson t I.B.	428 511	Grn'ck	1841	J. Tomlin	London	Lon Sydney Rest.49	8 5	Æ 1 54
4	Panther Bk r.&YM.52 overp	Meachem t I.B.	205	Yrmth	1825	Cuckow&	Ipswich	Ips. Shields Rest.52	12 8	A 1 52
5	Pansy Sw I.B.	W Duxfld	197 171	Sndrld Srprs 54	1842	Blakey	Blyth	Bly. Havre	7	Æ 1 54
6	Panther Stm (Iron)	Ballaster	295 136 H.P.	Londn	1851	G.StNCo.	London	Lon.Ostend	—	A 1 53.
7	Paolina Bg	Sto. Bassi	195	N.Amr		A Cann				52
8	Paou Shun Scw Sr YM.51	J. Wade C.T.	461 386	Nh'vn A P.—H.	1851	L. Dent	London	Nhv.Nwcstl	14	A 1 51

《劳合社英国和外国船舶登记簿（1855）》第 1882 页记载的"宝顺"轮（Paou Shun）

与"宝顺"轮吨位相近的"孔夫子"轮，由此可以想象"宝顺"轮可能的真容

达,甬地商人曾拥有数量众多的运输船队。嘉庆、道光年间,宁波有大小海船约 400 艘,经营贸易运输的船帮达六七十家,行驶于南洋、北洋之间。明末清初,宁波商人开始在全国各地崭露头角。这一时期,恰是宁波乡民结成商帮时期。三是宁波在鸦片战争后成为"五口通商"口岸之一。1842 年第一次鸦片战争后,中英签订了《南京条约》,开放广州、厦门、福州、宁波、上海五口为通商口岸,准许外国人贸易居住并设关征税。"五口通商"后,宁波正式对外开埠。海上航行不仅风险大,而且自然灾害频繁,海盗猖獗,严重阻碍航运业的发展,船主、货主亦深受其害。鸦片战争后,宁波曾出现自发的经营类似船运保险的机构,帆船保险由在甬各帮行会经营,并雇船护航。船员被海盗扣押时出钱赎回,如不幸身亡,则给死者家属赔付一定款项;对自然灾害造成的海损事故,则不予赔付。这一时期,英美等国在宁波江北岸设立领事署,外商洋行相随而来,倾销洋货,贸易日盛,码头、货栈因之相继设立,轮船运输、银行和保险等相关业务也逐渐繁忙起来。

1864 年(同治三年),宁波成为最早开办保险业务的口岸。至此之后的近 50 年间,洋人洋行陆续来甬经营保险业务。据统计,这一时期在宁波的保险代理机构或分公司共有 21 家,其中多数机构代理本国公司经营的贸易货物的保险。一些较早成立的英商保险公司还在宁波设有分公司或代理处。洋行代理保险业务,既可以从保费超过赔款的余额中收取按股份分红的红利,又可以从每笔保险生意中收取一定比例的佣金。

江北岸与外滩是宁波率先实现近代化的城区。宁波江北岸由姚江、甬江拱围而成,面积约 9.9 平方千米。1842 年鸦片战争结束后,宁波被辟为"五口通商"口岸之一,并于 1844 年 1 月 1 日正式开埠,辟江北岸为商埠。其开埠的时间较上海外滩早了 20 年。那时的江北岸轮埠林立。1862 年 1 月 13 日,英、法、美外交官与军官企图将整个江北岸划为租界,美国领事馆迁入外滩。但最早在宁波外滩设领事馆的,可能是法国。驻宁波的英、美、法三国领事订立协议,江北岸发展成为英、法、美三国侨民居留区域。外商洋行接踵而至,经营贸易,倾销洋货,开设码头、货栈,办理轮船运输,代理银行和保险等业务。如英商太古洋行保险公司、德商协和洋行保险公司,以及之后的英商太阳保险公司、巴勒保险公司、连纳洋行保险公司、安利洋行(设保险业务)、美商柏生洋行保险公司、美亚保险公司,加拿大保险公司,德商德华洋行，日商裕先保险公司，等等，皆来自上海，均在宁波设有分公司或办事处、代理处。1864 年，宁波成为浙江省最早开办保险业务的口岸。在宁波市经商的洋行有 24 家，包括比较有影响的英商怡和洋行、恒顺洋行、悦来洋行、广元洋行、宝顺洋行等，它们在宁波江北岸外马路开设机构，为外资保险公司英商海上保险公司、广州保险公司、华商联合保险公司、利物浦承保人协会等代理水火和人寿保险业务，经营水火保险。这 5 家洋行是宁波最早开办保险业务的机构。

宁波外滩　英国人斯威尔 1907 年拍摄

外马路是宁波最早被称为马路的城市道路。江北岸的外马路南起新江桥北堍，北至海关，全长不到 1.5 千米，原先不过是沿江滩涂，因此民间有"江北岸外滩"之称。后因为外滩的开埠，也因为大小轮船在这里抛锚、起程，到了 1899 年（光绪二十五年），就将这一段路开辟为马路。现在有人把江北岸与外滩视为同一个地域概念，其实历史上的江北岸区域大些，宁波外滩则包含其中。宁波外滩是中国历史上最早的外滩，是目前国内仅存的几个具有百年历史的外滩之一。自 19 世纪 60 年代起，宁波人萌发了建设外滩的热情。在宁波市公共市政委员会和工程局的推动下，沿江堤岸与市面马路得到整修，加快了江北岸的开发与发展步伐。1873 年，轮船招商局在宁波设立分局。随着中国通商银行、轮船招商局等国内金融、贸易、航运企业纷纷进入江北，宁波加快走向近代化。1880 年后，宁波江北岸渐渐形成了外马路商务圈、中马路服务圈、后马路生活圈的现代城市格局。外马路商务圈内有报关行、银行、洋行、保险公司等，其中最多的是银行，其次是保险公司；

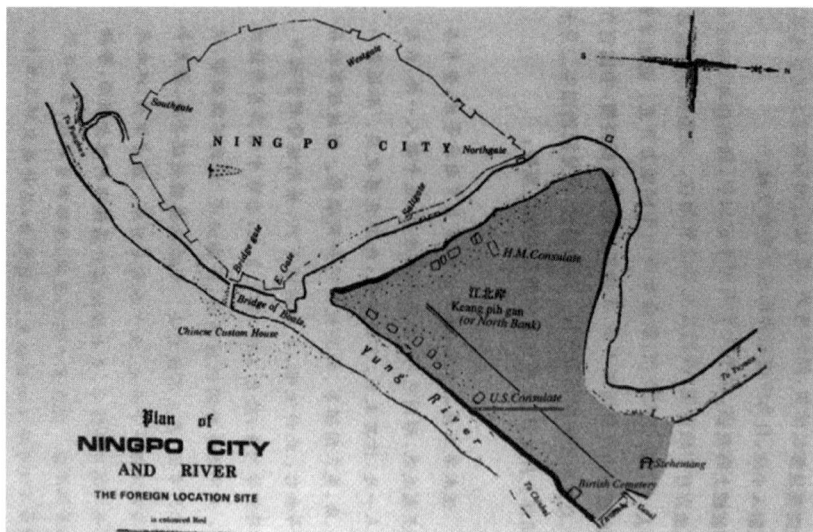

1862 年,宁波江北岸和外滩被辟为商埠

中马路服务圈内设邮政局、饭店酒楼、照相馆、娱乐场、百货店等;后马路生活圈主要是小菜场、南货店。1890 年,在宁波外滩的外国公司与洋行达到了28 家。到 19 世纪末,江北岸已呈现出一片兴旺景象,其中位于外马路、中马路的外滩店铺林立,人声嘈杂,码头连片,汽笛声回响不断。英国太古洋行是第一家进入宁波外滩的洋商企业,在宁波经营糖业、轮船、保险等业务,时间长达 50 余年,其西式建筑框架留存至今。20 世纪初,宁波外滩已变成五方杂处的洋场,不仅有大英领事馆、天主教堂、巡捕房、银行,还有洋行、码头、轮船公司、夜总会、饭庄、戏院等。在当时,外滩成为宁波对外通商贸易的核心区域,繁华一时。经考证,宁波外滩的 54 处文物建筑中至少有 31 处与宁波商帮有关。一百多年来,外滩开发投资的主力始终是宁波地方人士。现在遗留下来的浮码头尽管已经破败,但依稀能找到其曾经创造水运文明的印记,让人遥想当年"市舶殷集,廛肆众多"的繁荣景象。正如 1916 年 8月孙中山在视察宁波时所言:"宁波开埠在广东之后,而风气之开通不在粤省之下。"宁波老外滩是宁波兴盛繁荣的见证,是宁波近代商帮的启航地,也是宁波近代商业文化的展示区。外滩是异域文化和宁波传统文化的交汇点,多种风格的建筑文化也都在外滩交汇,其中高耸的天主教堂始建于 1872年(同治十一年)。1933 年,英国领事馆撤出宁波,其代表外商参与外滩建设的阶段已然结束。1934 年,在宁波的 42 家保险业经理处中有 18 家设在江北岸,其中中国保险股份有限公司宁波分公司等公司或是设在外马路设银行,或是委托银行代理保险业务。①

老外滩天主教堂　刘波/摄

宁波的华商保险机构大约起始于 1875 年(光绪元年)。这一年,上海保险招商局在宁波设立分局,开办船舶和货运保险业务,由宁波轮船招商局代理,这是由国人集资在宁波开办的第一家保险机构。1905 年(光绪三十一

---

① 2014 年,经过宁波人民的改造,宁波老外滩已经成为引领现代时尚的历史文化特区。2016 年 11 月 1 日,国家保险创新综合试验区在宁波起航,三江口四周大楼霓虹闪烁以示庆祝。2018 年,中国保险博物馆也将落户这一时尚的历史文化街区,为宁波老外滩增添了新的保险地标。

宁波老外滩,许多保险公司曾在这里设立分公司或代理处

年),宁波人朱葆三等发起在上海创办华安水火保险公司,此后又组织兴办华兴水火保险公司、华安合群人寿保险公司、华成保险公司。1911 年民国成立前在宁波设立的开办保险业务的机构如表 1-1 所示。

表 1-1　1911 年民国成立前在宁波设立的开办保险业务的机构

公司名称	开业时间	经营险种	所属国家	地　　址
怡和洋行	1864 年	水火保险	英国	宁波江北岸外马路
恒顺洋行	1864 年	水火保险	英国	宁波江北岸外马路
悦来洋行	1864 年	水火保险	英国	宁波江北岸外马路
广元洋行	1864 年	水火保险	英国	宁波江北岸外马路
宝顺洋行	1864 年	水火保险	英国	宁波江北岸外马路
太古洋行	1879 年	水火保险	英国	宁波江北岸外马路 43—45 号
逊昌洋行	1898 年	水火人寿险	英国	宁波江北岸老巡捕房对面
三井洋行	1909 年	火　　险	日本	宁波树行街庙又新南号内
锦隆保险公司	1910 年	水火保险	英国	宁波江北岸德泰当对面
太古保险公司	1910 年	水火保险	英国	宁波江北岸外马路 43—45 号

注:表中所列机构为洋商保险公司或代理处。

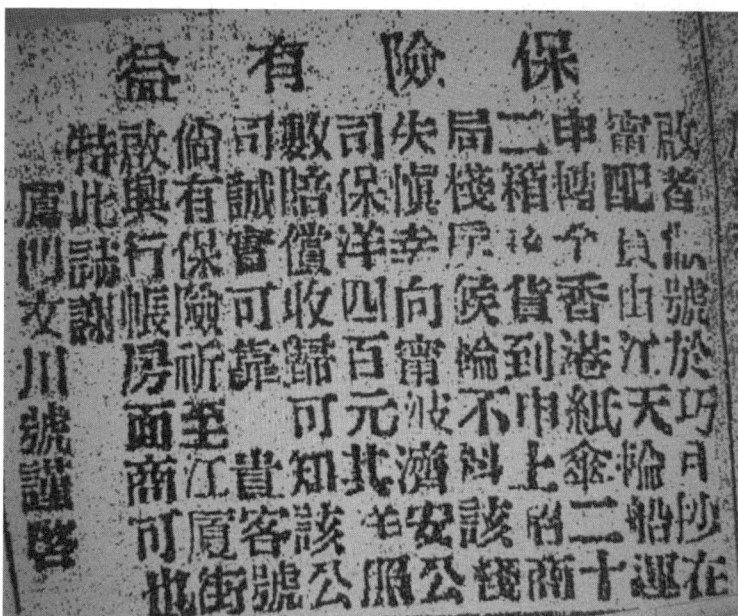

1899 年 12 月，厦门文川号商行在《甬报》上刊登《保险有益》感谢函，
称赞宁波仁济保险公司诚实可靠、十足赔付

1.2 民国时期宁波保险业的发展

1.2.1 民国时期宁波保险业的发展背景

民国时期，中国民族保险业取得了一定进展。

1912—1927 年，许多有利于民族工商企业发展的政策法令相继颁行，反帝爱国运动风起云涌，欧美帝国主义国家卷入第一次世界大战而无暇东顾，这为资本主义在中国的发展提供了契机。加之官僚阶层、军阀政客掀起旺盛的投资热，推动了包括民族保险业在内的民族资本主义的发展。这一时期批准注册的保险公司有 31 家。

1927—1936 年，由于四大家族官僚资本、银行、企业集团、信托公司和富商巨贾纷纷投资保险业，中国民族保险业有了较大发展。但这一时期外商保险公司凭借不平等条约和治外法权，仍然操纵和垄断着中国保险市场。在这一形势下，国民党有识之士提出要支持民族保险业发展，加之1929年12月民国政府《中华民国保险法》出台，民族保险业得以发展。

据国民政府实业部统计资料，1912—1932年，华商人寿保险公司（包括兼营水火险者）共有25家，其中由宁波帮控制或参股的人寿保险公司达到6家，占全国华商人寿保险公司的1/5。这6家保险公司分别是：华安合群人寿保险公司（1912年创办）、上海康年人寿保险公司（1914年创办）、金星人寿保险公司（1914年创办）、大华保险公司（1928年创办）、四有保险公司（1928年创办）、宁绍人寿保险公司（1931年创办）、中国保险公司（1931年创办）。1934年9月22日，中国工商管理协会召开第51次聚会，胡詠骐在会上作了关于团体保寿问题的演讲。他指出："现在我国已保团体寿险的机关只有商务印书馆、中国银行、新闻报馆、家庭工业社、中国红十字医院、光华火油公司等，为数甚少。此外，美国寿险公司已有300余家，而我们只有10家。我国保寿险者只有12万人，占全国人口3%不到。美国则有6000万人投保寿险，占全国人口数的60%。"华商保险公司如中国产物保险公司因信誉较好，投保者日见增多。另据统计，1905—1935年，华商保险业累计开设53家保险公司，除去期间停业的13家，尚有40家，分别是：华兴水火保险公司、上海联保水火险有限公司、大华保险公司、太平保险公司、中一信托公司保险部、中央信托局保险部、中国天一保险公司、中国保险公司、中国海上意外险保险公司、中国第一信用保险公司、仁济和水火保险公司、永安人寿保险公司、永安水火保险公司、永宁水火保险公司、四明保险公司、四海通保险公司、安平保险公司、羊城保险公司、先施人寿保险公司、先施水火保险公司、均安水火保险公司、东方人寿保险公司、香安保险公司、泰山保险公司、陆海通人寿保险公司、华安水火保险公司、华安合群人寿保险公司、华成保险公司、华商联合保险公司、华侨保险公司、邮政储金汇业局保险处、宁绍人寿保险公司、宁绍水火保险公司、爱群保险公司、大华保险公司、肇泰保险公司、联泰保险公司、兴华保险公司、丰盛保险公司、宝丰保险公司。这40家保险公司资本总额为 5899.4 万元①,实收资本 4221.1 万余元②。到 1935 年,国内外商保险公司共有 157 家,以英、美、日商保险公司居多,除 6 家总公司设于上海与香港外,其余均为分公司或代理机构。这些外商保险机构中,有近 30％由宁波帮自主经营或参股经营。这一时期,独立于保险企业之外的保险公证行和保险经纪人组织已经建立,保险法规也在逐步完善之中。

1.2.2 民国时期宁波保险业发展概况

民国以来,宁波一地保险业也得到一定程度的发展。宁波的外商保险机构渐次增多,尤其是在第一次世界大战后期到第二次世界大战爆发之前的这段时间,保险业务格外活跃。宁波商人厉树雄、严信厚、黄延芳、刘鸿生、秦润卿、王伯元、梁晨岚等都先后在上海发展保险业。李云书还在厦门组织兴办过保险公司。《时事公报》1926 年 7 月 12 日报道:"宁波保险事业,近渐发达,除保火险外,保寿险者,亦有数家,近有上海中国工商保寿有限公司,在甬设立分公司,聘任严芸青为总经理,其主旨以他家保险公司保寿金额太高,非殷富之家,不能投保,此则注重于平民方面,最少者每月缴三角五分,十五年满期,可得本利洋一百元,半途身故,可得二百四十元,其于保险之中,含有得提倡劳工储蓄之性质,法至善也。闻分公司已设于本城廿条桥,即日照章开幕云。"

20 世纪 30 年代初,不少设于上海的华商保险公司纷纷进驻宁波,分别在宁波开设了四明保险公司、中国天一保险公司、安平保险公司、中国保险公司等分公司和大华保险公司、太平保险公司、丰盛保险公司、泰山保险公司、宝丰保险公司、中央信托局保险部代理处等。其中四明保险公司、中国天一保险公司等保险分支机构实力较强,在保险同业中有一定影响力,形成了华商与外商共揽宁波保险市场的局面。这一时期是宁波保险业的鼎盛时期。《鄞县通志》记载,1930 年,宁波共有华商和外商保险公司 69 家,资金总额 72186 元,平均每家 1046 元,少者仅 500 元,实为开办费。但由于华商资本不及外商雄厚,宁波保险市场仍为外商所操纵。1931 年 6 月,行政院通饬各省:"国有财产及国营事业,应一律归中国保险公司承保。"同时发布《国有

---

① 统计数字中有叻币(新加坡元)700 万余元,港币 1870 万余元,其余均以国币为单位。
② 其中叻币 635 万余元,港币 1036 万余元。

宁波鼓楼
其周围曾是民国时期保险公司设立机构的重要区域

财产企业保险由华商承保令》。随着抗日战争的爆发,华商和外商保险公司机构主体逐渐减少。1931 年,宁波共有保险机构 54 家,其中华商保险公司 17 家,外商保险公司 37 家。1934 年在宁波城区的华商保险机构如表 1-2 所示。1935 年,国民政府公布《简易人寿保险法》《简易人寿保险章程》,规定人寿险由邮政储金汇业局承办,其他保险公司不得经营。宁波于 1936 年在日新街、鼓楼两邮局开办人寿保险业务。此后,上海外商保险公司在宁波的分支公司和代理机构逐渐迁撤。1937 年,由于抗战全面爆发,华商保险业的中心转移到重庆。因上海租界与宁波仍在通航,内地所需战略物资和土特产等商品运销集中在宁波港口,使宁波一时成为粤、鄂、湘、桂、川、赣等多省与上海联系的中转口岸。客商云集,宁波经济出现异常繁荣,保险业也随之而兴,尤其是水险业务,需求最旺盛。1937 年,宁波有保险机构 26 家,其中华商保险公司 18 家,外商保险公司 8 家。1941 年 4 月 19 日,宁波沦陷,在甬的银行、保险公司或代理机构等纷纷迁至内地或上海租界,保险业务一落千丈,仅中国天一保险公司等几家公司勉力维持。同年 12 月 8 日,太平洋战争爆发,日军接管英、美等在甬洋行,外商保险业务中止。其后,中国保平保

遭日军轰炸后的宁波地标——灵桥 1939 年 5 月龚国荣拍摄

险公司、华成保险公司等 10 多家保险公司来甬设分公司或代理处、办事处。1943 年，宁波共有保险机构 31 家，业务有所回升。1943 年 10 月，宁波保险业同业公会成立，会址选在东后街 87 号。1944 年 1 月，同业公会根据汪伪政府公布的《苏、浙、皖、京各省市火险保价规则》，对宁波火险保费标准作了统一规定，要求各同业遵照执行，但是收效甚微。1945 年 8 月抗日战争胜利，敌伪政府核准设立的保险公司一律停业清理。宁波保险市场主体逐步增加，但增幅不大。1946 年 3 月，宁绍水火保险公司、四明保险公司等保险公司在甬复业；10 月，继邮政储金汇业局在甬恢复办理简易人寿保险业务后，又有裕国保险公司、宁安保险公司、浙江保险公司、太平洋产物保险公司等一批保险公司在甬先后设立机构，开展业务。抗战胜利后，宁波保险业曾一度复苏，但随着国民党政府发动内战，社会经济处于动荡之中，物价暴涨，货币贬值，民不聊生，货物保险和人寿保险业务濒于消失。1947 年，宁波共有保险机构 11 家。1949 年 5 月，随着外资保险机构撤离宁波，宁波保险公司保持在 31 家左右。1949 年 5 月 25 日，宁波解放。其时，在定海的国民党空军部队对宁波滥施轰炸，保险业经营困难，多有停业。1950 年，经浙江省人民银行审批核准，太平保险支公司、永中保险公司代理处开业。

表 1-2　1934 年宁波城区华商保险机构一览表

公司名称	公司性质	公司地址
中国保险公司	分公司	江北岸中国银行
四明保险公司	分公司	江北岸四明银行
中国天一保险公司	分公司	江厦街垦业银行
安平水火保险公司	分公司	宁波实业银行、西门口一言堂
宁绍商轮公司水火保险部	分公司	开明街 21 号
太平水火保险公司	代　理	东门街交通银行
华兴水火保险公司	代　理	江北岸通商银行
大华保险公司	代　理	开明街 21 号
宝丰保险公司	代　理	江北岸同兴街锦华行
通易信托公司保险部	代　理	江北岸同兴街天一会内
先施保险置业股份有限公司	代　理	江北岸扬善路 19 号
华安水火保险公司	代　理	宁绍商轮公司宁波分公司、开明街、碶石街
永安水火保险公司	代　理	应家弄 5 号
通商保险行	代　理	江左街 31 号
先施人寿保险公司	代　理	江北岸扬善路
永安人寿保险公司	代　理	应家弄
华安合群人寿保险公司	代　理	江东豫源街
宁安保险公司	代　理	药行街新顺号、国医街 10 号
宁绍人寿保险公司	代　理	开明街 21 号
太阳保险公司	代　理	开明街 21 号
公裕保险公司	代　理	江北岸玛瑙路
长利保险公司	代　理	江北岸玛瑙路
公平保险公司	代　理	江北岸首善里

续表

公司名称	公司性质	公司地址
巴勒保险公司	代　理	江北岸首善里
太古保险公司	分公司	江北岸太古洋行
保兴保险公司	代　理	江北岸扬善路、宁绍商轮公司宁波分公司、开明街
宝隆保险公司	代　理	应家弄 40 号
永兴洋行保险部	代　理	宁家弄 40 号
鲁麟洋行保险公司	代　理	东后街诚记
祥泰洋行保险公司	代　理	江东祥泰木行、江东同兴街
信托洋行保险公司	代　理	江东祥泰木行、江东豫源街
美最时洋行保险公司	代　理	江北岸同兴街
荣宝保险公司	代　理	开明街开明坊
保慎保险公司	代　理	开明街开明坊、东门外舒天成
皇后保险公司	代　理	丝巷弄口、渡母桥
美亚保险公司	代　理	江厦街瑞余钱庄
禅臣洋行保险部	代　理	国医街 9 号
老公茂保险公司	代　理	碶石街同生号
安旗保险公司	代　理	江北岸庆元里
联安水火保险公司	代　理	渡母桥、冬管第
美兴保险公司	代　理	江北岸美孚行
中和洋行保险公司	代　理	应家弄 40 号

注：根据《鄞县通志》《宁波商报》等有关资料整理。

太平保险公司保险单

1910年5、6月《四明日报》刊登的上海华通水火保险公司
在宁波开展保险业务的告白

2 宁波帮保险人物与保险公司

2.1 宁波帮保险人物

在中国近代保险业的产生与发展时期,宁波帮起着极为重要的作用。从 19 世纪末到 20 世纪,特别是 20 世纪二三十年代,宁波帮以非凡的魄力和敏锐的眼光投身于几乎被外国经济势力垄断了的保险业,创办了一大批具有较大影响力的保险公司,为中国近代保险事业的发展做出了非常重要的贡献。从 1905 年宁波人朱葆三、严信厚等创办华兴保险公司开始,宋汉章、黄延芳、董汉槎、刘鸿生、胡詠骐、孙衡甫、秦润卿、卢绪章、谢寿天等也先后创办了中国保险公司、信平保险公司、大上海分保集团、大华保险公司、宁绍保险公司、四明保险公司、中国天一保险公司、民安产物保险公司、大安产物保险公司等保险公司。宁波保险业群星璀璨,虞洽卿、傅其霖、严福堂、朱晋椒、俞佐宸、包玉刚、王正廷、张章翔等一大批宁波籍保险人物,引领了当时保险业发展的潮流。中华人民共和国成立以后,林震峰等人为中国人民保险公司的创建做出了重要贡献。改革开放以来,蒋明在中国再保险公司的支持下,创办了中国大地财产保险公司;企业家、雅戈尔创始人李如成等人创办了浙商保险股份有限公司;企业家、杉杉集团创始人郑永刚创办了正德人寿保险股份有限公司,后更名为君康人寿。宁波舟山港集团、宁波开发集团投资有限公司出资筹建的宁波东海航运保险公司,是总部位于宁波的第一家保险法人机构,也是改革开放后国内第一家专业航运保险公司。

严信厚(1839—1907)

浙江宁波慈溪人。早年就读私塾,辍学后在宁波鼓楼前恒兴钱铺当学徒,1855年至杭州胡光墉开设的信源银楼任"信房",深得胡光墉器重,曾为候补道,加封知府衔。后任河南盐务督销、长芦盐务督销,署理天津盐务帮办、华新纺织新局协理等职。在天津自设同德盐号、在上海创办源丰润票号。受盛宣怀委派,筹备中国第一家新式银行——中国通商银行,任第一任总经理;

严信厚

为仁济和水火保险公司的创建做出了积极贡献;与朱葆三等一起创办了上海华兴水火保险公司。1889年,严信厚在慈城创办浙江第一家火柴厂——慈溪火柴厂。随后他还创办和参与投资了大量实业,开设了物华楼金店、老九章绸缎庄,创办通久源机器轧花厂、宁波通久源纱厂、上海华新纺织新局、龙章造纸厂、同利麻袋厂,并投资面粉厂、通利源榨油厂、祥源五金号、中英药房、锦州天一垦务公司、景德镇江西瓷业公司和内河轮船等工业交通事业。严信厚不仅创办了近代中国第一批工厂,而且参与创办了近代中国第一家银行和第一个商会,是中国近代企业的开拓者,带领宁波商帮从传统商帮转型为近代企业家群体,被公认为宁波商帮的开路先锋。严信厚曾担任上海商业会议公所首届总理。该公所后来改组为上海商务总会,严信厚继任总理。他擅工书、画,蓄碑版、书、画之属甚多。1907年于上海去世,终年68岁。

周金箴(1847—1923)

号晋镳。浙江宁波慈溪慈城人。出生在一个有传统文化底蕴、境况良好的家庭。青年时立志做实业,经常往来于宁波和上海。中年时在江西广昌、清江、南昌等县任职。辞官后,以振兴商务为己任,陆续集资创办了宁波

通久源纱厂、上海华新纺织新局、中法药房、元丰
面粉厂、大有榨油厂、赣丰饼油公司。1905 年，
参与创办华兴水火保险公司、华洋人寿保险公
司。1908 年，在电报总局任职。同年，与李云
书、虞洽卿、陈子琴参与集资创办四明银行（周为
首届董事会总董），为创办四明保险公司奠定了
基础。以上这些企业都是近代上海、浙江、安徽、
江西等地的著名企业。曾任职轮船招商局，间接
负责管理保险招商局；任职电报总局、阜丰植棉
公司。曾任中华银行董事、第一届全国商会联合
会会长。发起组建上海商业会议公所，共担任 4
任上海商务总会总理。参与筹办南洋劝业会。
晚年时升任上海道尹。1923 年 3 月于上海逝世。终年 76 岁。

周金箴

朱葆三（1848—1926）

名佩珍，浙江定海①人。清末民初中国上海
工商界领袖，上海总商会会长，是中国最早的一
家新式银行即中国通商银行（1897 年设立）的总
董，并创设了东方轮船公司，还投资了一系列工
厂与企业。曾任沪军都督府财政总长、上海商务
总会第二任协理等职。兴办实业涉及的领域有
五金、钢铁、航运、金融、纺织、水泥、造纸、榨油
等。其在一生中创建了一个庞大的企业群体，为
近代中国航运、金融、保险事业的发展做出了重

朱葆三

大贡献。其投资的保险公司有：华兴水火保险公司、华安水火保险公司、华
成经保火险公司、华安合群人寿保险公司。1915 年创办上海联保水火险公
司。同时，其为仁济和水火保险公司的创建做出了积极贡献。1907 年，在朱
葆三的发起下，上海 9 家华商保险公司组成了中国保险史上第一家华商保

---

① 定海，明清时期及中华人民共和国成立初期归宁波政府管辖，现归舟山管辖。

险业同业公会组织即"华商火险公会",用以抗衡洋商的"上海火险公会"。华商火险公会的成立是我国民族保险业进一步发展的重要标志。1926年9月2日,朱葆三在上海病逝,终年78岁。法租界公董局破例命名朱葆三创办的华安水火保险公司所在的马路为"朱葆三路",来纪念他对社会做出的贡献。

宋汉章（1872—1968）

原名宋鲁,浙江余姚浒塘朗霞人,生于福建建宁,后回故乡余姚定居。先后履职中国通商银行、大清银行、中国银行和中国保险公司,是中国近代杰出的金融家,中国银行、中国保险公司奠基人之一。早年就读于上海正中书院,毕业后进上海电报局工作。曾参与通电拥护康梁维新。1897年,中国第一家银行中国通商银行成立,宋任"跑楼"。1906年后,任大清银行附设之储蓄银行经理,成绩斐然。1908年,任大清银行上海分行首任经理。

宋汉章

1912年2月,宋汉章任中国银行上海分行经理,在金融界崭露头角。1916年,北京、天津发生中国银行、交通银行两行京钞挤兑风潮,5月2日,北洋政府下令中国银行、交通银行两行对已发行的兑换券一律停止兑现。为维持银行声誉,宋汉章拒不执行,并设法筹款平息了风潮,从此声名大振。1918年7月任第一届银行公会会长。1925年任上海总商会会长、上海银行公会及上海华洋义赈会会长。1928年被选为中国银行常务董事。1930年,花甲之年的宋汉章有感洋商垄断中国保险业,提议并创设中国保险公司,并被推为董事长。1931年,任新华信托储蓄银行董事,同年创建中国保险公司,又发起创建中国保险学会。宋汉章曾任中国银行董事长,1935年3月任中国银行总经理。1937年创办中国人寿保险公司。1946年任四联盐运保险总管理处理事、中一信托公司董事、农林部渔业银团常务理事。1948年4月任中国银行董事长,并担任中国航联意外责任保险公司、中国航联产物保险公司董监事会成员。1949年赴香港。中华人民共和国成立后,仍被推为中国银行董事;同年12月辞职去巴西。1968年在香港去世。终年96岁。

虞洽卿（1867—1945）

虞洽卿

浙江宁波慈溪人，早年到上海当学徒。1894年先后任德商鲁麟洋行买办、华俄道胜银行买办。他一生致力于民族工商业的兴办，涉足领域包括传统的航运业、钱庄业，新兴的进出口贸易、房地产业、证券业和银行业。1903年，独资开设通惠银号，发起组织四明银行。1906年，与朱葆三等人一起创办华安水火保险公司。1908年，创办宁绍商轮公司，下设保险部。1911年上海光复后，任都督府顾问官、外交次长等职。1914年，独创三北公司。1920年，合伙创办上海证券物品交易所，任理事长。1923年，当选为上海总商会会长。1925、1931年，分别为宁绍水火保险公司、宁绍人寿保险公司的创建做出了积极贡献。1932年，参与创建中国海上意外保险公司。1933年，参与创建四明保险公司。抗战时期坚持抗日爱国，日军占领租界后赴渝经营滇缅公路运输，支持抗战。1945年4月26日，在重庆逝世，终年78岁。

上海总商会东侧：虞洽卿（中）、林康候（左二）、冯少山（左三）、赵晋卿（左五）

卢绪章

卢绪章（1911—1995）

浙江宁波鄞县（今宁波鄞州区）人。中国共产党优秀党员，中国对外贸易事业的开拓者和奠基人之一。1943 年，创建民安产物保险公司（今民安保险有限公司）。民安产物保险公司是在广大华行（今华润集团）领导下，中共地下组织在国民党统治区创办的一家保险公司。先后组建民生保险公司、民孚企业股份有限公司等企业。1946 年 1 月，参与创建中国再保险公司。1947 年，投资组建附属于民安产物保险公司的联安产物保险公司。1948 年，参与创建中国航联产物保险公司。曾任对外贸易部党组副书记、常务副部长，对外经济贸易部顾问，原国家旅游总局局长，第五、六、七届全国政协委员。1995 年 11 月 8 日去世，终年 84 岁。2011 年 6 月 14 日，浙江省宁波市举办了纪念中国共产党优秀党员卢绪章诞辰 100 周年座谈会、追思会并举行了《卢绪章纪念文集》首发式，宁波帮博物馆举办了《百年卢绪章》展览，深切缅怀这位新中国外贸业和旅游业的奠基人，宁波改革开放建设重要功臣；从卢绪章在 20 世纪 30 年代以地下党员的身份创办民安产物保险公司的角度，追思卢绪章同志为中国近代民族保险业做出的功绩，以庆祝中国共产党建党 90 周年。

朱晋椒

朱晋椒（1899—?）

浙江宁波鄞县人。在上海长期从事保险事业。上海保险业经纪人公会第一任主席。早年供职于钱庄。后出任汇通洋行保险部经理，任职 4 年期间，业绩显著。1923 年，禅臣洋行聘任朱晋椒为保险部中国总经理，由于管辖业务突飞猛进，朱晋椒名声大振。但他目睹中国保费收入滚滚外流，心中总有隐痛。1934 年，中国保险公司董事会聘其为业务部经理，这是他服务民族保险业的开始。1936 年，上海华洋保险联合委员会改订火险经纪人规章,朱晋椒看到当时上海的保险经纪人多数以个人业务为前提,缺乏团体组织能力,于是着手组织保险经纪人公会,被推选为主席。就任后,他倾力于会务工作,重视同业的福利和会员的学术修养。同年,中国天一保险公司聘其为协理,仍然兼任中国保险公司业务经理。此后,担任宝隆保险公司经理和董事、五洲保险公司总经理、安业保险公司常务董事,兼任华丰实业公司监察,元泰实业公司、利达文具厂等董事。

华安水火保险公司禅臣洋行银章

金润庠(1890—1961)

字绅有。浙江宁波镇海人。上海神州法律学院肄业。父亲系清朝举人,母亲沙完珍是位教育家,曾开浙东女子教育之先河。14岁时在汉口立昌生海味行当学徒,后到上海英商华通保险公司做练习生。19岁升任华经理。曾在烟台和杭州的保险公司分公司任经理,后任华通烟草公司烟台分公司经理、上海德泰洋行买办、光耀桅灯厂华人经理。不久任上海美商德泰洋行买办。1921年,任美商光耀洋行桅灯厂买办。与此同时,在上海独资创办润丰恒商行。1927年后,任民丰、华丰造纸厂协理,上海市商会常务委员。抗日战争时期,任上海市抗战后援会主席团成员兼供应委员会副主任、民丰造纸厂董事长、大同企业公司董事长兼总经理、中华实业银行常务董事。抗战胜利后,任民丰、华丰造纸厂总经理,上海市造纸业同业公会理事长,全国工业协会副理事长,上海市参议会参议员。1949 年中华人民共和国成立后,历任浙江省工商联常委、全国政协委员及浙江省政协委员。当选为第二、三届全国政协委员。1961 年 6 月在上海因病去世,终年 71 岁。

谢寿天(1914—1972)

浙江宁波余姚泗门镇后塘河村人。著名金融专家、中国社会主义金融保险事业开拓者。早年在上海中国天一保险公司工作,曾创办大安产物保险公司、中国工业联合保险公司、中国工商联合产物保险公司。中华人民共和国成立后历任北五行联合董事会副董事长、上海市军事管制委员会财政经济接管委员会金融处(后简称"军管会金融处")副处长、中国人民银行华东区行副行长、中国人民保险公司华东分公司经理、第一任英国商务参赞、外贸部出口局副局长,中国五金矿业进出口公司总经理,中国人民银行国外业务局局长,中国银行副总经理等职。在中华人民共和国成立前夕他充分

20 世纪 60 年代初,五矿总公司谢寿天经理(后排左四),
随同外贸部林海云副部长(前排左二)出国访问

发挥熟悉上海金融界情况的特长，为胜利完成接管工作做出了重大贡献。其间，他还作为公股董事被派往原由官商合办的新华信托储蓄银行，使新华信托储蓄银行成为上海最早的公私合营银行之一。1950 年 6 月 10 日，谢寿天参与了上海北五行的金城、盐业、中南、大陆以及联合商业储蓄信托五家银行的公私合营，并任副董事长。后任公私合营北五行总管理处主任。他在团结民族工商业者、稳定市场、打击金融投机行为以及对私营金融保险业的社会主义改造中，忘我地工作，付出了大量的心血。1972 年 8 月 10 日去世，终年 58 岁。

孙衡甫（1875—1945）

又名遵法。浙江宁波慈溪慈城半浦人，中国著名银行家。1906 年，进宁波鸦片烟行做学徒。1907 年，在上海参与创办泰来面粉厂并成为大股东。1909 年，到上海大升钱庄做"信房"。1910 年，在浙江银行上海分行任营业主任，后升任经理。1911 年，接手四明银行，任总经理，并在信裕、恒隆、恒来、益昌等钱庄拥有股份。1931 年，任四明银行董事长兼总经理。1933 年，创办四明保险公司，兼任董事长。1935 年，被迫辞去四明银行总经理。孙衡甫曾出任四明储蓄会会长，全国公债委员会委员，中国企业银行发起人、董事长，并先后兼任上海明华商业银行总经理、垦业银行董事长，通商银行常董，国民商业银行、浙江商业储蓄银行、苏州信孚商业储蓄银行、杭州浙江商业储蓄银行董事，上海各银行联合会准备会委员等。投资上海浙江银行、统原银行、明华银行、苏州信孚银行、苏州电气厂、宁波永耀电力公司、穿山轮船公司、上海童涵春国药号、镇江胎成新记面粉公司、长江煤矿公司、上海宁益银团等公司，任股东、董事、董事长或总经理。1945 年 1 月 24 日于上海病逝，终年 70 岁。

方液仙（1893—1940）

字传沆。浙江宁波镇海人。民国时期实业家，化工业的先驱之一，有"国货大王""化工大王"之称。镇海方家祖上经商，方液仙小时便对化学很感兴趣。后就读于中西书院。曾师从德国著名化学家窦伯烈，有勤学之名。方液仙感叹洋货泛滥充斥中国市场，立志走实业强国之路，在家中设化学实

方液仙

验室,研制轻工产品。创办中国化学工业社,生产销售"三星"牌牙粉、雪花膏、生发油、花露水等,与洋货轻工产品相抗衡。集资办厂,扩大生产"三星"牌蚊香,以抵制日货蚊香。研制成功中国第一代牙膏——三星牙膏。后又研制成功洗衣肥皂等洗涤用品。建立中国国货公司,任总经理,先后在南京、宁波、汉口等 10 多个城市设分支机构,扶持民族工业,抵制洋货,支持国货。1940 年 6 月,与秦润卿一道创办长城保险公司。抗日战争时期,方液仙积极支持民族抗日救亡运动,在槟榔路(今安远路)中国化学工业社内和胶州路申园设立伤兵医院,指派社内同人护送,并聘请医生救治伤员。上海沦陷后,坚守民族气节,拒任汪伪政府实业部长,担任中共地下组织领导的群众业余团体益友社名誉理事。1940 年,被汪伪 76 号特务杀害,终年 47 岁。

董汉槎

董汉槎(1898—1995)

浙江宁波余姚人。中国保险业先驱之一。上海大同大学毕业,毕业后分别在安平水火保险公司、太平保险公司工作。1941 年到 1942 年,相继创办大东保险公司、中国航运保险公司、大上海保险公司、大南保险公司,并担任上述 4 家保险公司的董事长兼总经理,同时兼任中国天一保险公司、中国平安保险公司、中国工业保险公司、中国再保险公司、永大保险公司、富华保险公司等保险公司的董事或常务董事。抗日战争时期,董汉槎联合大安产物保险公司、大公保险公司、大同保险公司、中国航运保险公司等 19 家华资企业,发起成立大上海分保集团,抵制猖狂入侵的日本保险业。抗日战争胜利以后,大上海分保集团经改组成为大沪保险公司。1935 年,董汉槎发起成立中国保险学会,并当选为第一、二届理事。1942

年,出任上海市保险同业公会常务理事,以后历届均当选为常务理事。1946年,董汉槎二度创业,创办忆中商业银行,并出任董事长兼总经理。1947年4月,被选为全国保险公会联合会常务理事。1949年后,董汉槎担任保险同业公会业务委员会主任。后来保险同业公会遭遇大调整,人员变动,几大保险公司纷纷解体。1950年4月,董汉槎负责最后清理大沪保险公司、大东保险公司和大南保险公司。1950年5月10日,中国航运保险公司宣告停业。董汉槎随即赴香港,不久转往台北,改组太平产物保险台北分公司为独立的台湾太平产物保险公司,并任董事长兼总经理。1995年病逝,终年97岁。

胡詠骐(1897—1940)

字志昂。浙江宁波鄞县人。中国民族保险业的拓荒者,中国保险业最早的中共地下党员之一,中国保险业革命先驱。1926年,留学美国哥伦比亚大学,学习人寿保险和商业管理。1929年回国后,任宁绍商轮公司保险部经理,后任宁绍水火保险公司总经理。1931年,创办宁绍人寿保险公司并任总经理。1935年,中国保险学会成立,胡詠骐为常务理事。1935年以后,胡詠骐出任上海市保险业同业公会主席。其间,主持翻译了保险单上长期沿用的英文条款,结束了我国民族保险公司的保险单上没有中文条款的历

胡詠骐

史。1938年,上海市保险业余联谊会成立,胡詠骐被聘为顾问。1939年,中国共产党中央委员会批准胡詠骐加入中国共产党。胡詠骐在民国时期从事保险行业20余年,其间做了大量的工作,取得了一系列令人瞩目的成绩。最早提出了设立全国保险监理局的具体设想,组织讨论并建议成立中华寿险再保委员会,参与修订了《中华民国保险法》,培养了一大批保险专才。1940年11月5日,胡詠骐因病在上海逝世,终年43岁。胡詠骐逝世后,上海市保险业同业公会、上海市保险业业余联谊会、宁绍人寿保险公司等组织联合开展了一系列的悼念活动,出版了《胡詠骐先生纪念册》。宋汉章撰写了《胡詠骐传略》;吕岳泉、过福云、丁雪农、朱如堂、朱晋椒、方椒伯等纷纷撰

文悼念，上海市保险业业余联谊会创办的《保联月刊》印制了纪念专刊。抗战胜利后，郑振铎写过一本《蛰居散记》，其中一篇《悼胡咏骐先生》，就是回忆胡咏骐留给他的印象。"上海的情形，紧张、混乱。友人们撤退的、躲避的纷纷不绝。在其间，若橡树似的，屹立于暴风雨之中而坚定不动的只有胡咏骐先生等寥寥几位。他稳定地站在危难、艰苦、恐怖、纷扰的环境中，像一个巨人似的；在他的巨影之下，许多人赖以安定、不惧，他执了一盏光明四射的灯笼，在茫茫黑夜里，引导着许多人向前走。他的忠勇、冷静与明晰分毫的理论，增加了同伴者无穷的勇气。""他不是一个普通商人，他看得远，见得广，想得透彻。他知道一个商人在这国难时期应尽的责任是什么。他的一切措施，一切行动，都是以国家、民族的利益为前提的。他从事商业近二十年，但他的经济情形也仅足够一家温饱而已。而对于爱国事业，则无不竭力帮助着；比千万百万富翁所尽的力量更多、更大！"

宁绍商轮公司第一任董事会成立，其中部分是上海总商会会员
前排左起：陈文鉴、徐棣荪、胡芝卿、王荫亭、沈洪赉、项如松、赵伯渔、陈良裕

秦润卿（1877—1966）

浙江宁波慈溪慈城人。近代中国金融界领袖，钱业公会会长、上海总商

会副会长。涉足领域有银行业、保险业、钱庄业、纺织业、榨油业等。作为上海金融界领袖长达约半个世纪，是一位对近代上海乃至全国金融事业的发展有着重要影响的人物，为近代中国金融、保险事业的发展做出了重大贡献。1933 年，发起组建中国天一保险公司。1940 年，创建长城保险公司，这是全面抗战爆发后在上海"孤岛"新建的第一家华商保险公司。1949 年中华人民共和国成立后，任上海市政协委员及公私合营银行副董事长。1966 年 7 月 5 日病逝，终年 89 岁。

秦润卿

王伯元（1893—1977）

字怀忠。浙江宁波慈溪人。民国著名银行家，热心公益事业。出生于江苏苏州，1907 年到上海后在一家金号里做学徒，凭借对市面金价的敏锐判断，被多家金号赏识，并担任重要职务。他看准了第一次世界大战以后金价与汇率会有大幅度波动，便用当时的通货银圆或银两折合外汇，巧妙利用中间的差价获利。1916 年，任涵恒金号经理。1918 年，任天昌祥金号经理。1921年，他创办了裕发永金号，任经理，同时做起了金业经纪人。1922 年，业务转向钱庄业，与人合资

王伯元

创办镇泰钱庄。1923 年，他又开办了专门买卖各种证券的行号。1927 年，赴欧美、日本等地考察金融事业。1929 年，通过交通银行总行副经理梁晨岚的联系，他联合上海银行界的人士，接管、改组了中国垦业银行，资本总额一次收足 250 万元，王伯元自己占股 140 万元，成为大股东。他邀请上海钱业公会会长秦润卿担任董事长兼总经理，自己仅任常务董事兼总行经理。在经营管理中，他宣布银行停止有关金业包括外汇的一切活动，不做投机生意。银行虽然名称沿用旧名，但业务范围已经与垦业没有过多关系，而是经营一切商业银行的业务。从此，中国垦业银行经营也走上了正轨，并在此后

涉足房地产行业,成立信托部,但坚决不买卖外汇;投资农村金融,为浦东一带的棉农办理棉花抵押放款。1931年,设立"伯元奖学金"。1932年,任上海地方协会委员。1933年,发起组建中国天一保险公司,任董事。抗日战争全面爆发后,历任协平织造厂监理,中国实业公司董事长,上海通和商业储蓄银行、国泰商业储蓄银行、上海绸业商业储蓄银行董事长,亚浦尔电器厂、环球企业股份有限公司董事,中国建设银公司监察人,汪精卫政府上海市财务委员会主任委员等职。担任过茂华产物保险公司董事长和长城产物保险公司董事。1944年,任汪伪垦业银行总经理。他还担任过蒙藏学院常务院董,复旦大学校董,同润钱庄、同庆钱庄、鸿胜钱庄、泰康润、乾昌祥金号股东,裕发永金号店主,上海公共租界工部局地皮委员会委员,上海市银行业同业公会执行委员。1948年,王伯元携家人前往台湾,后在香港居住。1954年,在美国定居。1977年9月28日去世,终年84岁。

俞佐宸(1892—1985)

俞佐宸

名崇绩,又名煌,字鞠堂。浙江宁波镇海俞范村(今属城关镇)人。宁波工商界巨子,爱国的民族工商业家。曾任咸恒钱庄账房,元德钱庄经理,元益、天益、慎康钱庄经理;兼任中国垦业银行宁波分行经理、四明银行宁波分行经理、浙东及两浙银行常务董事;和丰纱厂常务董事、总经理;中国天一保险公司、四明保险公司及国际保险公司3家保险公司经理。历任宁波商会会长,银行业、钱庄业、纱厂业3个同业公会理事长。投资范围除金融业和面纱业外,还有太丰面粉厂、永耀电力公司、四明电话公司、宁波冷藏公司,慎生、东昇、万成、正大四家鱼行,董生阳南北货店以及余姚元泰当、宁海聚成当等。1952年,加入中国民主建国会,任中国民主建国会浙江省委员会副主委、宁波市委主委。1952年11月至1967年3月,任宁波市副市长、第一至第六届宁波市政协副主席、第七届宁波市人大常委会副主任,同时历任宁波工商业联合会筹委会副主任、全国人大代表、浙江省侨联副主席以及宁波国际信托投资公司经理、浙江省信托投资公司副董事长等职。1981 年，与香港中华总商会会长王宽诚联合倡议，于甬、港设立甬港联谊会，并担任宁波甬港联谊会会长，致力于宁波开放开发建设。1985 年在宁波去世，享年 93 岁。

包玉刚（1918—1991）

浙江宁波镇海人。被公推为"世界船王"。1918 年 11 月 16 日出生在镇海县庄市镇钟包村。包玉刚 13 岁到英商安利洋行保险部工作，20 岁进入中央信托局保险部，曾为中国兵险业的发展做出了重要贡献。曾任中央信托局衡阳分局主任，中国工矿银行衡阳分局、中央信托局长沙分局经理。后入职上海银行，任副总经理兼业务部经理。43 岁时踏上了"船王"之路。其所创立的香港环球航运及九龙仓集团，是香港经济中最具影响力的华资财团之一。集团除经营航运业外，

包玉刚

还涉及房地产、码头仓储、公共交通、酒店、零售、电信等行业。是汇丰银行第一位华人董事，曾任香港特别行政区基本法起草委员会副主任委员。1976 年，他被英国女王封为爵士。他热情支持祖国建设，除捐献巨资为家乡兴建兆龙学校、中兴中学、宁波大学外，还建造北京兆龙饭店以及上海交通大学包兆龙图书馆、包玉刚图书馆，设立包兆龙、包玉刚留学生奖学金等，为家乡宁波的开放开发做出了特殊的贡献。1991 年 9 月 23 日，因病在家中逝世，享年 73 岁。

刘鸿生（1888—1956）

浙江宁波定海人。1888 年 6 月 14 日生于上海。早年在上海圣约翰大学肄业。清末任开平矿务局上海办事处买办。其一生投资创办的企业达 60 多个，跨 20 多个行业，投资额达 740 余万

刘鸿生

元,资产总额超过法币① 2000 万元,构建了一个庞大的企业集团。刘鸿生被誉为"煤炭大王""火柴大王""水泥大王""呢绒大王"。1927 年,筹建并成立大华保险公司。中华人民共和国成立后,任全国政协委员。1956 年去世,享年 68 岁。

公私合营期间的刘鸿生(前排中)

厉树雄(1891—1987)

字汝雄。浙江宁波定海人。18 岁时在上海房地产业初显身手,兴建上海第一座公寓大楼——厉氏大厦。19 岁时任华兴水火保险公司总经理。1915 年,随由张謇率领的商务考察团赴美国参观访问,回国后即创办实业,涉足纺织业、公用事业、保险业、证券业、房地产业等。曾创办宁波和丰纱厂、上海毛绒厂、信和纺织厂、上海大陆信托公司、上海浦东纶昌纱厂、宁波绍兴文明电气公司等。1920 年起,任意商华义银行买办、英商会德丰有限公司买办。1925 年,任上海保险业联合会会长,后担任上海市保险业同业公会常务主席。20 世纪 30 年代,参与了四明电话公司、永耀电力公司的经营。

---

① 法币,1935 年(民国二十四年)11 月 4 日,国民政府进行币制改革,以中央银行、中国银行、交通银行、中国农民银行等 4 家发行,面额有 1 元、5 元、10 元、50 元、100 元和 2 角、5 角 7 种。1942 年后,统一由中央银行独家发行,曾发行到 500 万元的面额。

曾任湖北汉冶萍钢铁公司副董事长、中国通商银行常务董事长。20世纪40年代后期，厉树雄赴香港，开拓香港的纺织工业。1948年，定居香港。1949年，在香港买下上海印染厂，并以信昌机器工程公司为经济担保，组织纺织联营机构，共有14家会员厂，从事纺织、印染和整理业务。1951年至1960年，曾侨居旧金山。1960年回国，继续在香港主持信昌机器工程公司。1966年退休。1987年去世，享年96岁。

厉树雄

黄延芳（1883—1957）

浙江宁波镇海人，近代民族资本家、民主爱国人士。1903年，加入德商上海亨宝轮船公司，担任职员。后出任直隶井陉矿务局经理和北票煤矿驻上海经理。1910年，出任上海中华捷运公司（时为中国最大的航运企业）总稽核、总经理。1925年，独自创办信平保险公司。1928年，创办源大行，经营水产业，并开设有八家渔业商行。1929年，出任浙江兴业银行董事，并兼任浙江兴业银行地产部经理。曾先后担任上海市房地产同业公会主任委员、上海市政府土地估价委员会主席等职务。1933年，出任上海新裕纺织

黄延芳

厂经理。1937年，日本侵华战争全面爆发，出任上海难民救济协会总务组长。曾先后担任四明公所董事、四明医院董事长、济民医院董事长、宁波旅沪同乡会副理事长等社会公职。1946年，出任扬子江拖驳公司总经理、新纱厂总经理，云飞汽车公司董事长、四明电话公司董事长，并兼任宁穿长途汽车公司董事长等职。1949年中华人民共和国成立后，出任工商界劳军分会副主任委员。后担任上海市工商业联合会筹备会常务委员，并主持接管上海市商会和工业会的工作；出任华东军政委员会委员，并兼任华东生产救灾委员会主任委员。1951年，出任上海市工商业联合会第一届监察委员。

1954 年,担任公私合营上海轮船公司筹备委员会主任委员。1955 年,出任上海市交通运输局局长。1956 年 4 月,出任第二届上海市工商业联合会副主任委员。历任中国民主建国会上海市分会常务委员、中国民主建国会上海市委常务委员、中华全国工商业联合会执行委员、中国民主建国会中央委员、第一届全国政协委员、第一届全国人民代表大会代表等。1957 年去世,终年 64 岁。

傅其霖

生卒年不详。浙江宁波镇海人。早期供职于华兴水火保险公司,并履职华安水火保险公司。傅其霖供职保险公司期间最大的贡献有三个。一是履职上海保险公会。1928 年,傅其霖担任上海保险公会主席期间,公会经营范围扩展到寿险业,突破了水火保险的限制。永安人寿保险公司等公司加入公会,其间傅其霖为维护同业的利益贡献巨大。二是联合肇泰等 9 家保险公司组建中国船舶保险联合会,为当时国内航运业的快速发展做出了重要贡献。三是组建中国第一家特许经营再保险的专业公司——华商联合保险公司,专司再保险业务,为中国早期再保险业务的发展做出了突出贡献。傅其霖一生潜心研究保险,在这一方面取得的研究成果被人评价为:"除过福云外,就数傅其霖了。"由此可以看出,傅其霖天资聪慧,确有过人的专业素质。傅其霖在保险业的发展上颇多建树,特别是在水险业务方面贡献巨大,深得当时公司董事会的依仗。

傅其霖

林震峰(1918—2010)

浙江宁波余姚人。新中国保险事业的开拓者和奠基人,中国保险史、保险业工人运动史和中国共产党保险业史上重要人物之一。1936 年 3 月,参加革命工作。1937 年 11 月,林震峰与程恩树创立了中国共产党保险业党支部,并筹备建立了上海市保险业业余联谊会。1938 年 7 月 1 日,"保联"创办大会在上海宁波同乡会召开,林震峰被推举为"保联"第一届理监事。1938

年 11 月，林震峰与关可贵创办主编了《保联月刊》，后改名为《保险月刊》。1936 年至 1949 年，曾在上海、云南、重庆担任多种职务，先后在上海职业界救国会、上海中国保险公司、昆明中央信托局、重庆八路军办事处、上海洽和冷气公司、上海洽茂冷气公司、军管会金融处工作，并以中国共产党地下党员的身份从事革命工作。1949 年至 1959 年，林震峰主要任职于中国人民保险总公司，曾先后担任上海中国人民保险公司华东区公司副经理，中国人民保险总公司办公室主任、公司计划处处长、公司副总经理等职务。1959

林震峰

年至 1965 年，曾担任中国人民银行总行国外局副局长。1965 年至 1987 年，再度任职于中国人民保险总公司，曾先后担任中国人民保险总公司总支委员、财政部分党组成员、公司副董事长及副总经理等职务。林震峰也是金融保险领域的教育家，曾兼任上海财经学院（今上海财经大学）副教授和中央财政金融学院（今中央财经大学）教授，担任过中国保险学会副会长、中国国际金融学会常务理事、中国金融学会理事等职务。1986 年 7 月退休。2010 年 3 月 19 日，林震峰于北京逝世，享年 92 岁。

傅筱庵（1872—1940）

浙江宁波镇海人。民国时期企业家、银行家，曾出任北洋政府高级顾问。1927 年，当选上海总商会会长。1933 年，担任上海华兴水火保险公司董事长。1938 年，投靠日本，沦为汉奸，任伪上海市长。在任期间破坏抗日行动，捕杀抗日军民。1940 年 10 月 10 日，被军统策反的仆人朱升源持刀杀死，终年 68 岁。

傅筱庵

谢纶辉（？—1919）

字楞徽。浙江宁波余姚泗门镇人。清末与

民国时期金融家、银行家。1875 年,谢纶辉到上海谋生,在同乡引荐下,任职于上海咸康钱庄。由于勤奋精明,善于理财,不久便得到当时咸康钱庄经理陈笙郊的提拔,谢纶辉由此崛起于上海钱庄界。1889 年,陈笙郊发起创立上海北市钱业公会,谢纶辉是重要参与者。公会成立后,谢纶辉出任董事。1894 年,承裕钱庄成立,谢纶辉被推为经理。1897 年,清廷官商合股成立中国首家新式银行——中国通商银行,朱葆三为最大股东,并出任银行总董,陈笙郊因上海钱业领袖身份,被聘为首任中方总经理;谢纶辉出任上海北市钱业会馆总董。1902 年,谢纶辉被推选为上海商业会议公所议员。1905年,谢纶辉正式成为中国通商银行第二任华人总经理。任上,谢纶辉提议重新建造中国通商银行大厦,获得董事会批准。1906 年,中国通商银行新大楼开工建设,成为上海外滩的著名建筑。谢纶辉担任中国通商银行中方总经理长达 14 年,曾为仁济和水火保险公司的创建做出了积极贡献。1908 年,谢纶辉兼任赓裕钱庄经理。曾投资上海多家钱庄,包括恒祥钱庄、聚康钱庄、汇康钱庄、怡大钱庄、同余钱庄等;入股中华轮船招商局(招商局集团)。谢纶辉热衷办学,投身教育事业,曾先后创办核真学校、景棋学堂等新式学校。民国教育部曾授予他三等嘉禾勋章。1917 年,斥资 2.4 万银圆,在家乡建造希范义庄。1918 年,北洋政府冯国璋题写"敬宗睦族"匾额,褒奖谢纶辉的慈善义举。1919 年,因病逝世。

方椒伯

方椒伯(1885—1958)

名积蕃,字椒伯,以字行。浙江宁波镇海人。民国时期上海的大律师、实业家。6 岁入读私塾,17 岁时参加科举考试未中。18 岁随叔父赴上海经营祖产。1905 年,任培玉学堂校长。1912 年,入读民国法律学校,攻读法律专业。后转学至上海神州法政专门学校,于 1917 年毕业。1918 年,任东陆银行上海分行经理。后又兼任四明公所董事,四明医院董事,上海总商会会董兼商事公断处处长,宁波旅沪同乡会会董、常务理事、会务主任等职。1919 年五四运动后,方椒伯积极参与发起上海各公团联合会（由上海各业同业公会和各地旅沪同乡会组成），被推为会长。1920年，参与改组上海股票商业公会，成立上海华商证券交易所，被推为董事，同时任银行公会会董。1922、1923年，连任上海总商会副会长。方椒伯曾涉足沪上钱庄业，投资有庶康、福隆等钱庄。镇海方氏家族是上海实业界翘楚之一，经营领域广泛，包括沙船业、钱业、纺织业、药业、零售业、渔业、房地产业等。1922年8月，方椒伯与秦润卿、薛文泰集资30万元，在上海创办了大有余榨油厂，方椒伯任董事长，这是方椒伯投资工业的开始。他还曾担任上海公共租界纳税华人会理事长、上海中国通商银行十六铺南市分行经理。1923年，方椒伯被推举为宁绍商轮公司董事长。1932年辞去通商银行南市分行经理后，长期开展律师业务。1935年，经方椒伯和他人提议，将宁绍水火保险公司改组为股份有限公司。曾积极推动国内再保险的发展。1939年，伪上海市长傅筱庵多次邀其出任市府秘书长等职，被拒。1948年，兼任复旦大学校董。1955年后，任上海市政协委员。1958年5月24日，在上海去世，终年73岁。

俞佐庭（1889—1951）

名崇功，字佐庭，又字荫堂，以佐庭字行。浙江宁波镇海俞范村（今属城关镇）人。与俞佐宸为亲兄弟。16岁进余姚木行当学徒。1908年，任镇海镇余钱庄职员。后去上海，在恒祥钱庄做账房。1916年，回宁波任慎德钱庄经理，结识沪上闻人镇海虞洽卿等。1920年，复至上海任中易信托公司银行部经理，与陈布雷等相互往来。1926年，任天津垦业银行经理。次年返宁波，任宁波市财政局长，当选宁波市总商会会长。后因总管上海颜料巨商秦涵琛丧事，为秦家赏识，邀其入股秦家企业。1931年，在上海开设恒巽钱庄，自任经理。继于宁波开设慎生、正大、东升、

俞佐庭

万成四家咸鱼行，又拥有沪、杭、宁、绍等地14家企业的股份，任董事、监事、董事长等职。1932年，被选为上海市钱业公会常务委员。1933年4月6日，

与商人孙衡甫、袁履登等人发起成立四明保险公司,担任副董事长。1934年,任上海商会执委主任委员,扩建河南路国货商场,招集营业厂商30余家,推动提倡国货。后开办商业职工学校、商业补习夜校劳工班。1935年,赴日本考察经济。上海沦陷后拒任伪职,偕弟佐宸避至重庆。抗战胜利后返沪,继任四明银行私股董事、总经理兼常务董事。1947年,当选国民大会代表。1949年去台湾。1951年逝世于香港,终年62岁。于家乡曾捐资助建同义医院、辛成初级中学、志成小学等。

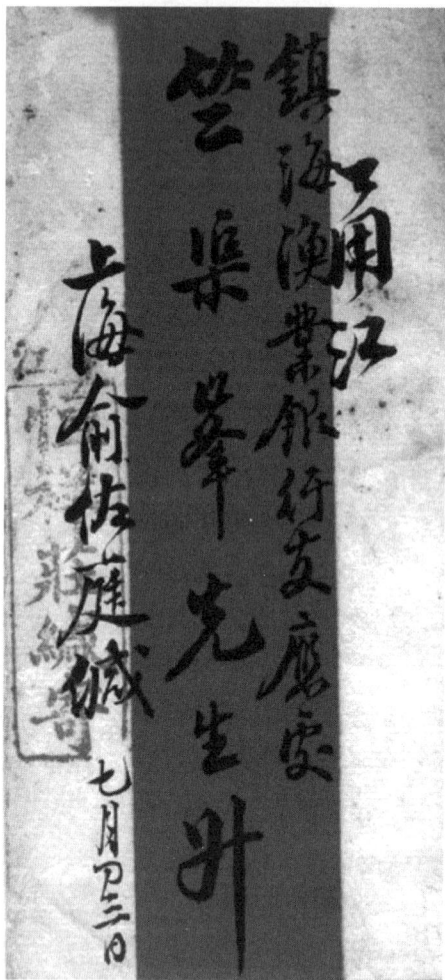

1911年,俞佐庭先生写给竺渠峰先生的中式红条信笺

袁履登（1879—1954）

原名贤安，改名礼敦，字履登。浙江宁波人。早年就读宁波基督教会所设之斐迪中学。1904年，毕业于上海圣约翰大学。回宁波任斐迪中学教务长兼教会牧师，后任副校长等职。曾受聘任宁波知府的外交顾问，协助办理"教案"，交涉收回宁波。辛亥革命宁波光复后，被推为宁波军政府外交次长兼交通次长。1912年（或1913年），受聘为汉粤川铁路督办公署译员，半年后到沪任商务印书馆经理室襄理。1915年，协助经营鄮东煤矿、顺昌轮船公司和裕昌煤号等。1917年，两次东渡日本考察工商业，组织申商俱乐部，任

袁履登

会长。后任德商科发药房买办和美商茂昌洋行买办、商务印书馆协理。1920年，兼任上海国民银行、恒安轮船公司和远东体育场董事，中华基督教青年会全国协会委员，上海青年会干事兼副会长和宁波旅沪同乡会理事等职。同时当选上海总商会会董，因忙于业务而辞职。1921年起，任宁绍商轮公司总经理达16年。1925年，任上海各路商界总联合会会长，创设宁绍水火保险有限公司，任董事。1926年，当选上海总商会副会长。"五卅运动"以后，任上海公共租界华人纳税会副理事长、工部局华董等职。1930年，被选为上海市商会常务委员。1931年，设立宁绍人寿保险公司，任董事。1933年，袁履登等人发起组建四明保险公司。1935年，经袁履登和他人提议，宁绍水火保险公司改组为股份有限公司，有力推动了宁绍水火保险公司的发展。1936年，当选上海市商会监察委员。全面抗战时期，任上海难民救济协会秘书长、大华银行总经理。1942年起两次连任汪伪上海市商会理事长，并担任中国联业保险公司董事。1943年，任汪伪米粮统制委员会筹委会主委，其间曾任汪伪新国民运动促进委员会委员、汪伪全国物资统制审议委员会委员。1944年，任汪伪全国经济统制总会理事。抗战胜利后，袁履登以汉奸罪被判徒刑7年，因病重保外执行。1948年2月，获大赦释放，遂离沪去香港。1951年，因病重回沪。1953年，被上海市人民法院判处徒刑10年，免予执行。1954年夏因病去世，终年75岁。

王正廷

王正廷（1882—1961）

字儒堂。浙江宁波奉化人。著名外交家，被誉为中国"奥运之父"。作品有《王正廷博士演讲集》。1896年，考入天津北洋西学堂（今天津大学）。1901年，进海关任职。1905年，赴日本筹设中华基督教青年协会分会，加入同盟会。1907年，赴美国留学。1910年毕业于耶鲁大学法律系后，留耶鲁大学研究院深造。1911年回国，武昌起义爆发后，任黎元洪都督府外交司司长；12月，任临时参议院议员。1912年中华民国成立，任唐绍仪内阁工商部次长兼代总长。同年7月辞职回上海，任中华基督教青年会全国协会总干事。1913年4月，当选为参议院议员及副议长，一度代理议长，因袁世凯以暴力压迫国会和议员，被驱逐出北京。1916年袁世凯死后，国会恢复，继任参议院副议长。1917年，赴广州参加护法运动；9月，署理军政府外交总长。1919年，作为中国出席巴黎和会全权代表之一，坚持拒签对德和约，获得国内舆论好评。1921年，到北京就任中国大学校长，这一职务长期连任。1922年3月，任"鲁案"善后督办；12月同日本签订"鲁案"协定，并办理移交胶澳（青岛）管理手续，12月11日被黎元洪任命为代理国务总理兼外长，至月底结束。1923年3月任中俄交涉督办，于1924年5月与苏联代表签订《中俄协定》。不久先后两度任外长，一度兼任财政总长。1927年夏，任陇海铁路督办。1928年6月，任南京国民政府外交部部长、中国国民党中央政治会议委员、国民党中央执行委员等职；10月，与日本代表谈判"济案"问题，未能取得进展。其后曾与美、英、法、德等国订立"新关税条约"，争取到西方国家的一些让步，但没有实质性进展。他执行蒋介石对日妥协政策，引起群众的强烈不满。1931年九一八事变后，被迫辞职。1936年8月，出任驻美大使。1938年9月，奉调回国，任国民党中央执行委员和国民政府委员。1943年12月，任太平洋产物保险公司董事长。抗战胜利后回上海，任上海市参议员、全国体育协进会理事长、中国红十字会会长、交通银行董事等职。1949年年初去香港，任太平洋产物保险公司董事长、金星人寿保险公司董事等职。王正廷虽任政界要职，但热心体育事业,并致力于奥林匹克运动在中国的开展,是近代中国著名的体育领导人之一。1961 年 5 月 21 日在香港病逝,终年 79 岁。

沈敦和(1866—1920)

字仲礼,又字默斋。浙江宁波人。国际知名社会活动家、实业家和慈善家。早年留学英国剑桥大学,专攻政法。回国后曾任金陵同文馆教习、江南水师学堂提调、吴淞自强军营机处总办、上海四明公所董事、上海总商会理事等职,署记名海关道。1904 年 1 月,发起成立中、英、美、德、法五国合办的上海万国红十字会,被推举为中方办事总董,为中国红十字会的缔造者。1907 年后,历任大清红十字会、中国红十字会副会长,常驻上海。先后创办中国红十字会时疫医院、红十字会总医院及医学堂、天津路分医院、中国公立

沈敦和

医院等,兼任上述各院院长。曾与朱葆三等人一起创办上海华兴水火保险公司、华安水火保险公司、华安人寿保险公司、华安合群人寿保险公司。《华安》月刊第 10 期曾这样记述沈敦和:"公从政时,已历办金矿、煤矿及造沪宁铁路,为中国实业先河。自经办通商银行之后,与实业界更近。创设华纶机织公司,华安人寿、水火保险公司。民国元年,更与黎大总统、冯前总统及政商各界闻人,创设华安合群保寿公司,公任总董,擘画周详,因之营业发达,累蒙政府奖励。袁大总统,颁给'寿域同登'匾额,以示褒荣。"1920 年逝世,终年 54 岁。

潘垂统(1896—1993)

浙江宁波余姚人。曾在中国保险公司工作,并开办保险经纪公司"潘安记保险事务所",专门接洽火险业务,递送保险单据和收取保险费,钻研保险学识,编写《投保须知》《火险常识》《防火知识》等资料分送保户,宣传保险知识与提供防灾服务。曾任上海经纪人公会常务委员。中华人民共和国成立后,担任中国人民保险公司上海市分公司副经理。1993 年去世,终年 97 岁。

叶澄衷（1840—1899）

叶澄衷

字成忠。浙江宁波慈溪人。清末资本家。少时因家贫辍学，到油坊做学徒。1854 年到上海，在杂货店当店员。驾舢板往来黄浦江面，供应外轮所需物品，因粗通英语，得以结识一些外国人，在商贩中获利独厚。1862 年，在虹口开设老顺记商号，经销五金零件。由于经营有方，后总号移至百老汇，并在长江中下游各商埠遍设分号。继而投资金融业，在上海、杭州、镇海、芜湖、湖州等地开设票号、钱庄，鼎盛时达 108 家。又相继开办上海燮昌火柴厂、纶华缫丝厂。1896 年盛宣怀筹办成立中国通商银行，叶澄衷被指派担任总董，势力渗入近代银行业，为仁济和水火保险公司的创建做出了积极贡献。叶澄衷热心社会公益与慈善事业，在家乡和上海设立慈善救济机构，多次出资赈济浙、鲁、豫、直等省灾区，受清政府嘉奖，并捐得候选道员加二品顶戴。1899 年病重中念及少时失学之痛，决定捐道契 25 亩、现银 10 万两，兴建中国第一所私立新式学校。1901 年建成，取名澄衷学堂，即今天的澄衷高级中学。1899 年 11 月，叶澄衷在上海因病去世，终年 59 岁。

李云书（1867—?）

李云书

名厚祐。浙江宁波镇海人。投资经营奉锦天一垦务公司，为垦务公司代表。官衔四品分部郎中。1902 年，成为上海商业会议公所议员。1906 年 10 月，当选上海商务总会总理。1906 年，由朱葆三和李云书等人发起创办华成经保火险公司。1907 年 10 月，当选上海商务总会协理。与王一亭等人联合创办华通人寿保险公司。1908 年，执业商船会馆。1912 年 5 月，当选上海总商会议董，任期内辞职。1916

年 5 月，当选上海总商会会董，任期内辞职。1924 年 8 月，被列为总商会特别会董。

梁晨岚（1903—?）

浙江宁波人。曾任福康钱庄、上海交通银行副经理，乾一企业银公司董事、交通银行副经理。1929 年，王伯元通过梁晨岚，联合上海银行界的人士，接管、改组了中国垦业银行。1934 年 2 月 1 日，梁晨岚与秦润卿、王伯元、钱新之等人在上海发起，以中国垦业银行为主集股，组建了中国天一保险公司。王伯元任董事长、梁晨岚任董事兼总经理。后秦润卿任董事长。总公司设在上海北京路 255 号垦业银行大楼。梁晨岚不仅是创业者，也是经营者。曾任中国垦业银行常务董事，建华银行董事长，镇江贻成新记机制面粉公司、南昶炼铜厂董事。

梁晨岚

陈　鹤（生卒年不详）

字鸣。浙江宁波定海人。1924 年毕业于圣约翰大学，回国以后，在上海法商保太保险公司工作达 18 年之久。1943 年，任上海民安产物保险公司协理。1947 年，上海保险同业成立民联分保交换处，任副主任委员、上海民安产物保险公司总经理等职。

张章翔（1909—1985）

浙江宁波鄞县梅墟镇人。1926 年，到中国垦业银行当练习生。1932 年，被提升为中国垦业银行天津分行襄理。1934 年，升任分行副经

陈　鹤

张章翔

理。其间还被任命为中国天一保险公司天津分公司副经理、长城保险公司副经理。1942 年,继任中国垦业银行天津分行经理。1944 年 2 月,辞去中国垦业银行天津分行经理职务,重心转向保险业。相继在中国天一保险公司、太平洋产物保险公司、平安保险公司、中安保险公司和长城保险公司等公司任经理、董事长和监理等职。1934 年 10 月,担任天津保险同业公会常务理事。1944 年后,担任天津保险同业公会会长,直至 1951 年 11 月。

张章翔填写的北京自来水股份有限公司股东股票

刘吉生(1889—1962)

浙江宁波定海人。刘鸿生的胞弟。民国著名实业家。毕业于上海圣约翰大学。曾任开滦售品处经理,上海市银行商业同业公会理事,大中华火柴公司董事,上海水泥公司、元泰公司、章华毛绒纺织公司、中华码头公司、中华煤球公司、柳江煤矿铁路公司、上海煤业公栈股份有限公司等董事,西南运输公司总经理,中国企业银行常务董事兼总经理,香港火柴厂董事长,江浙商业储蓄银行、上海煤业银行和大华保险公司等金融

刘吉生

企业的董事,宁波永耀电力公司监察人,培成女校校董。1962 年 10 月 8 日逝世于香港,终年 73 岁。

朱子奎(1882—?)

字鸿藻。浙江宁波定海人,为上海实业家朱葆三之子。毕业于上海圣约翰大学,精通日语。1917 年至 1931 年,任三井银行华方经理,越东轮船公司股东兼经理,中国通商银行董事兼沪行经理,华兴水火保险公司、华安水火保险公司董事,华安合群人寿保险公司监察人。1937 年,任中华商业储蓄银行董事长。在主持该行工作时增设信托部,抗战胜利后又增设储蓄部,并在苏州等地开设分行。曾任上海内地自来水公司、国华煤球厂等董事,上海制造绢丝株式会社(日商公大公司)经理,中国救济妇孺总会会长。

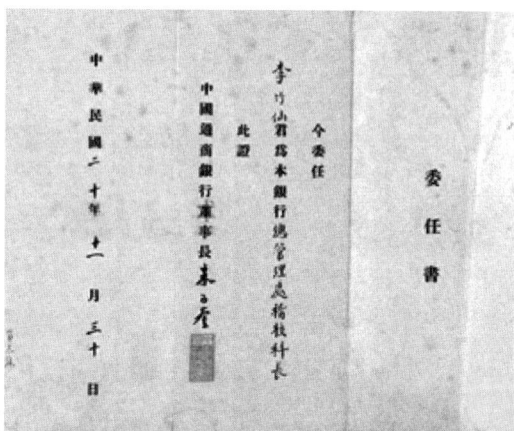

1931 年朱子奎担任中国通商银行董事长时颁发的委任书

(来源:博宝艺术网)

王启宇(1883—1965)

字志正。浙江宁波定海白泉乡(今属白泉镇)人。上海圣约翰大学肄业。上海荷商和兴洋行买办。纱业出身。1913 年,集资在上海塘山路创设达丰染织厂,任经理。1918 年,又集资在曹家渡建厂,向英国订购成套印染设备,首创中国机械印染业,投产后日产布 2000 余匹。1934 年,王启宇和厉树雄创办了上海毛绒纺织厂,资本总额 15 万元,置有绒线纺锭 800 枚,专门

王启宇

生产热销的"小囡牌"国货粗绒线,闻名全国。自19 世纪 20 年代起,历任上海华商纱厂联合会董事、中华工商联合会理事、苏浙皖赣鲁豫六区棉纺业同业公会理事长,香港纱厂业同业公会理事长,振泰纱厂董事兼总经理,宝兴纺织公司董事兼监理,大纬印染织造厂、兴业第一制铁厂厂主,舟山轮船公司、宝丰纺织公司董事,均泰颜料号股东,泰山保险公司股东等。曾捐款资助定海公学、东海中学(今定海一中)等。幼子福元秉承父志,多次捐款,在定海一中兴建启宇图书楼、启宇体育馆等,并设"启宇奖学(教)金"。1965 年逝世,终年 82 岁。

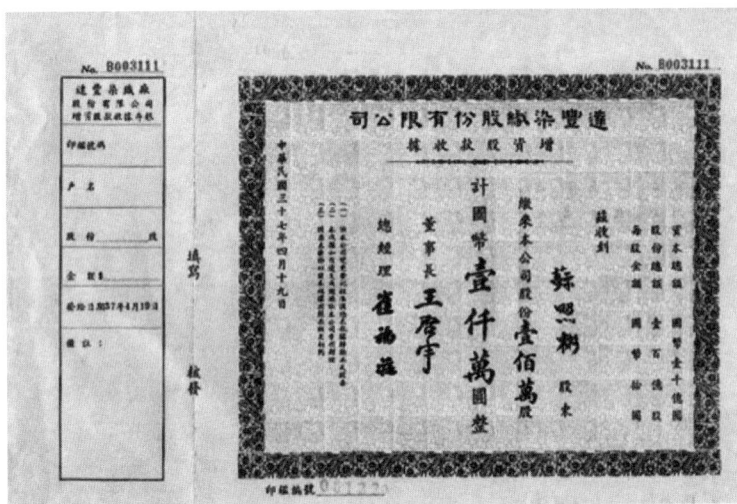

达丰染织股份有限公司股票,印有董事长王启宇名字

李屑清

浙江宁波镇海人。曾投资延年人寿保险公司、华通水火保险股份有限公司。

谢天锡（1875—1960）

字蕅聰。浙江宁波鄞县梅墟人。10多岁到
上海同益号门市煤店当学徒。后到东升公司专
做进出口生意。1905年，自创裕昌煤号，经营煤
炭生意，并承揽了京沪、沪杭两路邮船和外国军
舰的用煤供应。在宁波的供应对象为和丰纱厂、
永耀电力公司等企业。是华商火险公会第二任
议董。1912年，成为上海总商会"合帮会员"。
1914年起，任第二至四届、第六至八届上海总商
会会（议）董。1946年，结束煤炭生意。曾在宁
波梅墟建设"求精小学"，对贫穷人家给予津贴。
曾从国民党监狱救出煤业职员、中共地下党员叶
进明。1960年在宁波江北去世，终年85岁。

谢天锡

（照片来源：《上海总商会的宁波人》）

孙泉标

浙江宁波镇海人。曾投资延年人寿保险公司。

黄振世

浙江宁波鄞县人。早年在上海海味行当学徒，后自营渔货买卖，是旧时
上海鱼行业领袖。先后投资创设上海复兴贸易公司、宝昌轮船公司、人福食
品公司、大咸银公司等。曾任日商泰新洋行买办以及中国渔业银行董事长、
宁波旅沪同乡会理事、上海美盛保险公司经理等职。1941年，在上海、宁波
设立通惠银号，任总经理。

徐生棠

浙江宁波人。曾在允康人寿保险公司总公司任职。

洪文廷

浙江宁波定海人。曾投资创办华安水火保险公司。1914年4月，任华
商火险公会会长。

姜炳生

浙江宁波鄞县人。曾在扬子保险公司任职。

朱健行

浙江宁波镇海人。曾在华安水火保险公司任职。

俞子章

浙江宁波镇海人。曾在金星人寿保险公司任职。

苏葆生（1855—?）

又名苏德彪。浙江宁波鄞县人。13 岁辍学，在宁波某布店当学徒。17
岁到上海发展。31 岁时，任轮船招商局某轮船买办。37 岁致富。曾在上海
华兴水火保险公司、成记号、义源成布号、谦泰布庄、存德堂药店、三泰纱厂、
龙章造纸厂以及某地产投资公司等任职。

张星煜

浙江宁波人。长期从业于保险界，曾任兴亚保险公司华方总经理、大北
保险公司总经理，曾在北美洲保险公司、中国天一保险公司、兴华保险公司、
联华保险公司等保险公司担任要职。

张笠渔

浙江宁波人。曾任振泰保险公司总经理。曾创办恒兴棉织厂、久丰纺织厂。

董浩云（1912—1982）

1912 年 9 月 28 日出生于宁波定海县城将军桥下 6 号，读完小学后随家
迁移上海。其父亲董瑞昌节衣缩食，艰苦创业，终于在董浩云 6 岁的时候于
上海南市的东大门一带开设了一家名为"源森号"的五金店。1928 年 11 月，
考进国际运输株式会社当练习生。1933 年在山西修建同蒲铁路的过程中董
浩云认识到金融保险的重要性；运用保险的手段处置了 1935 年"永亨"轮的
危机；1941 年和 1948 年，参与创建中国航运保险公司和中国航联意外责任

保险公司,助推了当时中国航运业的发展。从白
手起家开始,几十年间董浩云建立了一个拥有巨
轮百艘,载重量超过 1100 万吨的航运王国和一
个包括银行业、保险业、房地产业、造船业和石
油、天然气开采业的综合性跨国大集团。董浩云
是 20 世纪中国现代远洋航海事业的先驱。他建
立的庞大的集装箱运输网络,表明世界的航运船
队中心已经从西方转移到东方。1982 年 4 月 15
日,董浩云于凌晨时分在香港九龙塘住宅突发心
脏病去世,终年 70 岁。

董浩云

丁三桂(1902—?)

浙江宁波余姚人。钱业出身。曾在南市丰昌钱庄、北市仁亨钱庄、仁昶
钱庄、寿祥钱庄工作,经验丰富。曾任中国正平保险公司董事长,上海企业
银行总经理,其昌钱庄经理,锦德银行、德大钱庄常董,上海市银行业同业公
会理事等职。

王丰年(1919—?)

浙江宁波鄞县人。上海市立敬业中学毕业。曾任联华保险股份有限公
司协理、华昌实业公司副经理、利华产物保险股份有限公司总经理、金安企
业公司经理。

王云甫(1889—?)

浙江宁波镇海人。曾任瑞隆源记颜料号经理,建丰商业银行、华商电器
公司、三友实业社、中英大药房、开成造酸公司、和兴码头堆栈公司等董事,
中华劝工银行、恒利银行、宁绍商轮公司、宁绍人寿保险公司、振华油漆公司、
豫丰纺织厂、大中华火柴公司、闸北水电公司等监察人,泰安保险公司董事长。

王仲允(1900—?)

浙江宁波慈溪人。曾任乾一企业银公司经理,中国垦业银行董事兼总

行副经理,国泰商业储蓄银行、中国天一保险公司监察人,乾昌祥金号、元兴永金号、润昌裕金号股东。

王廉方(1886—?)

浙江宁波奉化人。曾任南京路荣昌祥呢绒西服号、裕昌祥呢绒洋服号、上海贸易公司店主兼经理,中国药业银行副总经理,富华保险公司常务董事,竟成实业公司董事,泰昌、洽昌呢绒号股东,西服公会会长。

乌崖琴(1889—?)

浙江宁波镇海人。早期从事教育工作,曾任镇海县立商校校长、教育会会长。1921年,任宁波旅沪同乡会理事,总理学务,并长期参与同乡会会务活动。曾任中国通商银行南市分行副经理,天一味母厂、宁绍商轮公司、宁波通运汽车公司监察人,南洋印刷公司董事,中国通商银行经理,新华股票股份有限公司、宁绍水火保险公司总经理。中华人民共和国成立后,任上海市静安区政协委员。

方善济(1889—?)

浙江宁波人。曾任中国窑业公司董事,金城银行沪行副经理,中国垦业银行、大生纺织公司监察人,太平水火保险公司董事。

叶琢堂(1875—1940)

字瑜。浙江宁波镇海路林人。早年在上海为瑞和洋行买办和上海证券物品交易所经纪人。后与法国人创办万国储蓄会。因辛亥革命、"二次革命"时资助过陈其美、蒋介石等,1928年被派为中国银行官股董事,同年11月中央银行成立时,又任董事。1932年,与宋汉章等在上海创办至中商业储蓄银行。1934年,任中国建设银公司常务董事。1935年4月,四明商业储蓄银行(简称"四明银行")发生挤兑风潮,中央银行趁火打劫,该行董事长孙衡甫请求央行维持,经虞洽卿从中斡旋,叶琢堂继孙衡甫任四明银行总经理,同时任中央银行、中国银行常务董事。1934年6月,任中央信托局筹备主任。1935年7月该局成立后,任常务理事。1936年,任中央信托局局长。

在其主持下,该局规模迅猛扩张,至当年 12 月就拥有 28 个分支机构。1937年 3 月,孔祥熙改组中国农民银行,自任董事长,由叶琢堂任总经理。不久,孔祥熙赴欧美游历,叶琢堂主持中国农民银行和中央信托局,积极发展业务。全面抗战爆发后,中国农民银行在后方开展业务,同时会同中央银行、中国银行、交通银行组成四行联合办事处(简称"四联处"),办理贴放业务,支持工厂内迁。1940 年因病赴美求医,不久在美去世,终年 65 岁。

史久鳌(1889—?)

浙江宁波余姚人,曾任中国银行沪行副经理,中国保险公司、上海至中商业储蓄银行、中国国货公司、康元五彩花铁印刷制罐厂等董事,惠中商业储蓄银行监察人。

史济福

字明谊。浙江宁波人。曾任前大华畜植公司常务董事,上海大达钱庄、大南保险公司副经理,永华公司经理。

包述传(1914—?)

字振第。浙江宁波鄞县人。宁波商业学校肄业。曾任裕中贸易公司、同庆钱庄总经理,孚中银公司经理,利华产物保险公司、中国电工企业公司、华昌毛织厂股东。

冯诵青(1884—?)

浙江宁波余姚人。曾任前大清银行营业专员,南昌中国银行、中国银行沪行副经理,上海至中商业储蓄银行、中和商业储蓄银行常务董事,中国保险公司、上海绸业商业储蓄银行、永亨银行、大康银行、瑞康银公司董事,五丰钱庄、福泰银庄、志诚钱庄等钱庄股东。

乐振葆(1869—?)

浙江宁波鄞县人。曾任泰昌洋货木器公司董事兼总经理,宁绍人寿保险公司董事长,三友实业社、振华油漆公司、上海煤业银行、恒利银行、闸北水电公司、杭州通益纺织公司等董事,振泰德记钱庄、滋丰钱庄股东。

孙鸣涛

浙江宁波慈溪人。曾任四明保险公司上海分公司副经理。

庄智耀(1911—?)

浙江宁波人。江南学院毕业。曾任浙东轮船公司、中国公平保险公司总经理,堆栈业同业公会理事长,合新企业公司(仓库)经理。

孙梅堂(1884—?)

浙江宁波镇海人。上海圣约翰大学毕业。曾任美华利钟行行主兼总经理,亨达利钟表行、恒裕丰地产公司董事长,宁绍商轮公司常务董事,宁绍商轮公司保险部、宁绍人寿保险公司、民丰造纸厂、华丰造纸厂董事,华盛顿钟表行股东。

孙梅堂

清末,上海商务总会议董与官员、会审公廨廨员合影
周金箴(前左三)、宝子观(前左五)、聂榕卿(前左六)、孙梅堂(中左二)、
金琴荪(中左五)、潘澄波(中左六)、虞洽卿(后左二)、朱葆三(后左三)

孙鹤皋（1889—1970）

浙江宁波奉化人。日本长崎高等商业学校毕业。曾任武昌关监督，京沪、沪杭甬两路管理局局长，津浦路管理局局长，浙江省政府委员，铁道部参事，大沪银行董事长，中华碾铜厂股东兼总经理，四明银行总经理，上海绸业商业储蓄银行董事，中国天一保险公司监察人。20世纪30年代初，不满当局统治，弃政从商，实业救国，先投资纸业、橡胶业，任四明银行常务董事、总经理。抗战胜利后，任大来商业银行董事长，为发展民族工业提供资金支持。中华人民共和国成立后，拥护共产党领导，积极配合政府对企业进行社会主义改造。公私合营后，任大中华橡胶厂私方董事。1970年4月12日，因病逝世于上海，终年81岁。

杨河清（1879—？）

浙江宁波慈溪人。杂粮业巨子。曾任上海易中银行股份有限公司、上海同康钱庄股份有限公司、上海联业保险股份有限公司董事，上海商业储蓄银行、上海五洲商业储蓄银行高等顾问。

吴启鼎（1891—？）

浙江宁波慈溪人。民国时期银行家、金融家、财政官员。吴锦堂的侄子。早年毕业于上海圣约翰大学。1915年，赴美国留学，毕业于美国俄亥俄州北方大学。回国后从事金融业。1916年至1918年，担任联合银行副经理。1922年，出任广州军政府广州交通运输局局长。1925年，出任上海调整税务局代理局长。同年出任江苏省地政局局长。曾担任浙江省烟酒征税局局长、中华民国财政部税务局总监。曾出任四明银行保险公司总经理，并发起创办上海江浙商业储蓄银行，担任董事长。出任四明银行董事长兼总经理期间，因巨额亏空，于1947年5月被财政部撤职。

吴经熊（1899—1986）

一名经雄，字德生。1899年3月28日出生，浙江宁波鄞县人。国民党政要、法学博士。1916年，入上海沪江大学学习，不久转入天津北洋大学。1917年，入东吴大学法科学习。1920年，赴密歇根大学法学院学习。1921

吴经熊

年,获法学博士学位,后赴巴黎大学、柏林大学、哈佛大学访学。1924年回国,任东吴大学教授、上海公共租界工部局法律顾问,1927年任上海特区法院法官、东吴大学法学院院长,1928年任立法委员、司法院法官,1929年任上海特区法院院长,1933年任立法院宪法草案起草委员会副委员长,1945年任国民党第六届候补中央执委,1946年任驻教廷公使、制宪国民大会代表等。曾任上海法学编译社社长,宁绍人寿保险公司、现代书局董事。1966年,由美国赴台湾。1986年2月6日在台北逝世,终年87岁。

何少寅(1885—?)

浙江宁波镇海人。曾任老九章公记绸缎庄兼经理,中国通商银行、上海华兴水火保险公司监察人。

张肖梅(1906—?)

浙江宁波镇海人。毕业于南京金陵女子大学、美国芝加哥大学、英国伦敦大学经济学院、瑞士日内瓦大学。曾任中国银行经济研究室代理主任、中国保险公司监察人。

陈平甫

浙江宁波慈溪人。毕业于慈溪湖商科专门学校。曾任长城商业储蓄银行副理、联华保险公司总公司协理兼沪公司经理、开利罐头食品制造厂常务董事、银行集益会常务理事。

陈仰和(1872—?)

浙江宁波镇海人。曾任四明银行副经理、四明保险公司董事,中央影戏公司监察人,丰号慎记冰鲜鱼行股东。

陈有运（1899—?）

浙江宁波慈溪人。初从事洋货业。曾任唯一驼绒厂、华东呢绒厂、大南呢绒厂经理，长安保险股份有限公司、华东泰记棉毛制厂总经理，上海市呢绒同业公会常务委员，上海市骆驼绒业商业同业公会理事长。

范润生

浙江宁波人。曾任四明保险公司总行副经理。

罗振英

浙江宁波慈溪人。浙江省立第四中学毕业。曾任甬江群学社教员 4 年。兼任宁兴保险公司协理，福利华洋杂货号、宁绍保险公司经理。

金宗城（1895—1995）

浙江宁波镇海人。曾任上海商业储蓄银行董事、营业部经理，五洲银行、华安合群人寿保险公司、新新公司、家庭工业社、公勤铁厂、成丰纱管厂、中国旅行社、大有印刷公司、三兴烟草公司、国华工业投资公司董事，中国第一信用保险公司、大华保险公司、家庭工业社监察人，上海公共租界工部局地皮委员会委员，上海银行俱乐部会员。

周芗畊

浙江宁波余姚人，曾任洽和冷气公司董事长，永丰商业银行、永丰保险公司总经理。

胡祖同（1888—1936）

字孟嘉。浙江宁波鄞县人。幼年聪敏好学，10 岁时即能背诵《左氏春秋》。1902 年，叔父胡叔田先生（晚清秀才）受聘于上海南洋公学讲授国学，胡祖同随叔父就读。胡叔田先生爱侄如子，但督教也非常严格。1906 年，胡祖同以优异成绩毕业，通过"庚款"留学考试被派往英国，入伯明翰大学学习，同榜录取的还有徐新六等人。胡祖同在伯明翰大学专攻经济学，4 年后获经济学硕士学位。曾任浙江公立法政专门学校教授，浙江兴业银行副经理,交通银行、中国实业银行总经理,中央银行国库局局长,交通银行常务董事,上海市银行理事,中国企业银行、新华信托储蓄银行、泰山保险公司、宁绍人寿保险公司、丰盛实业公司等董事,国华银行监察人,上海市银行业同业公会联合准备委员会常务委员,上海公共租界工部局华董等。1936 年 6 月病逝,终年 48 岁。著有《经济概要》。

胡锡安(1885—?)

浙江宁波镇海人。曾任四明银行襄理、四明保险公司董事。

胡国乔(1913—?)

浙江宁波慈溪人。毕业于震旦大学、法国政治大学,归国后历任菁华体育会会长,奥林匹克世界运动会、上海市全国运动会委员。1936 年,出国考察欧洲各国实业状况,同年代表上海市商会出席法国巴黎万国商品展览会,并代表出席国际劳工会议。曾任前法公董局买办,公安保险公司、国丰企业公司董事长,汇达烟厂、艺林彩印公司董事,华一药厂总经理,信通地产公司常务董事,第一区公署财务处副主任。

徐可陞

徐可陞(1883—?)

浙江宁波鄞县人。前苏州博习书院毕业,美国奥白林学院(Oberlin College)文学学士。曾任美国克利扶轮社(Rotary Club)、日本东京青年会及上海青年会干事,苏州青年会、重庆青年会等青年会总干事,四行联合保险公司总经理处司理,中国联合保险总经理处总经理,上海总商会总务主任,肇泰水火保险公司上海分公司经理,东吴大学、新雅粤菜有限公司董事,上海市保险业同业公会常务委员兼代理主席。

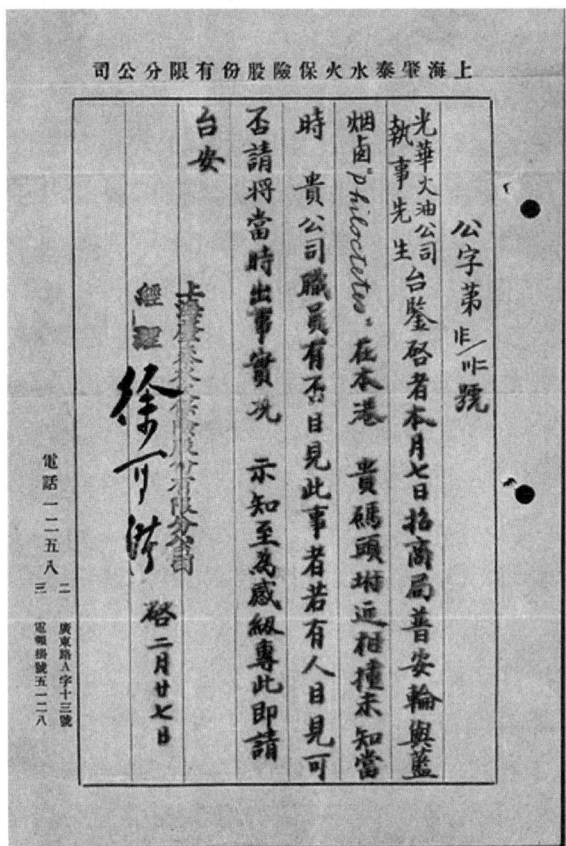

民国时期上海肇泰水火保险股份有限公司经理徐可陞
致光华火油公司公函一则

徐仲麟（1877—?）

浙江宁波慈溪人。曾任四明银行经理、统原商业储蓄银行董事、五和织造厂董事长、四明保险公司监察人。

徐 枰（1884—1958）

字圣禅。浙江宁波镇海人。浙江省立商科专门学校毕业，日本东京第一高等师范学校结业。1905年加入同盟会，参加上海光复之役及护法运动、护国运动。1920年到广州，任广东省长公署统计科科长，孙中山广州大本营财政部参事。1925年夏，任黄埔军校政治教官、广州国民政府财政部专门委员,参加国民革命军的两次东征。1927 年夏,任国民政府财政部全国卷烟统税局局长。1928 年 5 月,任国民革命军总司令部中将、军法处长。曾任军政部军需署署长,福建省政府委员兼财政厅厅长。1930 年起,任上海市财政局局长兼土地局局长,上海市银行理事兼总经理,上海市兴业信托社董事兼总经理,辛泰银行、浙江垦殖公司常务董事,会文堂新记书局店主,大来银行、中国通商银行、丰盛实业公司、民丰造纸厂、华丰造纸厂、天原电化厂、华兴水火保险公司、开成造酸厂、无锡泰隆面粉公司等董事,中国农民银行理事,兴华制茶公司监察人,浙江省政府委员。抗日战争全面爆发后,任浙江省政府委员兼粮食管理局局长、粮政局局长。1947 年,当选第一届国民大会代表。1949 年到台湾。1958 年逝世,终年 74 岁。

徐嘉祥(1904—?)

浙江宁波余姚人。曾任浙江兴业银行信托部代理保险处经理。

戚正成(1897—?)

浙江宁波鄞县人。1917 年毕业于沪江大学,获学士学位。1917 年至1923 年从事教育工作,1923 年至 1928 年任华东基督教教育会总干事,1928年至 1934 年任华华中学校长,1934 年任宁绍人寿保险公司副经理,1942 年任宁兴保险公司总经理。曾任沪江书院(沪江大学)董事,渔社副社长,沪北浸会堂董事长,浙东中学校友会上海分会会长,上海中华基督教青年会委员,上海银行俱乐部委员,大上海分保集团成员公司同人座谈会理事长。1928 年在华东基督教教育会任总干事时,曾游历日本,研究教育状况。

祖　俊(1899—?)

浙江宁波慈溪人。卒业于香港塔纳学院及美国赫登士学院。归国后创设葛杰记呢绒号、天华织布厂、葛美进出口行。1927 年,经营华商益中公证拍卖行,营业公正严明;又任呢绒业同业公会常委,上海市商会华人纳税会执委,后致力于经营保险业、毛织业。曾任同安保险公司、大中华企业公司、华纶毛纺织染公司、联丰毛织厂总经理,大上海保险公司常务董事,大陆保险公司、华商联合保险公司、华丰保险公司董事,华美毛织厂董事长,毛纺织业联合会常务理事,毛纺织厂同业公会常务理事并兼主任委员,呢绒业同业公会理事长,保险业同业公会监事,丰泰呢绒号经理。

金如新(1918—2005)

浙江宁波镇海人。1918 年 9 月 3 日出生于上海。父亲金宗城是著名的企业家和金融家。金如新早年在上海沪江大学攻读商科,毕业后在上海平安保险公司、宝丰保险公司、大安产物保险公司等保险公司任职,经常来往于上海、香港两地。其父金宗城将部分工厂的经营管理权交给他,让他得到锻炼和提高。1956 年去香港;1957 年加入由英国人开设的南英保险公司,任副经理,负责华人方面的业务,直到 1995 年退休,在香港有保险业"老行尊"之称。1995 年 10 月,被宁波市人大常委会授予"荣誉市民"称号。2005年 1 月逝世,终年 86 岁。

黄楚九(1872—1931)

浙江宁波余姚人。早年在上海从医,后经营新药。1890 年,设立中法药房,任董事长。1907 年,与夏粹芳等人合资创办五洲药房,任董事。为上海新药业创始人之一。1910 年,以中法药房名义开办同征人寿团,办理人寿保险业务。辛亥革命前又设中华制药公司、中西药房、罗盛药房、公益玻璃厂等,并设龙虎公司,研究与生产龙虎人丹。1912 年,在上海开设新舞台。1915 年,创设大昌烟公司、新世界游艺场,自任经理。1917 年,创设大世界游艺场和大世界游览储蓄部。1919 年,创设 24 小时营业的上海日夜银行,与袁履登重组上海夜市物品证券交易所,任董事长。1923 年,兼任中西药房总经理。1924 年,创办中华电影公司,开设九福制药公司,并独自经营黄九芝堂、黄隆泰药店、温泉浴室、福昌烟公司等。1927 年,成立上海新药业公会,任理事长,并任上海总商会执行委员。1931 年 1 月 19 日在上海去世,终年 59 岁。

2.2 宁波帮保险公司

1897 年中国通商银行创办时,轮船招商局认股银 80 万两,其中 60 万两是从历年自保船险公积项下提取。仁济和水火保险公司原本和宁波帮是不搭边的,因为中国通商银行,宁波帮与仁济和水火保险公司有了往来。华兴水火保险公司、华安水火保险公司、华安人寿保险公司、华成经保火险公司的创办人员大多是中国通商银行的高级职员,而其中有部分人员是宁波人。由此可知,宁波人对清末民初中国保险业的发展做出了很大贡献。

光绪三十一年(1905),宁波人朱葆三创办了中国第一批保险公司之一的华兴水火保险公司。宋汉章、刘鸿生、孙衡甫、秦润卿、卢绪章、谢寿天等也先后创办了中国保险公司、信平保险公司、大华保险公司、宁绍保险公司、四明保险公司、中国天一保险公司、民安产物保险公司、大安产物保险公司等保险公司,其中中国保险公司、华安合群人寿保险公司在 1949 年前是中国最大的保险公司。1905—1935 年,华商保险业历年累计开设 53 家,中途停业 13 家,尚存 40 家,其中 13 家由宁波帮创办或参与创办,占到当时的保险公司 32.5%。

2.2.1 周金箴和保险招商局

1875 年 12 月,在李鸿章的倡议下,轮船招商局集股资 20 万两白银在上海创办保险招商局。该公司专门承保船舶、货栈以及货物运输的保险业务,是我国第一家华商保险公司。1921 年,宁波帮买办周金箴投资轮船招商局并任董事,间接与保险招商局有了关系。

2.2.2 严信厚、朱葆三、叶澄衷与仁济和水火保险公司

2.2.2.1 参股中国通商银行

中国通商银行的创办人盛宣怀是江苏武进人,当时担任的职务是督办全国铁路事务大臣。1897 年 5 月 27 日,也就是光绪二十三年四月二十六日,盛宣怀写了一封奏章奏准清廷,在上海成立了中国人自办的第一家商办银行,这也是上海最早开设的华资银行。开业那天,上海外滩(今中山东一

路)6号一幢大楼屋顶的旗杆上,飘起了一面绣着"中国通商银行"的大旗,宣告中国通商银行的正式诞生。这是中国传统金融业迈向现代化的标志。中国通商银行名为商办,实际是奉旨设立,带有官督商办性质,规定"权归总董,利归股商"。中国通商银行创立时,招商股500万两,先收半数即250万两,并商借度支部(中国银行)库银100万两,议分5年摊还,到1902年如约还清,纯留商股。股份中,盛宣怀任督办的招商局和电报局分别投资80万两和20万两,占实收资本的2/5;盛宣怀名下包括他本人和李鸿章等人的投资达70余万两;北洋大臣王文韶投资5万两;通商总董张振勋投资10万两。以上几笔约占当时实收资本的80%,其余真正属于各地纯粹商人投资的股份为数极少。当时的宁波商人叶澄衷、严信厚、朱葆三在该行也都拥有股份,是该行的创办人与股东,其中严信厚投资达到了5万两。中国通商银行设10位总董:张振勋、严信厚、朱葆三、刘学询、叶澄衷、杨文骏、严潆、陈猷、杨廷杲、施则敬。其中宁波籍总董占有3席,与广州籍总董旗鼓相当。1911年,傅筱庵成为第四任经理和董事长,常务董事是徐圣禅、孙衡甫、谢光甫和朱子奎,事务局理事厉树雄,业务理事俞佐庭,中国通商银行几乎成为宁波人的"天下"。

中国通商银行成立之初,政府即授予其发行银圆、银两的特权。这也是中国最早的银行券,一面是英文,一面是中文,在中文的一面印有"中国通商银行钞票永远通用"和"只认票不认人"字样。钞票的票面都印有总行洋大班(即经理)美德伦或马歇尔的英文签名。发钞、存款成为中国通商银行主要的资金来源。1936年,中国通商银行正式改组为官商合办银行。此后,中国通商银行为国民党政府所控制,与四明银行、中国实业银行、中国国货银行合称"小四行"。

中国通商银行成立之时的办公楼在上海外滩6号,在此办公的还有1906年成立的华安水火保险公司、1907年成立的华安人寿保险公司。华兴水火保险公司则在其隔壁(上海外滩7号)。上海外滩6号原来是一家拍卖行,是一幢三层砖木结构的东印度式建筑。1906年拆旧建新,改建为假四层维多利亚哥特式风格的市政厅式建筑,建筑面积4541平方米。由英商玛礼逊洋行设计,装饰上具有欧洲宗教建筑色彩,青红砖镶砌,众多细长柱子勾勒墙面。后因维修时用水泥粉刷墙面,除框架外,原先的面貌已不复存在。

1929年印行的中国通商银行壹圆票面,有蓝色财神图

四楼南面为平台,是观光黄浦江的胜处。这幢已经走过一个世纪的欧式建筑的意义远不止于历史性与艺术性。可以说,它在中国金融史上写下了开创性的一页。

1949年中华人民共和国成立后,中央人民政府接收中国通商银行的官僚资本部分作为公股,将其改造成公私合营银行。1951年5月,该行与新华银行、四明银行、中国实业银行、建业银行等四行在金融业内首先组成联合总管理处。1952年12月,又与上海其他59家私营银行、钱庄和信托公司一

中国通商银行旧址

中国通商银行大楼

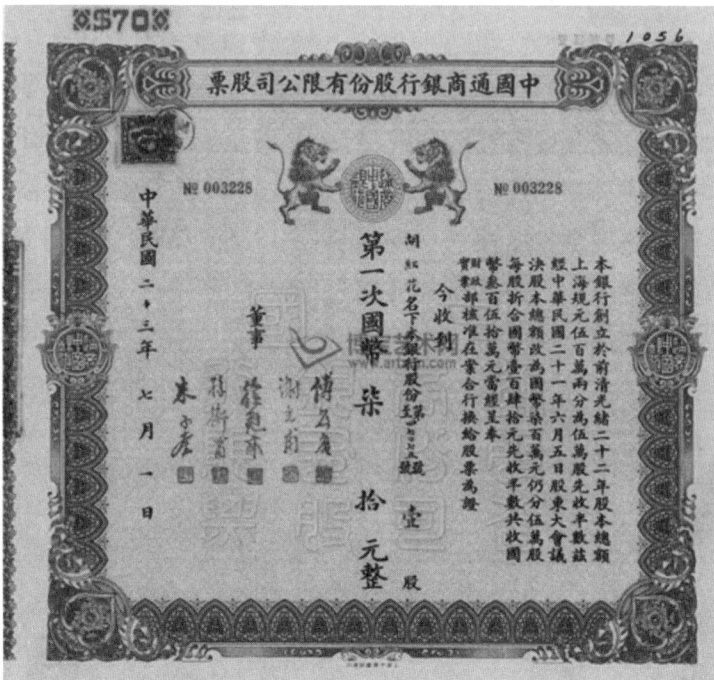

中国通商银行股份有限公司 1934 年股票

壹股国币柒拾元,绿色,由傅筱庵等人签名发行

(来源:博宝艺术网)

起组成统一的公私合营银行,成为新中国金融事业的组成部分。

在当今,上海外滩6号已是外滩三大顶级消费场所之一。它的改造装修费达到了3000万美元之巨。有趣的是,该楼现在进驻的还有美国友邦保险公司、招商银行。在该大楼后面,中国人寿保险公司的广告牌也非常醒目。

2.2.2.2 参与经营仁济和水火保险公司

创办仁济和保险公司的广州人唐廷枢,是中国近代历史上著名的洋行买办,也是清末洋务运动的积极参与者。唐廷枢的一生,对创办近代民族实业、推动民族经济发展,有过重要的贡献。特别是在中国民族保险业方面,他创造了几个"第一"。他曾经供职过中国第一家外资保险公司——英商谏当保险行。1875年12月,唐廷枢和徐润创办的保险招商局算是中国本土保险业真正意义上的起点。1876年7月,成立仁和水险公司。1878年4月,成立济和船栈保险局,后更名为济和水火险公司,专门承保仁和的溢额部分和货物运输保险,开中国人自办保险公司的先河。1886年2月,仁和、济和两家公司合并为"仁济和水火保险公司",成为中国民族保险历史上颇具规模的保险公司。在1897年中国通商银行成立之前,仁济和水火保险公司的资金主要存放于各家外资银行。1897年之后,仁济和水火保险公司开始将保险准备金存入中国通商银行。华兴水火保险公司在1906年开始将保险准备金存入中国通商银行。表2-1列出了仁济和水火保险公司、华兴水火保险公司存入中国通商银行的保险准备金情况,通过此表也能部分看出这两家保险公司当时的经营情况。1934年10月,仁济和水火保险公司停业。

表2-1 仁济和水火保险公司、华兴水火保险公司存入中国通商银行的
保险准备金情况 单位:万两

年 份	仁济和水火保险公司	华兴水火保险公司
1897	40	—
1898	70	—
1899	60	—
1901	60	—
1902	40	—
1903	40	—

年　　份	仁济和水火保险公司	华兴水火保险公司
1904	60	—
1905	190	—
1906	30	3
1907	20	3
1908	35	3
1910	20	8
1911	40	13.5

2.2.3　朱葆三、傅筱庵、严信厚、周金箴和华兴水火保险公司

1905 年 5 月,华兴水火保险公司在上海开业,主要发起人为当时上海商会会长曾少卿、朱葆三,参与发起组建的还有王一亭、陈辉庭、沈仲礼(敦和)、沈联芳、顾馨一、傅筱庵、严信厚、周金箴等人。华兴水火保险公司是近代中国创办较早的民营保险公司之一。该公司在香港注册,其资本多由招商局所出,因此为其附属性质的公司。总公司设在静海寺路①。实收资本金为 50 万规元②。华兴水火保险公司以曾少卿、严信厚、朱葆三为总董,徐润、谭干臣、施子英、谢纶辉、周金箴、苏宝森为董事,陈辉庭为总理(后为梁炳垣),严子均、吴涤宜为经理,其中大部分是中国通商银行高级职员。曾少卿曾经营南海群岛参燕业、南货及糖业,一度任商会会长职。主要经营范围为火险和汽车险等业务。在杭州、宁波、南京、营口、镇江、温州、汉口、厦门等地设有代理机构 26 处。开办初期,营业状况不错,有些保户不须捐客招徕而自行上公司投保。但是,由于华商同业少,分保不易,因而自留保额大,所负风险甚重,盈余较少。再加上洋商保险公司倾轧,不批给华商保险公司外保额度,以致后者不能接受较大的保额。后经陈辉庭等多次交涉洽商,洋商

---

① 又有上海福州路 5 号、上海外滩 7 号之说。

② 规元,又称规银、九八规元。清代后期上海通行之虚银两。起源于道光年间豆商交易,咸丰八年(1858)通行全市。规元以标准银用九八相除而得,九十八两标准银即等于规元一百两,亦即其成色低于上海之标准银百分之二。(引自:郑天挺,谭其骧.中国历史大辞典:第 1 册[Z].上海:上海辞书出版社,2010:55.)

才开始允许做华商外保业务。1907 年,华兴水火保险公司等 9 家上海华商保险公司发起成立了华商火险公会,这是中国第一家保险团体。华兴水火保险公司于民国初改组,遂隶属于中国通商银行。资本额为 50 万规元,一次收足。1912 年,天津老顺记五金商号代理华兴水火保险公司业务,经营火险,这是华商最早设立的保险代理处之一。1920 年 7 月 26 日,华兴水火保险公司召开股东大会,《申报》记载了会议实况:"上海华兴水火保险公司,前日午后举行第十九届股东常会。由总董朱葆三主席,宣布开会宗旨。略谓,本公司开办至今,已届二十余年,向取稳健主义。总理梁炳垣君,办事诚正,遇事亲往调查,查明即赔,毫无留难隔膜之弊。凡彼此均属华商,接洽较易,故保户日增。际兹商业竞争时代,扣佣甚微,而今届竟获五万盈余,实属难能可贵云。继由梁总理宣布今届共收保费十余万两,除去赔款开支,尚余五万余两。如股东官利,仍照八厘摊派,尚获净余一万五千余两云。公决股东官利仍照八厘开派,通告各股东即日起,持折至公司支付云。末由各股东讨论此后进行事宜,旋即散会。"

1925 年,华兴水火保险公司在宁波设立了代理处,代理人为余润泉,地址在江北岸中国通商银行宁波分行内。1933 年 10 月 16 日,领到国民党政府实业部发给的正式执照。董事长为傅筱庵,总经理为厉树雄。该年保费收入 2.7 万余元。1941 年宁波沦陷后,中国通商银行宁波分行迁至内地,华兴水火保险公司代理处随之停业。华兴水火保险公司在杭州的代理机构有两处:一处在花市路洪福桥,经理蒋甘棠;一处在清河坊中国通商银行兑换处,经理徐慕原。抗日战争胜利后,公司没有列入清理名单,亦未复业。

2.2.4 朱葆三和华安水火保险公司

1905 年 11 月 26 日(光绪三十一年十月三十日),朱葆三、沈仲礼、谢纶辉、施子英、李伯行等在上海聚会,商议集资设立华安水火保险公司事宜。席间,沈仲礼作如下发言:"上海一隅,洋商保险公司四十余家,结成团体;自华商同益公司失败停业后,洋商公司引为口实,遂不与华商公司联络交换,致寥寥数家之华商公司,更趋孤立!为今之计,若不急起直追,赶紧增设,则永无挽回权利之一日!"与会者决议分头集资,加快筹设步伐。1906 年 4 月(光绪三十二年四月),华安水火保险公司在上海正式开业,由朱葆三、沈联芳、徐润、虞洽卿、沈仲礼等发起组建,资本为规银 30 万两。后华安水火保险公司设立为股份有限公司。总公司设在上海黄浦滩 6 号,在香港注册。朱葆三任总董,沈仲礼任总理。后沈联芳任董事长,傅其霖接任总理。1907年(光绪三十三年),华安、华兴等 9 家上海华商保险公司发起成立了华商火险公会。1930 年,华安水火保险公司在宁波设立代理处,代理人有余润泉、杨善永、尹良甫,办公地址先后设在宁绍商轮公司宁波分公司、开明街、碶闸街。主要经营水险、火险、船舶险等业务,年保费收入 9000 元左右。1933 年10 月,华安水火保险公司增资并变更登记为国币① 60 万元,分 4 万股,每股15 元。办公地址迁至爱多亚路(今延安东路)29 号。该年保费收入为 41 万余元,赔款支出 20 万余元。公司在哈尔滨、青岛、天津、汉口、宁波、温州、南京、常州、苏州、无锡、扬州、徐州、南通等 30 多个城市设立分支或代理机构,业务范围较广。经过十余年的发展,公司各项业务欣欣向荣,深得同业推崇。

　　中国民族保险公司的再保险问题,在全面抗战以前都是依赖外商保险公司解决的。全面抗战时期,华商保险公司激于民族义愤,不屑与日本保险公司建立分保关系,经保险业同人的共同努力,在平等互利的基础上,完全由华资保险公司组织的分保集团建立起来。1942 年,华安水火保险公司为拓展业务,聘曹介新为经理。同年加入"十五联分保集团"(见表 2-2),为加强同业的团结,遏制日本帝国主义控制上海保险市场的企图,分散民族保险业的经营风险做出了一定贡献。抗日战争胜利后,国民党政府政治经济重心东移,上海又恢复成为全国保险业的中心。1945 年,公司更名华安产物保险公司。1946 年改设为分公司,经理俞方,地址在和义路 87 号。1947 年,保险业务出现前所未有的增长势头,华安产物保险公司资本额也增加至法币 1.2 亿元。1948 年,华安水火保险公司天津分公司停业。天津之有华商保险公司,以老慎记代理的华兴、华安保险公司为最早。1949 年 5 月,公司停业。上海解放后,经核准复业,同时加入民联分保交换处。1950 年 4 月,因无力缴付营业准备金而申请停业。

---

　　① 国币,1914 年(民国三年)由中国农民银行、中央银行、交通银行印刷发行,面额 1元、5 元、10 元、50 元、100 元 5 种及辅币 2 角、5 角。

表2-2　十五联分保集团各代表与资本金额

参加公司	代表姓名	资本金额/万元
肇泰保险公司	曹甫臣	25
久安保险公司	刘子树	100
华安水火保险公司	傅其霖	120
四明保险公司	谢瑞森	25
光华保险公司	华大年	50
永安保险公司	郭　乐	100
华泰保险公司	孙让三	25
永宁保险公司	许密甫	50
利民保险公司	张剑虹	31.2
联保保险公司	邓文炳	71.5
长安保险公司	陈有运	100
华丰保险公司	鲍和卿	50
上海保险公司	施家传	25
建安保险公司	邹　章	50
安中保险公司	俞树棠	200

注：十五联分保集团资本总额为1022.7万元。

2.2.5　朱葆三和华成经保火险公司

1906年，华成经保火险公司在上海成立，由朱葆三发起创办，资本为规元16万两。主要发起人为王一亭、李平书以及曾少卿、朱葆三、郁屏翰、沈缦云、李云书、顾馨一、穆恕再等。黄友林为经理，朱葆三、顾馨一等为董事。该公司后改为华成保险公司。1936年5月重新改组，并将业务扩展到水险、汽车险、兵盗险、意外险等险种，经营期间曾一度退出上海市保险业同业公会，专保汽车险。

2.2.6　朱葆三、沈敦和与华安人寿保险公司

1907 年 7 月 1 日（光绪三十三年），朱葆三、沈敦和、李维方、王勋、丁维藩和施紫卿等发起创办华安人寿保险公司，是华商经营的第一家人寿保险公司。[①] 由朱葆三任总董，沈仲礼任总理。1908 年，总董为沈仲礼，总理为郁赐。总公司设在上海，地址位于上海黄浦滩 6 号，后迁至上海黄浦滩 30 号，再迁至静安寺路（今南京西路）34 号。资本为规银 50 万两，每股规银 5 两，共 5 万股。经营定期寿险、终身寿险等业务。1908 年 12 月，公司向农工商部注册。由于经营管理不善，业绩欠佳，于 1912 年 6 月 1 日起停止承保新业务签发新保单，同日起委任华安合群人寿保险公司为其管理人兼清算人，直至清理结束为止。1913 年，华安人寿保险公司一切事务归并华安合群人寿保险公司。7 月 2 日，沈仲礼以华安合群人寿保险公司总董的身份与公司总理郁赐在《申报》上刊登了这样一则紧要通告："华安人寿保险公司一切事务已经归并华安合群保寿公司办理，要求投保者履行相关手续。"另据《申报》登载："敬启者，华安人寿保险公司一切事务现已归并敝公司办理，所有投保诸君之住址或因迁移或因出外经商类多未能群悉，遇有届期各户以致不克函达，务祈即将现在住址详细函达上海黄浦滩三十号敝总公司注册。凡有诸君保费届期，更望照西历日期如期照缴，将保费径寄上海黄浦滩三十号，敝总公司收到保费后自当将正式收条呈诸君。惟缴费之期至迟勿过定章三十日期限，否则如在期外补缴既须偿息又需延验，不便殊多，特此广告，维希公鉴。总董沈仲礼、总理郁赐谨启。"

2.2.7　朱葆三、沈敦和与华安合群人寿保险公司

华安合群人寿保险公司由原上海英商永年人寿保险公司南京分公司经理吕岳泉集资筹设，1912 年年初，两江总督端方谕下属认股，徐绍祯（北洋政府陆军将领）、王人文（四川总督）、黎元洪、冯国璋以及工商界张季直、朱葆三、沈仲礼、顾棣三、桑铁珊等也入股投资。公司注册资本为 20 万两。1912

---

① 中国保险史上对第一家人寿保险公司的说法有争议。一种说法是 1899 年（光绪二十五年）或 1909 年（宣统元年）在香港注册的中国永年人寿保险公司，1924 年该公司与加拿大永明人寿保险公司合并；另一种说法为 1912 年（民国元年）成立的华安合群人寿保险公司，但从现在考证的情况来看，这种说法是不成立的。

年 7 月 1 日,公司在上海正式营业,地址在上海外滩 30 号。这是旧中国华人独资经营的规模最大的专营寿险业务的保险公司。主要经营终身保寿、团体保寿、资富保寿、额定红利资富保寿、婚嫁立业保寿、人身意外保险。在政府筹款赎回胶济铁路运动中,公司开办了"赎路储金保寿险"。1925 年上海发生"五卅惨案"后,又开办了"经济救国保寿险"等业务。朱葆三连任公司多届董事。

华安合群人寿保险公司开业后,先后在国内外重要商埠诸如北平、天津、石家庄、济南、烟台、青岛、威海卫、南京、徐州、苏州、镇江、扬州、海门、南通、杭州、绍兴、宁波、温州、瑞安、海门、狭石、长安、福州、厦门、广州、汉口、宜昌、长沙、沈阳、安东、蚌埠、开封、郑州、洛阳以及南洋群岛的巴达维亚(雅加达)、棉兰、万隆、洒水(苏腊巴亚)、孟加锡等地开设分支机构。1913 年 12 月 6 日,为华安合群人寿保险公司设立福州分公司致函上海总商会,"请给咨保护",对此总商会"即备致福州商会公函一件,交该公司自投"。1914 年 6 月 29 日,中国华安合群人寿保险公司举行股东会,"报告及上年收支账略"显示公司在上年取得了显著的经营业绩。据《华安保寿公司股东会纪事》(1914 年 7 月 1 日)记载:"中国华安合群保寿公司前日开第二届常年股东大会于黄浦滩三十号。总公司总董沈仲礼君因病未到,由朱葆三君主席,列席董事如王廷桢镇守使(兼代表江苏冯都督)、徐几亭君(兼代表徐固卿君)、桑铁珊君、顾棣三君等,股东保险人约有数百人。首由主席朱君宣读董事会报告及上年收支账略,备述公司进步情形,除因上年乱事注销者外其确实有效之保数得银二百二十四万八千四百七十五两,年可收入保费十四万五千五百二十三两。而赔款仅银九千九百八十八两五钱七分,上年一年中共收保费十一万九千一百六十四两七钱六分,利息银三千零六十五两九钱七分云云。主席宣读毕,请求大会通过,并申明公司进步状况及编造账略情形,谓公司成立未久,又值上年乱事,各处分公司尚未遍设,乃能得有如许之保数实堪欣慰,更观本公司赔款之少尤可见办事人之富有经验,非具专门学识曷克臻此。至若公司职员中凡政商界著名人物无不热诚赞助。近江苏冯华甫都督亦已加入本公司董事。冯督热心实业,俯赐提倡,曷胜欣仰,其他办事人员并经草定公司附则,严定资格,期勿滥竽,尤足为众股东及投保人之保障云云。继由新董事王廷桢镇守使演说,谓鄙人以股东资格兼代表冯都督来沪列席,实为欣幸,国人苟能皆以热心毅力赞助此公司,则可决公司将来裨益于国家者必深且远云云。次顾棣三君演说,谓鄙人对此甚抱乐观,因公司赔款此为接济婺妇孤儿之用,此为保寿利益中最切要之一端。吾人不可不特为注意者也。次保寿人讨论保寿之办法。旋复举任汤笙为下年查账员。本届轮退董事朱葆珊(三)、徐几亭、祁听轩三君复经公举连任,并报告新董事冯华甫、王子铭、桑铁珊三君在座,一致欢迎,遂将改定附则通过散会。"1919 年 1 月 10 日,公司迁至江西路(今江西中路)31 号。1922 年 6 月,公司举行十周年纪念,报道说:"昨为北京路华安合群保寿总公司成立十周纪念之期,于上午十时开纪念会,各界到者甚众。当由总理吕岳泉报告历年经过情形,及现时营业状况,并谓,赎路储金一项,现由本公司独立承认一百万元。述毕,由总董朱葆三暨各界来宾先后演说寿险之有益于社会。散会后,至大观楼午餐,尽欢而散。"

1954 年,华安合群人寿保险公司清偿未给付寿险契约后结业。

1940 年华安合群人寿保险公司保险单

(来源:博宝艺术网)

2.2.8　宋汉章和中国保险公司

1929 年,中国银行总经理张嘉璈有感于洋商垄断中国保险业的现状,为

张嘉璈

保障中国银行自有资产及贷放给工商企业的资金的安全,向中国银行董事会建议设立中国保险公司。董事会通过了这项建议,并额定中国保险公司资本 500 万元,先收半数,中国银行占全部股份的 90%。1930 年,张嘉璈推荐宋汉章全权筹办中国保险公司。这时的宋汉章已年近花甲,受命之后,他刻苦钻研保险业务,阅览有关书籍,几至废寝忘食。宋汉章凭借超人的胆识和智慧,经精心筹划,顺利开展了中国保险公司的各项筹备工作。1931 年 10 月 31 日,中国保险股份有限公司(筹备)召开第一次发起人会议,股东大部分为中国银行高级职员及银行界人士。临时主席宋汉章报告了筹组情况:①上海保险业被洋商所占保费 2000 万～3000 万元,中国 19 家公司只占 200 余万元,此为创办动机;②洋商保险公会部接受分保,已与太平、公平、怡和、扬子等 5 家保险公司订约,并聘请太阳保险公司推荐的罗博尔为洋顾问;③过福云为经理;④资本实收数已达规银 250 万元。会议还通过了公司章程和细则。1931 年 11 月 1 日,中国保险公司在上海外滩仁记路(今滇池路)中国银行行址正式开业。时任中国银行上海分行总经理的宋汉章兼任公司董事长。中国保险公司由中国银行独家投资创办,资本总额 500 万元,实收 250 万元。总公司设在上海。初在仁记路 12 号,后迁至四川路 270 号。经营各种产物保险和人寿保险业务,外埠不设立分公司,全都委托中国银行各地分支机构代理,遍布各大城市 85 处,在香港、澳门以及海外的新加坡、吉隆坡、槟城、巴达维亚(雅加达)、泗水、马尼拉、曼谷、西贡等设有分支机构。1933 年 7 月,设立人寿部。1937 年 4 月,组建中国人寿保险公司。全面抗战爆发后,国民政府军西撤,总公司未随政府内迁。1941 年,宋汉章由香港去大后方,在重庆建立中国保险公司总管理处,并在重庆和西安开设分公司。重庆总管理处负责大后方一隅,上海总公司管辖沦陷区一片。名义上一分为二,实际上互有联系,凡业务技术都由上海总公司负责处理,凡大政方针全由重庆宋汉章掌握。太平洋战争爆发后,上海"孤岛"(租界)被日军占领。1942 年 6 月,日本对中国保险公司进行军事管制,威逼其与日本合资另建"新中国保险公司",

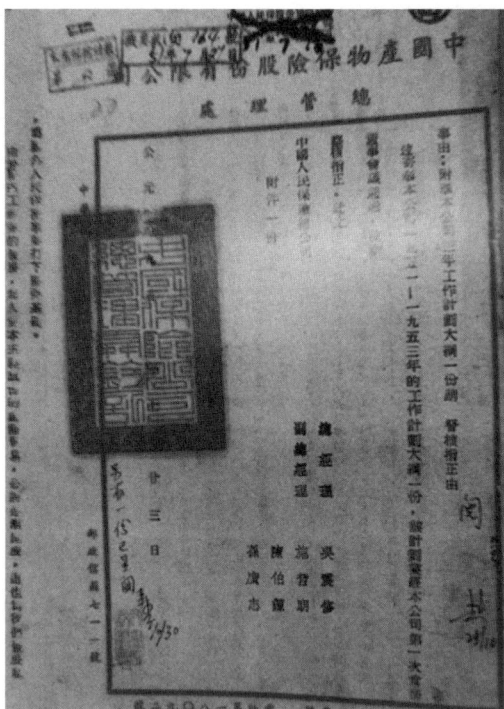

中国产物保险股份有限公司总管理处的报告
《第一次董监事会和第二次海外业务会议通过的各项规程》

中国保险公司办公大楼门口

继又饬令其向汪伪政府办理登记注册,都被中国保险公司以借口敷衍,保持了白璧无瑕。1944 年 12 月 27 日,公司更名为"中国产物保险股份有限公司"。抗日战争胜利后,宋汉章返回上海,重庆总管理处复员上海,重新合二为一,业务一度大有发展。但由于时局动荡和通货恶性膨胀,只能勉强维持经营。上海解放以后,中国产物和中国人寿两家公司于 1949 年 5 月 30 日由上海市军管会金融处保险组接管。经军管会金融处批准,中国产物保险公司于 1949 年 6 月 20 日首获复业,天津、北京、汉口等分公司亦获准先后复业。1949 年中国人民保险公司成立后,中国保险公司成立新的董事会,龚饮冰任董事长,吴震修为总经理。

1951 年 9 月 1 日,中国保险公司总管理处由上海迁往北京,成为中国人民保险公司领导下经营涉外(外币)保险的专业公司。各口岸分公司由中国人民保险公司代办。20 世纪 60 年代后期,停办在国内的业务,取消各地中国保险公司分公司名义,总管理处专司管理其海外分支机构;在香港、澳门以及海外的新加坡、伦敦设有分公司,经营当地的保险业务。1984 年,成立中国保险港澳管理处,统管中国人民保险公司在港澳地区的业务。1992 年,中国人民保险公司成立香港中国保险(集团)有限公司。包括香港民安保险有限公司、太平保险香港分公司在内的港澳地区附属机构统一划归香港中国保险集团管理。1996 年,中国人民保险公司改组为中国人民保险(集团)公司,香港中国保险(集团)有限公司与中保财产保险有限公司、中保人寿保险有限公司、中保再保险有限公司一起成为其 4 家子公司。香港中国保险(集团)公司专管海外业务。1998 年,根据国务院决定,中国人民保险(集团)公司撤销,旗下的 4 家子公司各自独立。原中国人民保险公司海外业务及机构划归中国保险公司。中国保险公司与香港中国保险(集团)公司实行"两块牌子、一套班子"的管理模式。旗下有香港太平保险有限公司、民安保险公司、中国国际再保险公司等。2000 年 2 月,中国保险公司以中国国际再保险有限公司和华夏再保险顾问有限公司为主体,成立了中保国际控股有限公司,并于同年 6 月在香港联合交易所挂牌上市,成为中国保险业的第一家上市公司。

2001 年,中国保险公司在内地复业经营,太平财产保险公司、太平人寿保险公司在深圳和上海分别复业。2002 年 8 月 20 日,中国保险公司更名为中国保险(控股)有限公司,成为中国保险业第一家控股集团公司。重组了香港地区的产险资源,将中国保险香港分公司和太平保险香港分公司并入香港民安保险有限公司。合并后的香港民安保险成为香港地区最大的财产险公司之一。重组了新加坡的两家分支机构,将太平保险新加坡分公司并入中国保险新加坡分公司,并随后将后者子公司化。2004 年,太平养老保险股份有限公司成立。2009 年 7 月,中国保险(控股)有限公司更名为中国太平保险(集团)公司。至此,拥有 78 年历史品牌的中国保险公司宣告结束,以"中国太平"这一具有 80 年历史品牌的公司开始了新的征程。

2.2.9　宋汉章、俞佐庭、王伯元和中一信托公司保险部

信托业是 20 世纪初伴随着西方政治、经济势力入侵而输入中国的。1921 年年初,投机商人先后集资开设几家交易所和信托公司,以其本身所发股票在交易所上市买卖,并暗中哄抬价格,牟取暴利。当时其他商人见有利可图,亦争相招募股份,纷起组织。那时交易所和信托公司如雨后春笋般兴起,大量社会游资涌入信交业,炒股票似乎一下子成了发家致富的一条捷径。仅在当年夏秋间的几个月内,即成立交易所 140 多家、信托公司 12 家。在这样的背景下,王晓籁、黄潮初等人分别发起创办了中央信托公司和

田时霖

通易信托公司。股票的大量上市掀起了投机狂潮,各家银行为确保资金安全,开始收缩银根,继而停止贷款,并大量收回前期所放款项,导致股票暴跌,交易所、信托公司大量倒闭,在上海最后只剩下中央信托公司、通易信托公司 2 家信托公司和 6 家交易所。这就是中国证券发展史上著名的"信交风潮"。"信交风潮"从 1921 年 5 月开始泛滥,到 1922 年春偃旗息鼓,不到一年的时间,社会经济损失竟高达 3000 万元以上。投机破产的股民难计其数,不少工商实业家也遭了殃。中央信托公司与通易信托公司没有倒闭应主要归功于两家公司采取了信托、银行、储蓄、保险多元化经营策略。

中央信托公司与公司保险部。中央信托有限公司于 1921 年 10 月成立,主要由绍兴帮钱庄业和宁波帮人士田祈原、田时霖、宋汉章、王晓籁、斐云卿、李济生、严成德发起。初定资本为规银 1200 万元,先收 1/4,即 300 万元。总部设在上海北京路 270 号。田时霖为董事长,严成德为总经理。主要设有信托、银行、储蓄、保险四个业务部,保险部经营水火险。在汉口设立分公司,在其他大中城市设立代理处。1928 年 8 月,公司完成注册。1931年度,公司水火险保费为 6.4 万元。1935 年 10 月,国民政府核准成立了中央信托局保险部,为避免误会,当时财政部指令中央信托公司改名。1936 年1 月 1 日,经股东会议议决,改名为"中一信托公司",其兼营保险部分,则称为"中一信托公司保险部"。保险业务由袁益卿主持。当年水火险保费为4.6 万元,其中火险保费为 4.1 万元,水险保费为 0.5 万元。1945 年抗日战争胜利后歇业。

中央信托公司创办人斐云卿(前排左二)与
徐寄庼、俞佐庭、王伯元等人在一起

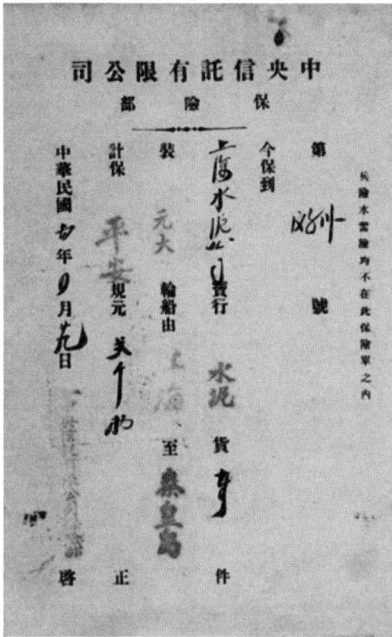

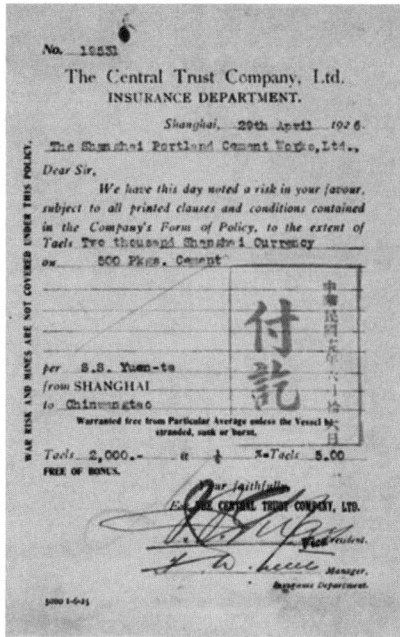

中央信托有限公司保险单（记元大轮船，由上海至秦皇岛，平安险）

中央银行法币壹百元，中央信托局 1944 年印制

纸币上的图案为重庆复兴关

中央信托公司办公大楼

2.2.10 厉树雄、傅其霖和华商保险公司合组经理处

1931年5月1日,丰盛保险公司、联保保险公司、仁济和水火保险公司、华戍保险公司、华安水火保险公司、华兴水火保险公司、宁绍保险部、通易保险部、肇泰保险公司9家保险机构,由宁波帮厉树雄、傅其霖等发起组织华商保险公司合组经理处,"专营大宗保险业务,并力谋外界接洽便利为宗旨"(《华商保险公司合组经理处暂行规约》)。当年度收入保险费7万余元。

据《工商半月刊》第3卷第13号(1931年7月1日),"华商保险公司为厚集资力起见,爰有联合分保团之组织。集中二十公司之财力,承受各界巨额之保险。为保户力觅保障,为华商益树信誉"。另据《申报》1931年6月16日报道,华商保险公司合组经理处"团员公司除例假外,各派全权接受分保之重要职员,于每日午后十二时半至二时止,集合本会议事厅,视各家提出之承保业务,择别受保。……如有巨额保险,须先报告团内,会同各公司妥商办理。如华商公司保额已满,得由分保团分与外商公司承保,但此项受保公司须直接向欧美之大公司订定"。

2.2.11 宋汉章和中国人寿保险公司

中国人寿保险公司 1937 年 4 月 14 日成立,前身是中国银行于 1933 年 7 月投资开设的中国保险公司人寿部。后因《中华民国保险法》规定寿险要专业经营,中国保险公司于是在人寿部基础上改组成立了中国人寿保险公司。董事长宋汉章,经理兼精算师陶声汉,资本金 100 万元,实收 50 万元。总公司设立在上海,两块牌子、一处办公。各地都由中国银行、中国保险公司代理,由经理员发展业务。海外方面,在新加坡、吉隆坡、雅加达等地设有分公司。1949 年后,由军管会金融处保险组接管。1951 年 9 月 1 日,随同中国保险公司总管理处由上海迁往北京。1954 年,公司根据《解放前保险业未清偿的人寿保险契约给付办法》进行清偿了结。总管理处专司管理香港、澳门分公司以及海外的新加坡分公司。

2.2.12 傅其霖和中国海上意外保险公司

随着国内航运业的发展,船舶保险业在中国兴起。在国际上,船舶保险费也是一项巨额收入。20 世纪 20 年代,中国的船舶保险被英国人所垄断,中国的船舶都要向英国保险公司投保,利润大量外流。鉴于船舶海事频繁,船员因此丧身,为使船员得有保障,航运界陈干青等人于是在 1932 年春发起筹备,得到航运界领袖虞洽卿、袁履登的赞同,又经肇兴轮船公司经理李子初、直东轮船公司总经理盛昆山、华安水火保险公司总经理傅其霖及马健行等参与发起组建,中国海上意外保险公司遂于当年 10 月正式成立,实收资本 20 万元,总公司设于上海爱多亚路 160 号。常务董事李子初、傅其霖、陈干青,总经理陈干青。经营水火险及意外险。抗日战争胜利后,中国海上意外保险公司改为中国海上产物保险公司。上海解放后停业。

2.2.13 刘鸿生和大华保险公司

刘鸿生所属公司,每年向国内外保险公司的投保数额巨大。为了避免保险费为外人所赚,同时又能从外面吸收保险业务,由此获利,刘鸿生打算把公司的保险业务集中起来,自设保险公司。经与时任友邦人寿副总经理潘学安和时任上海商业储蓄银行总经理陈光甫协商,拟筹建资本为 50 万～

100 万元的保险公司,定名"大华保险公司"。1927 年 3 月 19 日,大华保险公司由陈光甫、刘鸿生、潘学安等人发起,上海商业储蓄银行为主投资筹建,是银行资本与实业资本合作经营的成果。1927 年 7 月 15 日,上海《申报》以《大华保险公司今日开始营业》为标题报道了大华保险公司筹备及开业情况:"沪商刘鸿生、陈光甫、潘学安等发起华商大华保险公司,筹备以来,已历四阅月,业已组织成立,自今日起(七月十五日)先行开始营业,地址在北京路六十四号。闻该公司已与世界保险总市场纽约、伦敦两处接洽定妥,能直接转保,此后华商公司可不受上海洋商火险公司之排斥,而亦能间接增加其保额,实为中国保险界开一新纪元。"刘氏兄弟(刘鸿生、刘杏生)合起来有 6 万元,其他小股有 1 万元。在大华保险公司创立会议上,公推陈光甫为临时主席,选董事 5 人:陈光甫、刘鸿生、刘吉生、余日章、潘学安。在董事会上,刘鸿生提议潘学安兼任大华保险公司总经理,全权保管并运营全部资金,签署保险单据及订立转保合同,处理一切赔偿事项等。资本总额 12 万元,一次收足。1936 年 9 月,增加资本至国币 20 万元。总公司设上海,在上海银行内办公。陈光甫任董事长,潘学安为总经理。经营水火险、意外险以及信用险、汽车险、兵盗险等业务。在南京、宁波、营口设有代理处,一度稳健经营,业绩不俗。但后来上海商业储蓄银行又与太古洋行合资创设宝丰保险公司,抽走资金,对大华保险公司的营业造成巨大冲击,此后大华一蹶不振。1942 年,参加久联分保集团。

1949 年 4 月,刘鸿生前往香港。中华人民共和国成立后,在周恩来总理的关心下,刘鸿生回到上海。大华保险公司经核准继续营业。在资本主义工商业改造、公私合营期间,刘鸿生响应号召,将自己的 2000 万元资产进行了公私合营。1952 年 1 月 1 日,大华保险公司联合 12 家民营保险公司组建公私合营新丰保险公司;1956 年大华保险公司并入公私合营太平保险公司,总管理处由上海迁至北京。1957 年 2 月 27 日,刘鸿生将持有公私合营太平保险公司的股份转让过户给次子刘念义。

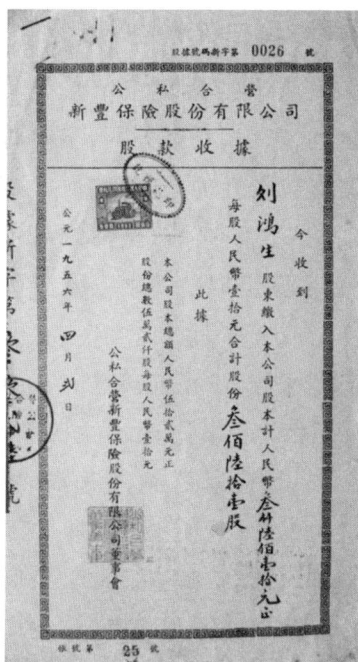

刘鸿生持有的公私合营新丰保险公司
股款收据(1956 年 4 月)

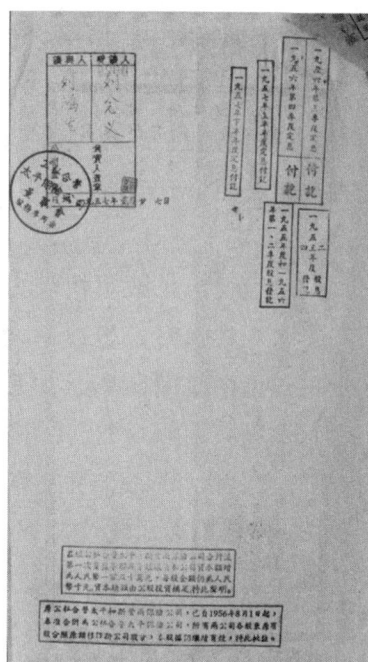

1957 年 2 月,刘鸿生将持有太平保险公司
股份转让过户给次子刘念义
图为转让记录

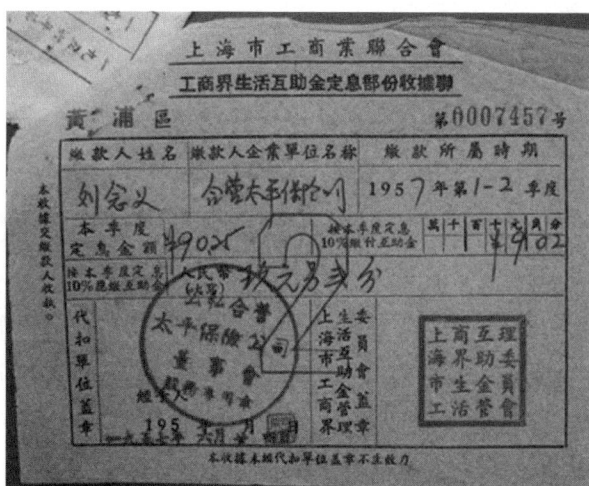

刘念义在公私合营太平保险公司缴纳互助金定息部分收据联(1957 年第 1—2 季度)

2.2.14 虞洽卿、严信厚、胡詠骐、方椒伯和宁绍水火保险公司

宁绍商轮公司成立于 1908 年,由虞洽卿、严信厚等联络绍兴帮人士在上海创建,虞洽卿任总经理。虞洽卿一生创办了三大航运公司:宁绍商轮公司、三北轮船公司、鸿安轮船公司。但是,富有戏剧性的是,他的航运事业却起始于一个偶然事件——与洋人争夺申甬航线。1862 年,美商旗昌轮船公司开通客轮航班,申甬线很快成为中国沿海主要定期航线之一,"沪甬航路一夕可达,故联袂携眷纷至沓来,侨寓之数几占全埠人口之半"。有了客运航班,宁波与上海之间往来更为便利。到光绪末年,沪甬航班已有英商太古公司的"北京"轮、招商局的"江天"轮(2 艘)、法商东方公司的"立大"轮。但上述航班将票价涨至一元,引发群情激愤。出于"爱国爱乡,挽回航权"的目的,1908 年,虞洽卿要求将统舱票价永久定为五角,以便平民往来。不料太古、东方和招商局拒绝降价要求。在这种形势下,虞洽卿一边向农工商部呈文立案,一边邀集同乡,发起组织宁绍商轮公司。1908 年 5 月,宁绍商轮公司额定资本总额为 100 万元,设总行于上海,设分行于宁波。又在上海、宁波等 15 个国内主要商埠及日本横滨设立代收股款处。宁绍商轮公司股票两边的花边纹饰间印着"爱国爱乡,挽回航权"8 个字,这在中国 130 年的股票史上绝无仅有。"爱国爱乡,挽回航权"8 个字也鲜明地表达了虞洽卿开创民族航运事业一以贯之的指导思想:与洋商抗争,为祖国和家乡夺回利权。

1909 年 7 月 9 日,宁绍商轮公司所属的"宁绍"轮和"甬兴"轮行试车礼。从次日起,两轮正式换班来往于沪甬间。自申甬航线开辟以来,宁波人第一次坐上了自己的轮船。在宁绍商轮公司与洋商经过几番争斗后,太古等不得不拱手认输,而宁绍公司则成为"以华商名义,使用大型轮船,面对外国侵略者强大竞争压力,在一条航线上坚持下来,取得胜利的第一家民族轮船企业"。当时有一句民谣一直流传到现在:"'宁绍'斗'太古',乘船不再苦。"

1925 年 10 月 29 日,上海《申报》刊发了报道《宁绍公司特设火险部》:"宁绍轮船公司连年以来,航业殊为发达,兹该公司鉴于火险一部,有增设之必要,然前因无相当人才主持部务,因此停顿。近该公司迫于时势有非从速组织之不可,为此挽人聘请富于火险经验之金和笙主持火险部务,现已布置就绪,正在分段进行。该公司组织此部,既能应时势之需要,又得专门之人

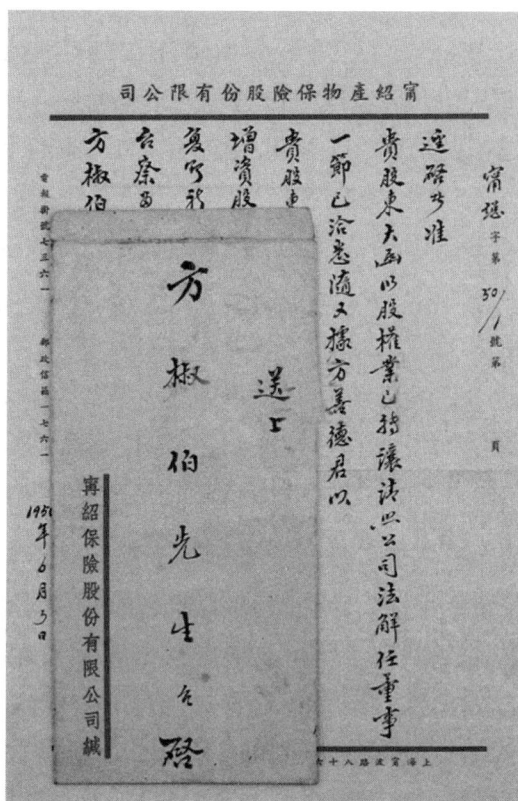

1950 年 6 月 3 日，宁绍产物保险股份有限公司致方椒伯毛笔信札

（关于保险公司解任董事等事宜，使用"宁绍产物保险股份有限公司"信笺及信封）

才，则其营业之盛，定可预卜。"1925 年 11 月，宁绍商轮公司在内部设立保险部，兼营保险业务，无独立资本。首任总经理为乌人尧。保险部设在上海江西路 59 号。1925 年 11 月 7 日，上海《申报》以《宁绍商轮公司保险部开业》为题作了报道："宁绍公司添设水火保险部，昨已开业，本埠各界及同乡股东等，前往道贺者有来宾乐俊宝、楼恂如、傅其霖、王心贯、何积璠、朱丕显、谢莲卿、孙梅堂、黄泽生等不下数百人，而该部总经理袁履登及主任金和笙招待来宾，备极优渥。征闻未开幕前，已接有保险生意多起。"1929 年胡詠骐回国后，在宁绍商轮公司保险部续任经理。1935 年，由方椒伯、乐振葆、袁履登等倡议，将保险部与宁绍商轮公司脱离隶属关系，改组为宁绍水火保险公司。资本金 150 万元，共 6 万股，每股 25 元。方椒伯任董事长，总经理初为

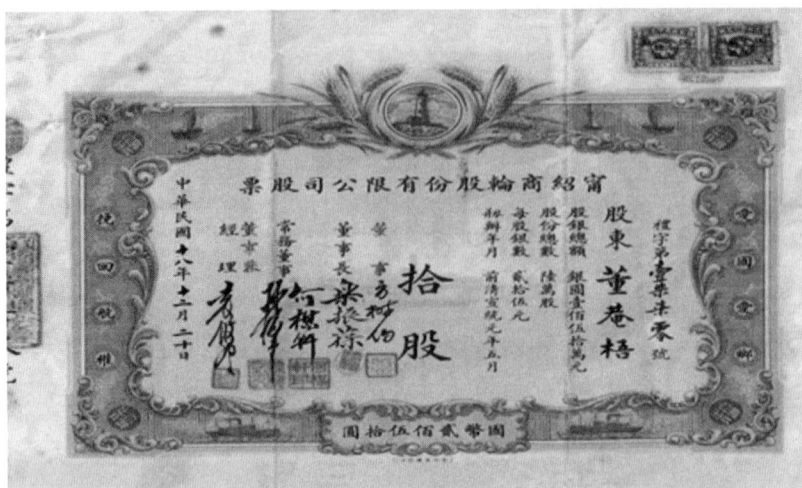

宁绍商轮股份有限公司股票

胡詠骐兼任,后为袁履登。主要经营水险、船壳险、汽车险等业务。总公司设在宁波路 86 号。改组后,公司在宁波、杭州、温州、南京、镇江、常州、无锡、苏州、九江、汉口、长沙、天津、烟台、青岛、营口、嘉兴、海门等地设立了代理处。1942 年,宁绍水火保险公司参加华商联合分保集团。抗日战争胜利后,注册登记为宁绍产物保险公司。上海解放后,经核准继续营业,聘吴诗清为总经理。该人曾因私设暗账和放佣等事情受过处分,后经查获依然违法经营。1951 年 1 月,被上海市军管会金融处训令"永久停业"。宁绍水火保险公司在浙江杭州、宁波、温州、嘉兴、南浔设有代理机构。

2.2.15 乐振葆、胡詠骐和宁绍人寿保险公司

在宁绍水火保险公司改组成立之前 4 年,即 1931 年 11 月 1 日,胡詠骐结合所学的人寿保险专业知识,和乐振葆一起发起创办了宁绍人寿保险公司。股东主要是宁绍帮旅沪富商,资本收足规银 25 万元,专营人寿保险业务。1931 年 10 月 17 日,上海《申报》刊登了宁绍人寿保险公司筹备及开业情况:"本埠商界巨子乐振葆等,发起创办宁绍人寿保险公司,筹备迄今已将月余,日昨假座银行公会举行成立大会。①公推乐振葆君为临时主席,行礼如严;②袁履登君报告筹备经过,略称本公司资本总额计国币二十五万元,由发起人等全数认足,一次收齐,股款业已缴到,内洋十七万五千元,存中华

劝工银行,又七万五千元,存通商银行,筹备期内,并将英文保险单译成中文,以便国人投保寿险,对于保单内容,一目了然,无文字上之阻碍;③讨论章程;④胡詠骐君报告营业概算及计划,略云,寿险事业,欧美各国早已普遍,盖此种事业,直接得以保障个人生产,间接得以维持社会安宁,故公司本此宗旨,采用教育方法,力求普及,内部之管理,均以科学原则为根据,开办伊始,先在本埠及江浙两省附近营业,往后再向南洋群岛等处推广之;⑤选举董事及监察人,当时选定乐振葆、王心贯、楼恂如、胡孟嘉、何梅轩、刘聘三、刘湛恩、陈雪佳、朱懋澄、袁履登、孙梅堂十一人为董事,李祖华、王云甫、吴经熊、洪贤钫、周亭荪五人为监察。礼毕茶点,至散会时已钟鸣五下矣。"总公司起初设在上海江西路 59 号。

宁绍人寿保险公司后迁至北京路国华银行大楼(今北京东路 356 号)。公司建立之初由邵长春、乐振葆先后任董事长,胡詠骐任总经理。公司初在广州、北京、汉口、青岛设有分公司。由于公司业务发展很快,机构拓展也非常快,先后在九江、重庆、南京、苏州、杭州、烟台、济南、开封、汕头、宁波、长沙、威海卫、厦门、镇江、无锡、南昌、武昌等地设立了代理处。宁绍人寿保险公司主要经营终身保险、限期缴费终身保险、储蓄保险、薪资储蓄养老保险、子女教育保险、子女婚嫁金保险、团体保险、意外伤害保险等业务。

1932 年 11 月 2 日,上海《申报》刊发了报道《宁绍寿险公司一周年纪念》:"江西路五十九号宁绍人寿保险公司,自去岁十一月一日正式成立以来,迄今一载。该公司昨日午后二时,举行一周年纪念,总经理胡詠骐主席,记录陆士雄。席间胡詠骐致词,略谓,寿险事业,在中国尚在萌年时期,经营者须:一、肯研究,有信誉;二、应用科学管理;三、投资稳健。同仁等本此主张,共同努力做去。后营业部副主任胡詠莱报告营业概况与今后方针。"

1932 年 12 月 30 日,上海《申报》刊发了宁绍寿险公司营业报告:"本埠江西路五十九号宁绍人寿保险公司,实施科学管理,组织健全,倡用教育方法,推广营业,一载以还,成绩斐然,现刊印营业报告一种,广赠各界,俾可明了兹公司欣欣向荣之近况云。"1940 年胡詠骐逝世后,由副总经理陈巳生继任总经理,由于时局动荡和通货膨胀,寿险业发展严重受阻,宁绍人寿保险公司业务渐趋停顿。到 1943 年,宁绍人寿保险公司只是一个空牌子而已。

　　1954 年，根据《解放前保险业未清偿的人寿保险契约给付办法》，公司在全面清偿后宣告结束。

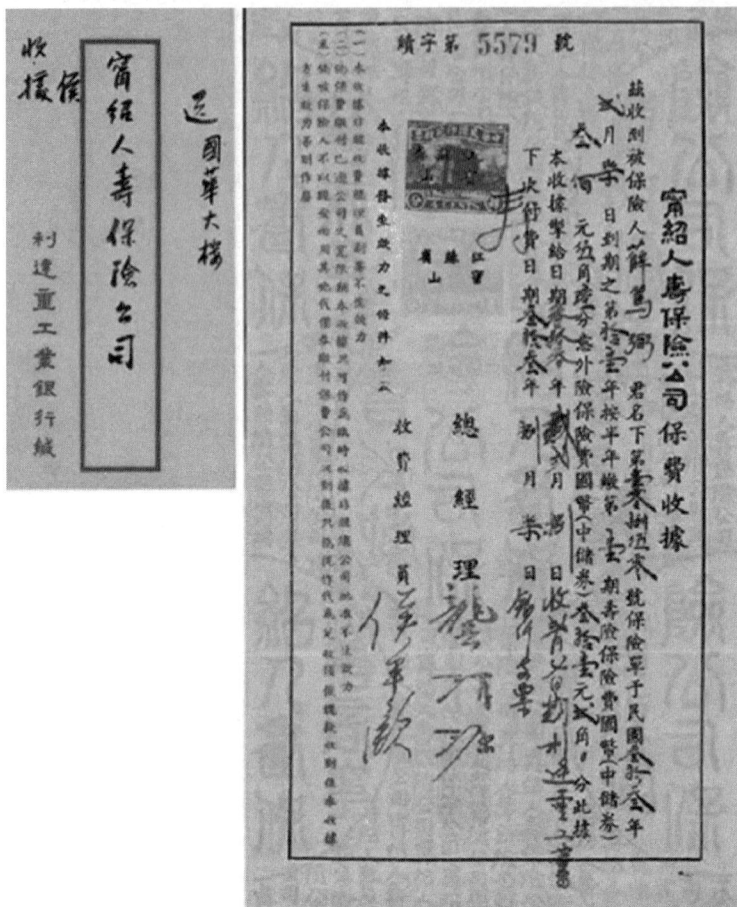

1944 年，宁绍人寿保险公司保费收据 1 张，其上被保险人是民国政要薛笃弼氏
（薛曾任甘肃省省长，国民政府民政部、内政部、卫生部部长等职）

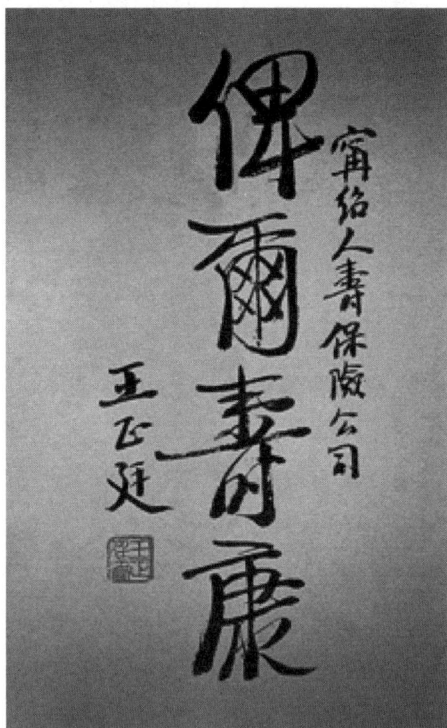

"俾尔寿康"
宁波奉化人、太平洋产物保险公司董事长王正廷为宁绍人寿保险公司题词

2.2.16　谢寿天和大安产物保险公司

1937 年 11 月,国民党军队西撤,上海成为"孤岛"。在上海公开的抗日活动也受到限制。中共上海地下党组织考虑到保险公司与各行各业的联系相当广泛,通过保险公司的业务活动,又可与各行各业的中上层人士建立和保持经常的联系,有利于开展党的抗日民族统一战线工作,还可利用保险公司这一组织,掩护地下党员和党组织的秘密活动,因此,中共上海地下党组织积极开展了一系列保险活动,不仅支持了党的抗日民族统一战线工作,而且推动了上海华资保险业的发展。谢寿天在其中发挥了重要作用。

1941 年,日军占领上海租界,原来控制上海保险市场的英美商保险公司被迫停业。此时,在上海的日商保险公司因实力薄弱,一时难以取代英美各公司的地位,这是发展民族保险事业的大好时机。谢寿天为此向中共上海地下党职员运动委员会书记陆志仁提出创办保险公司的建议,经过中共地下党领导研究同意,由谢寿天出面筹建。

1941年10月19日,大安产物保险公司开始筹备,谢寿天邀请郭雨东、陈巳生、关可贵、董国清等为发起人筹集股金;11月28日,大安产物保险公司举行创立大会,选举董事、监事,孙瑞璜(新华银行副总经理)当选为董事长。公司地址设在广东路51号大莱大楼内,后迁至北京东路356号国华银行大楼四楼,这里也是宁绍人寿保险公司原址。公司定名为大安产物保险公司,注册资金50万元,实收25万元。

1942年5月,大安产物保险公司正式开业,经理郭雨东,副经理董国清、李晴斋,常务董事和总稽核为谢寿天。公司开业后,在天津、南京、广州、青岛、烟台、北平设有分公司,并在武汉、无锡、苏州等地设有代理处。经营各种财产损失保险业务。后积极参与组建“大上海分保集团”。大安产物保险公司是一个职员不满30人的企业,它的中、高级职员,多为中共各系统的地下党员,如谢寿天、陈巳生、蒋学杰、赵帛、孙文敏、蔡同华、吴福荣、施月珍等。其中蒋学杰是谢寿天的夫人,曾任上海中国职业妇女俱乐部副主席。大安产物保险公司成立后,谢寿天根据党在不同时期的工作要求,经常参加上海金融界、工商界和知名人士组织的座谈会、聚餐会,联系和团结爱国民主人士,开展统战工作。同时,掩护中共地下党员的秘密活动,公开支持上海市保险业业余联谊会的各项活动。他们以大安产物保险公司的职业为掩护,在大力发展业务的同时,遵照中共上海地下党的意图,从事革命活动,并为支持上海市保险业业余联谊会职工运动做出了重要贡献。抗日战争胜利后,国民党政府规定保险公司增资,重新登记,但因通货长期恶性膨胀,大安产物保险公司陷于资金匮乏的困境,在这关键时刻,中共上海地下党组织拿出100两黄金,大安产物保险公司通过验资得以注册。中华人民共和国成立后,参加“民联分保交换处”。

1951年11月,大安产物保险公司将公司所有资产上缴国家作为公股,联合其他12家民营保险公司与中国人民保险公司,在1952年1月1日共建公私合营新丰保险公司。

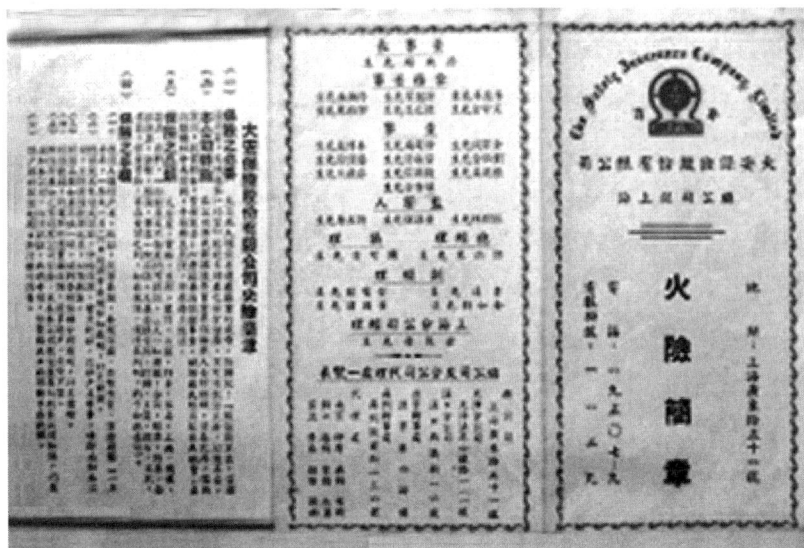

大安保险股份有限公司火险简章(有公司董事会、监事会成员名单)

2.2.17　卢绪章和民安产物保险公司

1943年,重庆已经是中国政治、经济和文化中心,工商业、运输业高度发展,重庆的保险机构也多达50余家。由于保险公司的组织机构和业务比较简单,当时不少银行和大企业纷纷创办保险公司。1943年4月,为贯彻党中央提出的在国统区"隐蔽精干、长期埋伏,积蓄力量、以待时机"的工作方针,增强广大华行的经济能力,进一步提高广大华行的实力、社会声誉和社会地位,为党的秘密工作创造更有利的条件,卢绪章提议创办一家保险公司。他认为保险公司可以扩大中共同各行各业的往来,为中共广泛接触上层人士开辟新渠道。卢绪章的这一设想,得到了广大华行党内同志杨延修、张平的赞同和赏识。在一次去红岩村汇报工作的时候,这一设想又得到了周恩来的肯定。于是,卢绪章以广大华行董事长兼总经理的身份,在中兴保险公司总经理、太平保险公司重庆分公司副经理杨经才以及海商法专家魏文翰的帮助下,邀请四川著名爱国实业家、民生轮船公司总经理卢作孚共同作为发起人,筹创民安产物保险公司。

广大华行和民生实业公司在平等互利的基础上,商定由卢绪章代表广大华行一方,卢作孚代表民生实业公司一方,共同投资法币1000万元,双方各筹资 50％。在集资过程中，民生实业和广大华行争取到四川、重庆和云南许多政界与商界的著名人物认股。1943 年 6 月，民安产物保险公司成立董事会；11 月，正式开业。公司取名"民安"，是因为卢作孚认为"该保险公司之职责应侧重于人民物资之安全保障"。卢作孚任董事长，推举吴晋航、卢绪章、魏文翰、杨成、杨延修、舒自清为常务董事，张平任董监。聘请杨经才任总经理，广大华行董事长兼总经理卢绪章任副协理。1945 年 1 月杨经才去世后，经董事会决定，卢绪章继任总经理。民安产物保险公司的成立，标志着中共地下党所领导的企业，社会层次提高，经营领域扩大，已跻身大后方金融实业界的行列。与众多上层社会人才合办企业，也是广大华行党组织正确执行中国共产党的抗日民族统一战线政策的成果。公司经营各种财产损失保险，业务来源重点为民生实业公司的 50 余艘船舶保险和长江的货物运输保险。总公司原设立在重庆，在昆明、成都、贵阳、西安、泸州、宜宾等地设有分支机构。抗战胜利后，民安保险总公司从重庆搬迁到上海外滩（今中山东一路）1 号。同时将其附属机构民益商行改组为民益运输公司，配合发展保险业务。为调整并扩大分支机构，公司将重庆、汉口、天津 3 个分公司改组为华西、华中、华北区分公司，随即又在南京、广州、青岛、沈阳、吉林、长春等地设立分公司或代理处。这一时期，民安产物保险公司先后向大安产物保险公司等数十家企业进行了参股投资，使公司的业务范围和社会影响进一步扩大。

1947 年，解放战争进入战略反攻阶段，中共上海分局书记刘晓审时度势，决定把广大华行的业务重点南移香港。同时，民安产物保险公司也派出专员沈日昌到香港筹建分公司，当年即开张营业。1948 年，卢绪章到香港主持广大华行工作，年底北上大连，回到解放区，为中国人民解放事业做出了特殊贡献，被誉为"与魔鬼打交道的人"。这时民安也扩股到 20 万股，资本总额为 2 亿法币，增加到 20 倍。

1949 年 3 月，中共中央决定将广大华行与华润公司合并，广大华行向华润注资 500 万港元，华润公司实力得以壮大，这也就是如今盛名远扬的香港华润集团的前身。广大华行资产清理后，上交组织近 200 万美元，加上 1949 年年初送交组织的 100 万美元，卢绪章等人已将全部身家悉数上交，而这些都是他们的私有财产。除张平、舒自清等人留港继续经营公司外，卢绪章等

电影《与魔鬼打交道的人》

1980 年由珠江电影制片厂摄制,以卢绪章为原型拍摄

其他人离港北上,随军接管上海,成为新中国第一批经贸干部。为配合这一转移,进一步发展国际保险业务,民安总公司按原定计划办理停业善后事宜。1949 年年底,民安在国内的机构全部停止营业并宣告清理。1953 年 5 月 26 日,民安在处理好全部保险业务后,经上海市军管会金融处批准,正式宣告停业。民安产物保险公司的经营历史虽然不长,但卓有成效地开展了党的统战工作和经济工作,为中国共产党提供了大量的活动经费,对上海地下党领导的群众团体"保联"给予了有力支持与资助,为中国共产党培养了一批富有经验的金融保险骨干,胜利完成了上级党组织交代的各项任务。

　　香港民安保险公司的改组、发展与更名。民安总公司按原定计划办理停业善后事宜的同时,香港分公司则另行改组,成立独立的香港民安保险股份有限公司,资本总额为 100 万港元,于 1949 年 10 月 1 日,即中华人民共和国诞生之日开业,经营除人寿保险外的一切保险业务。梁次渔任董事长,石景彦任总经理,沈日昌为经理。香港民安保险股份有限公司在接办民安香港分公司保险业务的基础上,又有了很大的发展。20 世纪 50 年代,国家大量进口物资通过香港转口,香港民安 5 位职工致力于开拓货运险、火险和意外险业务,保费收入达到 118.7 万港元,积极为国家提供外贸服务。香港民安保险公司也抓住对外贸易重大转型的机会,在困境中成长起来。进入 60年代,香港对外贸易从过去以转口为主发展为以工业品的生产出口和转口并重。香港民安保险公司适应这一形势,将业务重点转移到与工业有关的火险和意外险方面。民安在九龙设立办事处,在"银保一家"政策下,业务发展稳健。值得一提的是,香港民安在这一时期开始独立经营船舶险业务。在中国人民保险公司的支持下,打破了船舶险业务由伦敦定价的规定。1967 年,公司成立了船舶险部。自此,民安成为香港少数对船舶险业务有专长的直接保险公司之一,打造了公司的专业优势。70 年代,香港民安保险火险和意外险业务发展迅猛,保费增至 1239 万港元,并积极参与涉外分保,扩大了市场影响力。八九十年代,香港民安保险发展逐步趋向多元化,总公司在自置物业民安广场办公,实力和形象进一步彰显。同时,公司在香港观塘、荃湾和新界设立机构;在巴拿马设立民安海外公司,进入美国市场。与中国人民保险公司、太平保险公司等公司合资成立中国国际再保险有限公司;与南洋商业银行等成立联合信托基金管理有限公司;积极抓住内地开放的机遇,在深圳、海南设立分公司。进入 21 世纪,香港民安保险股份有限公司与中国保险股份有限公司香港分公司(中保港分)、太平保险股份有限公司香港分公司(太平港分)业务进行重组,并在国内设立子公司民安保险(中国)有限公司,总部位于深圳。2006 年 6 月,公司进行了股权改造。

2009 年 12 月,香港民安保险有限公司正式易名为中国太平保险(香港)有限公司,公司注册资本已经达到 20 亿港元,位居香港财产保险公司前3 位。民安保险(中国)有限公司在全国设立了 18 家分公司,保费收入达到12.7 亿元。2010 年,受《保险公司股权管理办法》相关规定("两个以上的保险公司受同一机构控制或者存在控制关系的,不得经营存在利益冲突或者竞争关系的同类保险业务")的影响,中国太平保险集团于 3 月 15 日在港交所发布公告称,将向内地企业出售全资附属公司——民安保险(中国)有限公司的全部股权。同年 12 月 31 日,民安保险(中国)有限公司股权变更事宜得到中国保险监督管理委员会(简称"保监会")的批准,海口美兰国际机场有限责任公司等 6 家公司组成的联合受让体,联合受让公司原股东中国太平香港所持有的民安保险(中国)有限公司 100% 的股权。原太平财产保险公司副总经理王新利担任董事长兼总裁。

2011 年 3 月 31 日,海航集团董事长陈峰莅临深圳民安保险总公司并为全体干部员工作了关于海航企业文化的专题讲座,表达了对民安全体同人加入海航集团的欢迎,揭示了民安加入海航的重要意义;要求民安保险广大员工珍惜缘分,融入海航,借助海航平台加快发展,为打造海航金融保险集团做出积极的贡献。2011 年 5 月,经中国保监会批准,民安保险(中国)有限公司更名为"民安财产保险有限公司"。2014 年,中国泛海控股集团提出收购民安财产保险有限公司 51% 的股权的投资计划,出资不超过 17.85 亿元。2016 年 1 月 14 日,中国保监会批复"民安财产保险有限公司"更名为"亚太财产保险有限公司","民安"名称正式终结。新的"民安"正继续以新的名称或新的主体形式,传承卢绪章等人开创的民安保险事业,继续为社会提供优质的保险服务。

2.2.18　卢绪章和联安产物保险公司

1947 年,中共地下党派员在香港设立民安产物保险分公司,又投资组建附属于民安的联安产物保险公司,卢绪章任董事长,朱介成任总经理,谢步生任总稽核。与民安同址办公营业。

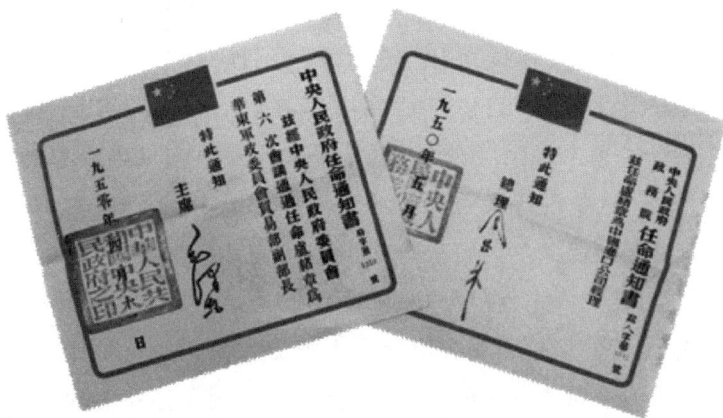

1950 年中央人民政府颁给卢绪章的任命通知书,现保存于宁波帮博物馆

2.2.19　秦润卿、方液仙和长城保险公司

1940 年 6 月 6 日,在"八一三"事变后新建的第一家华商保险公司——

长城保险公司正式开业。公司由原英商太阳保险公司的李劲根发起,并由上海金融界与实业界秦润卿、郭顺、刘国钧、劳敬修、方液仙、任仕刚、项康元、徐文卿、潘仰尧等人投资创办。董事长秦润卿,总经理李劲根,资本总额25万元,总公司设在上海圆明园路33号。先后在北京、天津、汉口、青岛、杭州、宁波等地设有分公司。经营的业务主要有水火险和伤害责任险。据《保险月刊》1940年第2卷第6期报道,"它的经营方针除全力承保当地人产业外,并努力致力于南洋群岛及荷属东印度(现印度尼西亚)等处侨胞方面的营业。开业至今,未逾旬日,已接受各大国货厂商及银行钱庄等巨额之保险"。公司的成立为华商保险公司的相继设立起到了一定的带动作用。

2.2.20 董汉槎创办与改组大东保险公司等四家保险公司

成立大东保险公司。1941年8月11日,原东莱银行的安平保险公司副总经理董汉槎、王显猷、顾中一等相约辞去太安丰天总经理处职务,在东莱银行的支持下,发起集资法币100万元,后改中储券① 25万元,合伙创办大东保险公司,总公司设在上海天津路85号。董汉槎出任大东保险公司的董事长兼总经理,副总经理为王显猷、顾中一。经营水火险、意外险及其他损失保险业务。1944年,参加大上海分保集团。在重庆设有分公司。抗日战争胜利后继续营业,上海解放后获准复业,参加民联分保交换处,后因无力缴付联合营业准备金,于1950年4月1日申请停业。

创办大上海保险公司。1942年,董汉槎、王显猷、顾中一等筹集资金500万元,创办了大上海保险公司,董汉槎出任公司的董事长兼总经理。总公司设在上海。大上海保险公司营业地址在外滩18号。经营水火险、意外险及其他损失保险业务。为解决分保出路问题,以大上海保险公司为核心,大安产物保险公司、大东保险公司、大南保险公司、大中保险公司、大公保险公司等19家民营保险公司联合组建大上海分保集团。抗日战争胜利后,大上海保险公司因未向驻重庆的国民政府注册,被列入停业清理范围,但在原

---

① 中储券,"中央储备银行兑换券"的简称,亦称"储银券"或"储备券",抗日战争时期汪伪中央储备银行发行的纸币。1941年1月开始发行,流通于华中、华南、华东等地区,共发行46618亿元。1945年11月,国民政府下令以法币1元折合中储券200元之比价收兑。(引自:张宪文,方庆秋,等.中华民国史大辞典[Z].南京:江苏古籍出版社,2001:435.)

基础上改组后重新注册的"大沪产物保险公司"于同年开张。上海解放后，获准继续营业，参加民联分保交换处；后因董汉槎欲离沪去台湾，借口无力缴付联合营业准备金，公司遂于1950年4月1日申请停业。

创办大南保险公司。在创办大上海保险公司不久后，董汉槎再次筹集资金25万元，创办大南保险公司，出任董事长兼总经理。营业地址在外滩18号。

改组台湾太平产物保险公司。1950年4月，董汉槎负责最后清理大上海保险公司、大东保险公司和大南保险公司。随后，董汉槎申请赴香港，后迁居台北，改组太平产物保险公司台北分公司为独立的台湾太平产物保险公司，并出任公司董事长兼总经理。

2.2.21　董汉槎、董浩云和中国航运保险公司

"世界船王"董浩云和董汉槎是好友，1937年4月，在董汉槎的支持下，董浩云创立了中国航运信托公司。公司成立后，董浩云在上海陕西北路买下一幢四层欧式楼房，作为中国航运信托公司大楼。1941年10月30日，董汉槎、董浩云创办中国航运保险公司，董汉槎出任公司的董事长兼总经理。1950年5月10日，中国航运保险公司宣告停业。

2.2.22　王伯元、秦润卿、梁晨岚、朱晋椒和中国天一保险公司

接办中国垦业银行为天一保险公司的创办奠定了基础。1925年，时任宁波商会会长俞佐庭、旅津宁波商人童今吾等人在天津发起筹建中国垦业银行。1926年4月正式开业，行址在法租界六号路82号（现哈尔滨道34号）。资本定为500万元，实收125万元。经国民政府财政部立案，享有发行纸币权。但由于该行领导人主持不力，业绩平平。1927年春，梁晨岚与秦润卿、王伯元、赵仲英等集议，对中国垦业银行进行改组接办，以谋发展；至6月底达成全议，资本增至250万元，一次收足。另拨资本10万元，设储蓄处，会计独立。中国垦业银行由秦润卿、王伯元、李馥荪等人接办并迁至上海，秦润卿应邀出任中国垦业银行董事长兼总经理。主要经营商业银行储蓄、仓库及发行业务。主要业务有：以垦牧农林事业所用之土地房屋及籽种、原料、出产物品等抵押放款；收受各项存款；办理国内汇兑；承购国家债券、地方债券及公司债券；经财政部核准发行纸币；兼办储蓄存款。后因

国民政府定都南京,为办事便利起见,将上海分行改为总行,天津总行改为分行,于 1929 年 6 月 6 日正式开业。

1949 年 6 月 6 日中国垦业银行职工合影

中国天一保险公司的创办及发展。中国天一保险公司由秦润卿、王伯元、梁晨岚、钱新之等人发起组织,以中国垦业银行为主集股组建,1934 年 2 月 1 日在上海创办。王伯元任董事长、梁晨岚任总经理、朱晋椒担任协理,后秦润卿任董事长。总公司设在上海北京路 255 号中国垦业银行大楼。注册资金 500 万元,实收 250 万元。在上海、南京、天津、汉口、重庆、杭州、宁波、苏州建有分公司,在芜湖、西安设立了办事处,凡中国垦业银行、江苏银行的总行和分行以及办事处所在地,设有代理处 40 多个。经营水火险、人寿险、汽车险、火车险、意外险、兵盗险、茧钞险①、邮包险、信用险、牲畜险、利益损害险等业务。1934 年 2 月 2 日的《申报》登载了中国天一保险公司开业的新闻:"中国天一保险公司,业于昨日开幕。上午八时,全体职员齐集该公司八楼,举行开幕仪式,并由董事长、总经理分别训词。九时起,接待中西来宾。到有吴铁城、虞洽卿、胡笔江、王晓籁、金廷荪、卢润泉、宋汉章、袁履登、谢葆生、徐新六、林康侯、叶扶霄、徐寄顾、李詠裳、王鞠如、陈蔗青、李大超、潘学安、吕岳泉、冯炳南、李祖韩等氏,西宾则有凤凰、地球、太阳、友邦、美亚、四海、望贤、锦隆、巴勒、通利、普益诸公司大班、董事等。均有董事长王伯元、董监事秦润卿、钱新之、王子荪、孙鹤皋、张芹伯、何谷声、王仲允及总经理梁晨岚,经副襄理秦子奇、黄仲长、李祖超、林子和等殷勤招待。该公司

---

① 茧钞险,用于收购蚕茧的现钞和已收购的蚕茧的保险。

中国天一保险公司木质招牌

系海上银钱业及实业界巨子所创办,资金雄厚、信用昭著,将来业务之发达,可以预卜也。"从该条新闻可以看出当时中国天一保险公司开业时的盛况。同年 4 月 2 日,在实业部进行了注册。1935 年 12 月 2 日,《申报》报道了公司成立一年来的进展:"北京路二五五号,中国天一保险公司,资本五百万元,专营人寿水火各种保险事业,董事及监察人均为国内金融实业界领袖及华侨巨子,故信用卓著,又得总经理梁晨岚氏之擘划经营,营业乃蒸蒸日上。最近梁氏为扩充人寿保险业务起见,特聘保险专家李迪云氏为该公司副理,兼人寿部营业主任。李氏系圣约翰大学出身,留学欧美,归国后,任华安合群人寿保险公司营业部监理十有余载,嗣又一度任大陆报馆副经理,学识经验极为丰富,曾交游素广,此次荣膺该公司副经理,自能胜任愉快,预料今后该公司营业当益发展云。"中国天一保险公司由于实力雄厚,业务发展迅猛,1935 年年初,公司员工人数已达到 85 人,每年可收保费 70 万元左右,属于规模可观的华商保险公司。1936 年年初,因内部股东意见不合,中国垦业银行无意继续经理保险业务,遂将大部分股份转让给太平保险公司的股东银行——金城银行、大陆银行、中南银行;5 月,改组董事会,选举周作民为董事长,聘王仁全为总公司经理,谢志芳为上海分公司经理,成为太平保险集团成员之一。虽然资本金改为 100 万元,但因寿险业务转让给太平保险公司继续承担责任,天一不再兼营人寿保险,所以社会信誉未受到影响。1940 年中国天一保险公司董监事会及总公司职衔情况见表 2-4。中华人民共和国成立以后,中国天一保险公司获准复业。1951 年 11 月,联合其他 14 家民营保险公司与中国人民保险公司共同组建公私合营太平保险公司。

1943 年 4 月,中国天一保险总公司及上海分公司全体同人合影

表 2-4 1940 年中国天一保险公司董事会、监事会成员情况表

职　　务	姓　名	年龄	籍　贯	备　　注
董事长	周作民	36	江苏淮安	太平保险公司总经理
常务董事	丁乐年	44	江苏江都	太平保险公司第一协理
常务董事	王国钧	46	江苏上海	太平保险公司第二协理
常务董事	董　源	42	浙江余姚	原安平水火保险公司总经理
董事	唐寿民	47	江苏镇江	交通银行董事兼上海分行经理
董事	钱永铭	54	浙江吴兴	交通银行董事长
董事	秦润卿	62	浙江慈溪	原中国天一保险公司董事长
董事	许福眪	57	江苏盐城	大陆银行总经理
董事	吴光熜	62	浙江吴兴	东莱银行总经理
董事	饶韬叔	49	广东大埔	国华银行常务董事
监察人	方巨川	52	浙江镇海	金城银行代表
监察人	周志礽	46	江苏江都	中南银行代表
监察人	瞿季刚	48	江苏崇明	国华银行代表
总经理	王仁全	44	江苏无锡	
协理	谢志方	36	江苏上海	
协理	朱晋椒	55	浙江鄞县	上海市保险业经纪人公会主席

续表

职 务	姓 名	年龄	籍 贯	备 注
襄理	唐颂玉	35		
顾问	方椒伯	53	浙江鄞县	上海难民救济协会兼劝募主任
文书股主任	胡叔韶	39	浙江鄞县	
会计股主任	谢寿天	27	浙江余姚	
水险股主任	金瑞麒	30	江苏嘉定	
火险股主任	唐颂玉	35	江苏上海	
意外险主任	陆赞君	32	江苏上海	

2.2.23 李馥荪、刘鸿生、厉树雄、胡孟嘉和泰山保险公司

1926 年后,中国保险市场出现了新的气象:在第一次世界大战期间来到上海的富绅权贵,带来了大量游资,银行为了吸收更多资金,竞相投资保险事业。另外,当时国内民众支持华商保险公司图强自立,出现排斥外商保险公司倾向,美亚保险公司创始人史带[①]注意到这一趋势,遂借机与华商银行合股开设保险公司。1932 年 8 月,史带拉拢当时工商界的领袖徐新六、李馥荪、刘鸿生及华商保险公会会长厉树雄等人,联络中国通商银行、浙江兴业银行、浙江实业银行和中孚银行等银行,合资组建泰山保险公司,资本总额100 万元(股份额定 10 万股,实收 10 万股,每股 10 元,决算日期为当年 12 月底)。浙江兴业银行创办人之一的徐寄庼担任董事长,董事徐新六、李馥荪、厉树雄、孙仲立、潘学安、胡孟嘉、史带、刘鸿生、陈启均、王启宇、施佩仁、沈叔玉、陈聘丞、竹垚生,常务董事孙仲立、潘学安,监察人周守良、施密斯,总经理徐新六(后为朱博泉),协理竹垚生,史带及另两位成员潘学安、施密斯分别担任公司董事和监事,并派任硕宝任水火保险部经理,薛维蕃任人寿保险部经理,襄理谢伯恬、李德樵(后为林子和、徐嘉祥)。1932 年 9 月 25 日,上海《申报》报道了泰山保险公司筹备及开业情况:"本埠北京路二号华商泰山保险股份有限公司,业于昨日开张,经营人寿、水火、意外等各种保险,资本一百万元,分为十万股,每股十元,业已一次收足,所有董事均系本

---

① 史带,也叫史丹,英文原名是科尼利斯·范德尔·斯塔尔(Corneliovs Vander Starr)。保险企业家,美亚保险公司和美国国际保险集团创始人。

埠著名银行家与金融家。董事长徐新六,董事李馥荪、王启宇(著名纱商)、刘鸿生、厉汝熊(华商保险公会会长)、施佩仁(万国储蓄会总理)、陈其均(济业银公司总经理)、任嗣达(邮政储金汇业局会办)、史丹(美亚保险公司总理)、潘学安(大华保险公司总理)、卢子让(泰山人寿保险部经理),监察人三人,为史德之、万国宾(万福麟将军之公子)、沈叔玉(前邮政储金汇业局总办)。董事方面虽尚无正式报告,但探闻该公司之一切组织,概照国民政府颁布之法令办理,是以管理严密,基础至为巩固。"总公司设立于上海江西中路 406 号浙兴大楼。在广州、香港设立了分公司,在南京、天津、北平、汉口、重庆、郑州、扬州、宁波、厦门、青岛、杭州、无锡、常熟、吴兴(今湖州)等地设有代理处。主要经营水火险、人寿险、汽车险、玻璃险、意外险、邮政险、信用险、航空险、船壳险和爆炸险等业务。泰山保险公司是继宝丰保险公司后成立的第二家中外合资保险公司。在近代上海,纯粹外资或民族资本经营的保险公司数以百计,但合资经营的公司则屈指可数。据笔者查询相关史料,1912—1937 年,上海华资保险公司共 87 家,其中中外合资保险公司共 4 家,占 4.6%;1937 年 8 月到 1945 年 8 月,上海华资保险公司共 106 家,其中中外合资保险公司共 3 家,占 2.8%;1945 年 9 月—1949 年 5 月,上海华资保险公司共 186 家,其中中外合资保险公司共 3 家,占 1.6%。1933 年 6 月,徐新六在泰山保险公司第一次股东会议上指出:"我国人寿保险不甚发达,以四万万人之众,投保者现犹不及三万人。"到 1936 年,公司寿险、水险、火险、意外险共结余 5.1 万余元。1937 年,根据《中华民国保险法》规定,公司宣布分设为泰山产物保险公司和泰山人寿保险公司两家独立公司,内部实际仍然是一家。太平洋战争爆发后,日军占领租界,美亚保险公司停业,中外分保关系中断,泰山保险公司参加久联分保集团。1945 年,资本改为法币 500万元;1947 年 8 月,增资为法币 1 亿元,其中美亚集团(友邦人寿保险公司、四海保险公司、恒业地产公司等)占 30%。中华人民共和国成立后,经核准恢复泰山产物保险公司,因系中外合资企业,未能参加公私合营。泰山产物保险公司于 1953 年 7 月歇业清理。此后,公司按照 1954 年《解放前保险业未清偿的人寿保险契约给付办法》清偿结束后申请停业。

2.2.24　周金箴和上海华洋人寿保险公司

上海华洋人寿保险公司是中国最早由华人创办的人寿保险公司之一。

1905 年 1 月创办于上海,在香港注册。额定资本 100 万两,最初招足 15 万两,后增为 55 万两,主要为英商资本。总公司初设在上海广东路 17 号,后迁至江西路 24 号。董事会吸收了华商中的一批头面人物:总董周金箴,总经理派克,协理钱晋甫,书记伊施尔,华人经理林雨亭。经营定期寿险、终身寿险等业务。在香港、澳门、西贡、广东、厦门、汕头、福州、烟台、牛庄、天津、长沙、汉口、南京、镇江、芜湖、九江、杭州、宁波、松江、平湖、嘉兴、苏州、无锡、常州、常熟、扬州、淮安、靖江以及海外的新加坡、京都、泰国曼谷等地设有分公司 70 余处。其触角甚至伸至慈善机构,并力图在少数民族(尤其是满族、蒙古族)中扩大其影响。到 1908 年,已经签发价值达 500 万银两的保险单。上海华洋人寿保险公司后被永明人寿保险公司兼并。

上海华洋永庆人寿保险分公司木质招牌

上海华洋人寿公司银质徽章

2.2.25　王正廷、俞子章和金星人寿保险公司

金星人寿保险公司于 1914 年 4 月 2 日创办。系内阁总理唐绍仪辞职后联合伍廷芳等集资 100 万元设立。总公司设在上海,唐绍仪任总董,聘易次乾为总理,开办多种人寿保险业务。凭借其政治资本,由农商部告知全国各省对其业务加以保护和推广。在直隶(今河北省)、奉天(今辽宁省)、吉林、安徽、四川、山东、湖南、湖北、广东、广西等省设立分公司。1914 年,金星人寿保险公司为在东北设立分公司不得不乞求于吉林巡按使公署。后者乃发公函给吉林县知事:"金星人寿保险公司各分公司开设伊始,非藉地方官妥为保护,不足以推行……上饬知该知事,即使遵照,一律保护毋违,此饬。"吉林县知事也一样发函转"饬所属妥为保护"。1915 年 5 月,唐绍仪又创办金星水火保险公司,开展水火险业务。1920 年,两家合并为金星水火人寿保险公司,简称"金星保险公司"。董事会主席唐绍仪,副主席卢信,水火险总理欧阳荣之,沪局总司理欧镜堂,人寿险总董王正廷,总理易次乾。地址在四川路 127 号。由于各级军警保驾,业务曾经煊赫一时,终因创办人系外行,不善经营管理,迨至 1929 年 8 月 23 日退出上海保险同业公会,遂行停业。1931 年清理寿险债务时拖了很长时间,社会影响较坏。

2.2.26　胡詠骐、傅其霖和华商联合保险公司

1932 年,通易信托公司保险部、肇泰保险公司、宁绍保险公司、华安水火保险公司、先施保险置业股份有限公司(简称"先施保险公司")等 5 家保险公司呈文国民党政府实业部,拟组织再保险公司即华商联合保险公司,作为"华商各公司对外对内一切分保之统一机关","要求给予该公司特许设立之权利,并于商股之外由大部①认股提倡,以示重视",并附创立合约草案一份(共 25 条)。呈文为此陈述了两点理由:"一为华商公司尚未切实团结,并未组织一有力之再保险机关,以示确有受保巨额水火险之实力,使投保者得以安心,藉收提倡之效。各公司有鉴于此,特集同业多家,协定分保办法,切实遵行,互相促进。又复分认资本,另组再保险公司,为对内对外一切分保之总枢机,以免华商公司各自向洋商公司单独密开分保之门,以致所受生意须

---

　① 即实业部。

多数转让于洋商,而同属华商反少分利润之机会。故因彼此利害之相违,几视同业公会如虚设,殊非所以促进中国保险业发达之道也。各公司拟秉此方针,以策进行。惟以兹事体大,是否有当,应先将上述宗旨,简要具陈,请赐指示,此其一也。一为华商公司对于国营事业及国有财产之保险情形,多未能深知其现状,故当分向各机关接洽之时,不免于事实尚有隔膜。盖以是项事业及财产,或者是因对外借款关系,保险须归洋商,或者可以自由选择,不论华洋均可承保。又某业之保额及条件,系若某产之主管,保险者何人,凡此诸端,首应明晰。然以调查之不易,致使进行之多艰,再四思维,惟有仰恳。大部允于文牍提倡之外,再予切实促进之方,如能官商合作,于事始克有济,用陈管见请赐指示,此又其一也。"1933 年 6 月,华商联合保险公司成立,通过章程(共 6 章 34 条)。发起单位是肇泰、华安、永宁、永安、先施、中国海上以及通易信托公司保险部、宁绍商轮公司水火保险部等 8 家。资本额为规银 80 万元,实收半数,国民党政府认官股 5 万元,并特许为财产各险的分保机关,专营各种分保业务,同时承保或经理各种官有财产及国营事业之水火险业务。其分保后台是瑞士保险公司。1934 年 11 月 22 日,华商联合保险公司召开第 30 次董监事联席会议,制定了关于改用百分率分派本公司及各股东公司之受保责任的 14 条办法。伦敦劳合社同意新限额后即宣布实行日期。出席会议者有宁绍保险公司的龚湄源、先施保险公司的黄泽生、永宁保险公司的郭信、肇泰保险公司的卢蓉舟、华安水火保险公司的傅其霖、中国海上意外保险公司的赵庆祥、永安保险公司的郭瑞祥、通易保险公司的黄溯初、联保保险公司的冯佐芝等。1935 年,实现保费收入 2.8 万余元,分保佣金 0.7 万余元。1936 年,实现保费收入约 4.6 万元,分保佣金 1.7万余元。1942 年 9 月,资本为中储券 40 万元,后增资为中储券 500 万元。1947 年 8 月,以现金增资为法币 1 亿元。

2.2.27　孙衡甫、俞佐庭和四明保险公司

四明是宁波的别称。四明保险公司与四明银行有密切的关系。四明银行,旧中国主要商业银行之一。1906 年,虞洽卿等人倡议筹办四明银行,当时在上海的宁波帮人士袁鎏、朱葆三、吴传基、李厚垣、方舜年、严义彬、叶璋、周金箴、虞洽卿、陈薰等投资。四明银行为旅沪甬商发展实业进行融资,

以后发展成为上海重要的 14 家银行之一。1908 年 9 月,在上海宁波路江西路口,四明商业储蓄银行诞生,成为仅次于四川浚川源银行、浙江兴业银行的中国第三家商办银行。四明银行开设后,以周金箴为总董,陈薰为总理,虞洽卿为协理。四明银行在成立时就获得了货币发行权,于 1909 年就开始发行第一版纸币。直到 1935 年 11 月,民国政府实施法币政策,停止其纸币发行和流通,共历时 27 年。其间,四明银行共发行纸币 8 版,面额有 1 元、2 元、5 元、10 元、50 元、100 元 6 种,发行总额为 1922 万元。四明银行纸币上的主图案为四明山或四明银行大楼外景。

四明保险公司大楼外景(1933)

四明银行经营储蓄、信托、仓库等一般商业银行业务,房地产业投资较多。1911 年,受"橡皮股票风潮"的影响,四明银行股票大跌,上海四明银行发生挤兑风潮。该行董事会急请时任浙江银行上海分行经理孙衡甫垫款接办,四明银行总经理、协理等被迫辞职,孙衡甫乘机盘进该行,出任董事长兼总经理,由此为创办四明保险公司奠定了基础。

孙衡甫在接手四明银行后,积极整顿组织,开办四明储蓄会,扩大业务,在他的精心经营下,四明银行迅速发展,存款最多时达 4000 万元,成为 20 世纪二三十年代全国著名的商办银行之一,亦是新式银行的典范。1935 年,由于四明银行在发行钞票时未建立准备金,加之投资房地产业造成资金呆滞,发生挤兑,四大家族官僚资本乘机加以控制。孙衡甫无法应付,于次年 6 月以病为由辞去总经理一职。1937 年 2 月,四明银行成为官商合办银行。孙衡甫被取消股东、董事资格。中华人民共和国成立后,官股由人民政府接管。1952 年 12 月,与其他行庄合并组成公私合营银行。

四明保险公司的创办及发展。四明保险公司是官商合办的华资保险股份公司,创建于 1933 年 4 月 6 日,由孙衡甫、俞佐庭等人发起,四明银行为主投资,注册资金 100 万元,每股 100 元,共 1 万股,实收 50 万元。孙衡甫任董事长,副董事长俞佐庭,董事范松夫、陈仲和、徐季凤、胡锡安、谢瑞森,监察人葛昌岐、徐仲麟。第一任总经理为谢瑞森,后为金瑞麟。总公司设立在上海,初在南京路 390 号,后来搬迁至北京路四明银行附楼内。主要经营水险、火险、汽车险、火车险、航空险、邮包险、船壳险、兵盗险、茧子险①等业务。四明保险公司在南京、汉口、重庆、天津、杭州、宁波、济南设立分了公司,北平、南昌、九江、长沙、苏州、无锡、镇江、烟台、威海卫、福州、温州、宜昌、芜湖、常德、青岛、西安等 20 多处设立了代理处,经营稳健,业务一度兴盛。1941 年 12 月 8 日,迁至重庆,增资为法币 500 万元。1947 年 8 月,四明保险公司增资为法币 1 亿元。中华人民共和国成立后,因公司有官股,曾由军管会监管,后准其复业,但因业务清淡无意继续经营,于 1950 年 3 月申请停业。

2.2.28　王正廷和太平洋产物保险公司

太平洋产物保险公司于 1943 年 12 月 8 日成立于重庆。实际上太平洋产物保险公司在 1943 年 10 月 1 日就已先行营业,主要经营水火保险及各种

---

① 茧子险,财产保险类。保险期限自售茧人将蚕茧交货给被保险人或其代表人时开始生效,包括以火车、汽车、轮船、驳船运输过程在内,直到蚕茧运往保险单说明地点进入仓库当天午夜 12 时起满 48 小时为止,但最长期限不得超过 45 天(上述两项以先发生者为准)。茧子险的责任范围是:承保茧子在火车、公路汽车运输途中因车辆遭受碰撞或倾覆、火灾、雷击或爆炸以及暴风雨浸湿所致的损失;承保载运之轮船或民船、驳船等遭受搁浅、触礁、沉没碰撞及暴风雨等所致茧子的损失;凡承保茧子因捕捉、攫取、掳掠或被盗窃等原因所造成的损失,由保险人负赔偿责任。1959 年停办。(引自:北京市保险公司《简明中国保险知识辞典》编写组.简明中国保险知识辞典[Z].天津:河北人民出版社,1989:140.)

财产损失保险。由交通银行为主发起组建,占股 45％,其余 55％由川康银行、新华银行、金城银行、大陆银行、民生实业公司、中华实业公司及华侨企业公司等认领。资本总额实收法币 1000 万元。聘请王正廷任董事长,钱新之任总经理,蒲心雅负责财务,重要职员由交通银行调派,王伯衡负责业务,主要骨干从保险界及太平保险公司选聘。王伯衡在其撰写的《从太平保险公司到太平洋保险公司》一文中曾回忆了与钱新之的会晤:"见面时,钱新之对我说,银行的黄金时代业已过去,大陆银行不必改组,你也不必当它的经理。倒是我们交通银行需要另办一个保险公司,你来的正好,这个任务就请你去担任吧。""因为这个公司的成立,是由于太平洋战事的爆发而促成的,所以它的名称就定为太平洋保险公司。……原来的意旨还希望向南洋群岛发展,这也是定名太平洋的一个原因。"[1]唐雄俊在《重庆四联分保办事处的诞生和结束》一文中写道:"太平洋保险公司在重庆成立时,震动了整个保险界。"[2]太平洋产物保险总公司及重庆分公司同在重庆五四路 60 号,在昆明、贵州、兰州、西安、成都、内江、自流井、合川、宜宾、万县、泸县、乐山等地设立了分支机构,经营水火保险及各种财产损失保险。业务来源主要依靠交通银行的投资、押汇、贷款抵押的物资保险。抗日战争胜利后,总公司迁往上海四川中路 261 号,人员扩充至 100 余人。这段时期,公司在南京、镇江、苏州、无锡、杭州、温州、芜湖、蚌埠、徐州、南昌、厦门、长沙、汉口、宜昌、沙市、广州、梧州、汕头、福州、天津、北平、石家庄、唐山、青岛、济南、长春、沈阳、香港等地增设分支机构 46 处,并广设代理处,建立业务网。所有分支机构的经理,大多由当地交通银行经理兼任。总公司则派遣熟悉业务的人员前往襄助处理业务技术工作,保险机构亦附设在交通银行内。在当时,太平洋产物保险公司与中国保险公司、中央信托局、中国农业保险公司并称为四大官僚保险机构。上海解放后,由军管会金融处保险组接管,宣告停业清理。

2.2.29 董浩云和中国航联意外责任保险公司

中国航联意外责任保险公司由轮船招商局联合全国航运界发起组建,

---

① 中国人民政治协商会议上海市委员会文史资料工作委员会.上海文史资料选辑(第60辑):旧上海的金融界[M].上海:上海人民出版社,1988:281—293.

② 中国人民政治协商会议上海市委员会文史资料工作委员会.上海文史资料选辑(第60辑):旧上海的金融界[M].上海:上海人民出版社,1988:294—303.

成立于 1948 年 8 月 11 日。由于金融业、保险业的参股，资本总额达到国币500 亿元，先收半数 250 亿元，是保险业资本金最为雄厚的一家。杜月笙任董事长，钱新之、徐学禹、杨管北、卢作孚、董浩云、骆清华、李叔明、杨经纶、徐恩曾、王更三等人为董事会与监事会主要成员。招商局总经理徐学禹担任总经理，借调中央信托局产物保险处副经理姚达人为副总经理，负责业务。重金礼聘保险界知名专业技术人士担任各级主管。公司共有员工 70余人。借九江路 219 号 2 楼 1 层办公。经国民党政府交通部核准，凡各轮船公司的旅客意外伤害保险，统归中国航联意外责任保险公司承保，费率按平均 3% 附加于轮船票价之内，定期结算。公司以招商局为重点客户，派出 6名业务人员常驻该局办理保险业务。上海解放后，由军管会金融处保险组接管，后经核准于 1949 年 8 月 23 日恢复营业，由副总经理姚达人负责，经营船员意外、船员兵险、旅客人身意外伤害保险等业务。虽然航运界对以上保险业务十分需要，但是由于沿海遭受封锁禁运，航运业务清淡而缴付保费困难，公司遂于 1950 年 10 月暂停发展业务。1953 年 8 月正式申请停业，未了业务和人员全部转给中国人民保险公司上海分公司。

2.2.30 宋汉章、卢绪章和中国航联产物保险公司

中国航联产物保险公司创立于 1948 年 8 月 11 日，与中国航联意外责任保险公司是姊妹公司。对外两块牌子，两个董、监事会；对内一套班子，一处办公。资本金为国币 500 亿元。杜月笙任董事长，钱新之、宋汉章、徐学禹、杨管北、李叔明、徐国懋、过福云、丁雪农、卢绪章、相寿祖、魏文翰、虞顺慰、李云良等人为董事会与监事会主要成员。招商局总经理徐学禹担任总经理，借调中央信托局产物保险处副经理姚达人为副总经理，负责业务。主要经营船壳险、火灾险、货物运输险、运费险及各种损失保险业务。中国航联产物保险公司开业不久，正值时局突变，通货恶性膨胀，整个保险业处于瘫痪状态。杜月笙先去了香港，徐学禹等携款转移至台湾开设分公司。上海解放后，由军管会金融处保险组接管后停业清理。

2.2.31 朱晋椒和宝隆保险公司

1941 年 12 月，宝隆保险公司在上海设立，资本金 150 万元，业务范围是财产保险，经理汤秀锋，后曾聘请朱晋椒任经理。1942 年 2 月，太平保险公

司联合宝隆、大业等保险公司组成太平分保集团,有效分散了民族保险业的经营风险,并为华商保险业逐步自主经营打下了基础。抗战胜利后,改名宝隆产物保险公司,经理汤蔚龙,资本为法币 1 亿元。1951 年 11 月 1 日,参加公私合营太平保险公司。

华商宝隆保险股份有限公司
代理处木质招牌

2.2.32 朱晋椒、潘垂统和五洲保险公司

1943 年 1 月,保险业人士联合实业界投资组建五洲保险公司,资本实收中储券 200 万元。总公司设在上海博物院路(今虎丘路)34 号。董事长柴秉坤,董事汤秀峰、朱晋椒、丁雪农、顾中一、潘垂统、林子和、李文耀等,总经理朱晋椒,经理林子和,协理李文耀。上海分公司经理罗振南。经营水火险、意外险及其他损失保险业务。1942 年 2 月,参加太平分保集团。抗日战争胜利后,因是在汪伪政府注册,被国民政府饬令停业清理。在五洲保险公司任职期间,朱晋椒还担任宝隆产物保险公司、安业保险公司常务董事。

2.2.33 金宗城和中国第一信用保险公司

中国第一信用保险公司由上海银行庄得之、陈光甫、金宗城和潘学安等人发起,于 1930 年 1 月成立。金宗城是宁波人,曾与沈仲礼、朱葆三一起投资上海华安合群人寿保险公司和上海联保水火险公司。中国第一信用保险公司总公司设在上海宁波路 40 号上海银行大楼内,资本金实收 20 万元。董事长庄得之,总经理由潘学安兼任,经营信用保险和火险。中国第一信用保险公司既是第一家信用保险公司,亦是唯一专营信用保险的公司。公司试图以信用保证保险制度,替代当时各企业要求员工必须提供殷实铺保的办法,但实践结果并不理想。中华人民共和国成立后,因国有企业取消对员工的铺保制度,公司于 1950 年 4 月申请停业。

2.2.34 谢寿天、董汉槎和中国工业保险公司

中国工业保险公司创立于 1942 年 7 月 10 日,10 月 14 日开业。由谢寿天、郭雨东、李言苓等策划联合工商实业界发起筹建,资本总额为中储券 250 万元。总公司初设于上海广东路 17 号,后迁至江西中路 437 号,再迁至江西中路 452 号。董事长为许冠群,常务董事为项康元、蔡声白、朱博泉、傅湘丞,董事为郭顺、邓文炳、孙瑞璜、董汉槎、金宗城、竹珪生等。朱博泉任总经理,傅湘丞、郭雨东为协理,李言苓为上海分公司经理。主要经营水火险、意外险及其他财产损失保险业务。谢寿天、郭雨东、李言苓在经营该公司一段时间后退出。抗战胜利结束以后,因为是在汪伪政府注册,被国民政府饬令停业清理。同年,另行向南京政府申请注册,成立了"中国工业联合产物保险公司",由葛涵赓任上海分公司经理;参加大上海分保集团。上海解放以后,获准继续营业;参加民联分保交换处。后因为业务清淡,于 1951 年 2 月 27 日申请停业。

2.2.35 谢寿天和中国工商联合产物保险公司

谢寿天、郭雨东、李言苓从中国工业保险公司退出以后,于 1945 年在上海创办了中国工商联合产物保险公司。资本金为法币 1 亿元。

2.2.36 卢绪章、毛啸岑、董汉槎和中国再保险公司

中国再保险公司成立于 1946 年 1 月。其前身是未获准开业的华联产物保险公司——由中兴和民安产物保险公司总经理杨经才在重庆发起创办的分保集团性质的保险公司。华联产物保险公司由永兴、中兴、民安、裕国、永大等 20 余家民营保险公司共同投资,资本总额为法币 1000 万元,先收半数 500 万元。总公司设立在重庆。翟温桥任董事长,杨经才任总经理,张昌祈为协理。公司于 1944 年 7 月 1 日起办理分保集团的业务,同时申请办理验资手续。由于杨经才逝世,中央信托局人寿保险处参股增资 1500 万元控股,罗北辰当选董事长,董事为翟温桥、卢绪章、毛啸岑、董汉槎、沈楚宝、王九成、邓贤、张昌祈等,并更名为"中国再保险公司"。张昌祈任总经理,唐雄俊为协理。1945 年 11 月完成重新注册手续,1946 年正式开业。总公司设立在上海广东路 86 号,在广州、汉口、天津、青岛设立联合营业处。公司经

营一切再保险业务。1947年7月,为中央信托局人寿保险处办理物价指数团体寿险的分保。1948年,接受国民党政府资源委员会保险事务所的溢额分保。在罗北辰全权掌握财务大权期间,原本有限的资金经不起通货膨胀,再加上罗北辰动用巨额公款作为竞选国民大会代表的经费,最后一部分资金又被调去台湾,至1949年4月,公司已经无法维持经营,遂宣告停业,职员全部遣散。上海解放以后,由军管会金融处保险组接管。

2.2.37 秦润卿和太安丰总经理处

为了加强领导,1935年5月,太平保险公司、安平保险公司、丰盛保险公司三家保险公司设立了"太平、安平、丰盛保险公司总经理处"(简称"太安丰总经理处"),集中管理三家公司事务。总经理处设立在太平保险总公司内。太平保险公司总协理兼任太安丰总经理处总协理。一块牌子,一套人马(管理人员),处理三家公司业务。1939年太平保险公司成立十周年时的一篇纪念文章这样写道:"以后同业中之安平保险公司与丰盛保险公司,原俱与本公司有密切之关系,爰本上述集中力量相结合之旨,及使管理得以统一,开支得以撙省,进一步与本公司联合经营,内部组织加以调整,组一三公司联合总经理处,以资统理。"太安丰总管理处由此开始酝酿成立。在当时,这种欧美托拉斯性质的管理形式,为业界所瞩目。当时西方国家的垄断组织有多种形式:美国的托拉斯、德国的卡特尔和辛迪加、日本的康采恩。这些组织产生的时间大约在20世纪初。在工业生产集中并形成垄断的同时,西方一些银行的资本集中和垄断也达到很高的程度。太平保险能有这种意识并付诸实践非常难得。

天一保险公司股东无意经营,太平保险商洽接办。1934年4月2日,中国天一保险股份有限公司成立。在经营两年后,公司因股东分歧较大,无意继续经营。《金城银行史料》中记载了当时天一保险公司的经营情况:"每年可收保费七十万元,且营业部分人欠欠人暨准备金互抵之下纵有所缺,为数尚不甚巨,其牌号亦有相当盛誉,倘行接办,似属有利。"一篇纪念太平保险公司成立十周年的文章记述道:"(民国)二十五年,天一保险公司以股东无意经营,拟行收缩,本公司为扶掖华商保险事业,不愿力量减弱起见,遂商洽接办,迄今业务亦颇有进展。"1936年5月18日,经太平、安平和丰盛保险股份有限公司董事会决议,由太平保险公司出资 12 万元,抵付天一保险公司业务部分之资产负债连同未到期各险准备。天一保险公司大部分股东将其股份转让给太平保险公司的股东银行。由此,太平保险集团以低微的价格盘进原由中国垦业银行投资的中国天一保险公司,并仍沿用原商号。根据上海市档案馆馆藏档案《安平、太平、丰盛保险股份有限公司接办天一保险公司报告书》记载:"由天一公司董事会聘任太平公司董汉槎为代理总经理。"太平保险公司盘进中国天一保险公司后,原"太平、安平、丰盛总经理处"改为"太平、安平、丰盛、天一保险公司总经理处"(简称"太安丰天总经理处"),集中管理四公司的所有事宜。(见表 2-5)上述三家公司对外仍然保留了原来的牌号,各地的分支机构及代理处仍然继续营业,即"统一管理,各自经营"。1936 年 8 月,太平保险公司改组董事会,选举周作民为董事长,聘王仁全为总公司经理,谢志方为上海分公司经理,并将资本改为 100 万元。

表 2-5　太安、安丰、天一保险公司合并组建"联合总处"情况表

公司名称	成立时间	投资人	经营者	合并时间
安平水火保险公司	1927 年 3 月	刘子山等	董汉槎	1933 年
太平水火保险公司	1929 年 11 月	周作民等	丁雪农	1933 年
丰盛水火保险公司	1931 年 9 月	丰盛实业公司	周作民	1935 年
中国天一保险股份有限公司	1934 年 4 月	秦润卿、王伯元等	梁晨岚	1936 年

2.2.38　谢寿天、林震峰和公私合营太平保险公司

1951 年 11 月,太平、安平、中国天一、太安丰、华商联合、福安、宝隆、建国、大丰、大信、裕民、扬子、大昌、中安、中国平安等 15 家民营保险公司联合组建公私合营太平保险公司。11 月 1 日,公私合营太平保险公司正式开业。公司资本总额定为 100 亿元,其中参加合并的公司以其净资产作为投资,总额定为人民币 45 亿元,其余 55 亿元悉由中国人民保险公司投资。公私合营太平保险公司设立由 19 人组成的董事会,其中公股董事 8 人,私股董事11 人;设立监察 7 人,其中公股监察 2 人,私股监察 5 人。董事会经推选确认,周作民、谢寿天、林震峰、孙文敏、闫达寅、丁雪农、顾濂溪等 7 人为常务董事,周作民任董事长,谢寿天任副董事长,林震峰为总经理,李祖模、金瑞

麒为副总经理。1951 年 12 月 1 日,由原天津太平合并中国平安、中安、大昌3 家,组成天津分公司,杜天荣担任经理。

2.2.39 谢寿天、宋汉章和中国保险公司

1949 年 5 月 27 日上海解放当天,中央人民政府正式成立了中国人民解放军上海军事管制委员会财经接管委员会金融处。谢寿天任副处长,负责对官僚资本银行和保险公司的接管工作。5 月 30 日,上海市军管会金融处保险组接管中国产物保险公司和中国人寿保险公司。在中华人民共和国成立前夕,谢寿天充分发挥熟悉上海金融界情况的特长,为胜利完成接管工作做出了重大贡献。中华人民共和国成立后头几年,谢寿天历任中国人民银行华东区行副行长,兼任中国人民保险公司华东区分公司经理等职。为团结民族工商业者,稳定市场,打击金融投机行为以及完成对私营金融保险业的社会主义改造,他忘我地工作,付出了大量的心血。6 月 20 日,中国产物保险公司经批准复业。天津、北京、汉口等分公司亦获准先后复业。同时,宋汉章在香港接通和恢复了与中国产物保险公司的关系。1949 年 8 月,陈云同志主持召开第一次全国财经工作会议,会议的中心议题是研究恢复国民经济以及统一全国财经工作的问题。金融界人士认为,为了对全国保险事业实行集中领导和统一管理,有必要在现有基础上筹设一个全国性的保险机构,建议以原中国产物保险公司为基础,专设中国保险公司。鉴于中国产物保险公司在上海已有机构,会议决定,由中国人民银行华东区行负责对上海原有中国保险公司进行整顿改组。1949 年 10 月 19 日,《人民日报》第 6版刊发了如下消息:"中国人民保险公司为了配合发展出入口贸易,特以原接受之中国保险产物公司为基础,另设立中国保险公司,专门办理有关外汇保险业务,中国保险公司即为中国人民保险公司直接领导下的一个专业公司,其机构主要设在沿海口岸,将来国际贸易有必要时,并拟在国外增设分支机构,现总公司已于本月 20 日在上海成立,并计划在广州、香港、厦门、青岛、天津、营口及海外新加坡、马尼拉等地设立分公司,资金为 50 亿元。目前已开始办理海路运输保险业务,中国人民保险公司与中国保险公司之成立,标志着我们全国规模国营保险公司的建设,为新民主主义保险事业的发展,建立了强大的国家机构。"9 月 21 日,财经接管委员会就成立中国人民保

险公司报请中共中央批示,在该批示中明确"以中国产物保险公司为基础,设立专对国际贸易有关之外汇专业保险公司"。9月25日至10月6日,中国人民银行总行组织的第一次全国保险工作会议在北京召开。会议明确指出对原中国产物保险公司总管理处加以调整,并将原中国人寿保险公司并入,规定其任务为:专门从事外币业务;争取国外保险业务;国外保险关系的联系与建立;接受国内溢额保险业务。10月20日,中国保险公司成立。在新董事会召开以前,仍以宋汉章为董事长,过福云为总经理,陈伯源、孙广志为副经理,总公司设在上海。为争取宋汉章的回归,12月6日,中国人民保险公司总经理胡景沄、副总经理孙继武给上海写信:"中保驻港代表洪传韬由港抵京后,我们谈了几次话,他实际上是代表宋汉章先生来的。据谈宋对中保情况不太了解,顾虑很多,考虑中保是否已改回,这机构将来能否保留,如中保不存在,人员失业如何解决,即使存在,中保恐无事可做。按宋尚能倾向我们,对中保表示愿受人保领导,但是要求仍在天津及长江沿岸设立机构,对国外关系意将驻港办事机构职权扩大,他们认为目前对外发生关系,仍以通过香港为宜……"显然,宋汉章的想法与北京的设计多有分歧,若其回来,冲突是免不了的。但最终,宋汉章未再回中国银行和中国保险公司。1950年1月,有人建议将中国保险公司改制,并入中国人民保险公司;1月21日,以中央人民政府政务院财政经济委员会主任陈云和副主任薄一波、马寅初的名义,回复了中国人民银行行长南汉宸和副行长胡景沄一封信:"中国产物保险公司为中国银行所设立,且中国银行尚有私人股份,其领导关系的变更须经董事会决定,目前新的董事会尚待组成,故仍暂维持现状,俟董事会成立后再做考虑。"这份公文建议中国保险公司暂时维持现状,清楚地表达了尊重所有者权利的立场。1951年,保险业由原隶属人民银行领导转为由财政部领导。在保险业的调整改组中,中国保险公司第一届第一次董监事联席会议于1951年6月5日在北京召开。周恩来总理特别嘱咐将原中国银行董事长宋汉章选为常务董事。宋汉章亲自写了委托书,委托郑铁如代表出席。这次会议推选出龚饮冰为董事长,龚饮冰、孙继武、谢寿天、吴震修、潘久芬为常务董事,董事有宋汉章、郑铁如等14人,监察人有闵一民、黄子良等7人,另外聘请吴震修为总经理、施哲民为第一副总经理、陈伯源为第二副总经理、孙广志为第三副总经理,过福云为赴外稽核,驻上海办公,孙文敏为赴外稽核,驻香港办公;决议了以下主要问题:保留原有《中国保险股份有限公司章程》,参照《中国人民保险公司组织条例》新订组织规程草案,以尽量做到统一编制;调整资本为人民币 100 亿元,增资人民币 200 亿元,合成资本额 300 亿元;添设人身保险处,以推展国外人身险业务;原业务处更名为财产保险处;关于总驻港处,原属临时性组织,鉴于国内外联系转入正常,已无保留必要,于 7 月 16 日起正式结束;考虑公司改组以后,业务重点在海外,当于 8 月底将总管理处迁往北京。此外,会议还原则通过了 3 年计划大纲,并对限额问题、分保合约问题等做出了决定。1951 年 9 月 25 日,中国保险公司总管理处正式在北京办公。第一次董监事会的召开和总管理处迁京办公,加强了总管理处对海内外分支机构的领导,密切了各公司的业务联系,对于推动海外保险业务的发展起到了积极作用。从此,中国保险公司以东南亚地区为工作重心,以发展私营外币业务和面向海外广大侨胞服务为主要任务,正式完成了向国家专营外币业务的专业化公司的转变。

1998 年,中国保险公司易名为中国保险(控股)有限公司。2000 年 6 月,组建上市公司中保国际控股有限公司。2009 年 6 月,更名为中国太平保险集团公司;12 月,在北京举行了隆重的 80 周年庆典。经一代代中国保险人薪火相传,中国太平保险集团已经成为中国保险业的骨干力量,并正在为中国保险业做出更大贡献。

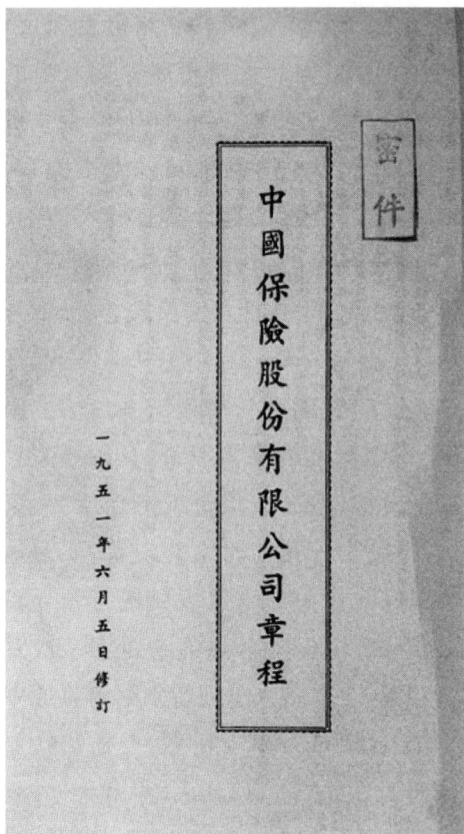

1951 年 6 月 5 日颁布的中国保险股份
有限公司章程封面(密件)

1951 年 6 月 5 日,中国保险公司第一届第一次董监事联席会议留影

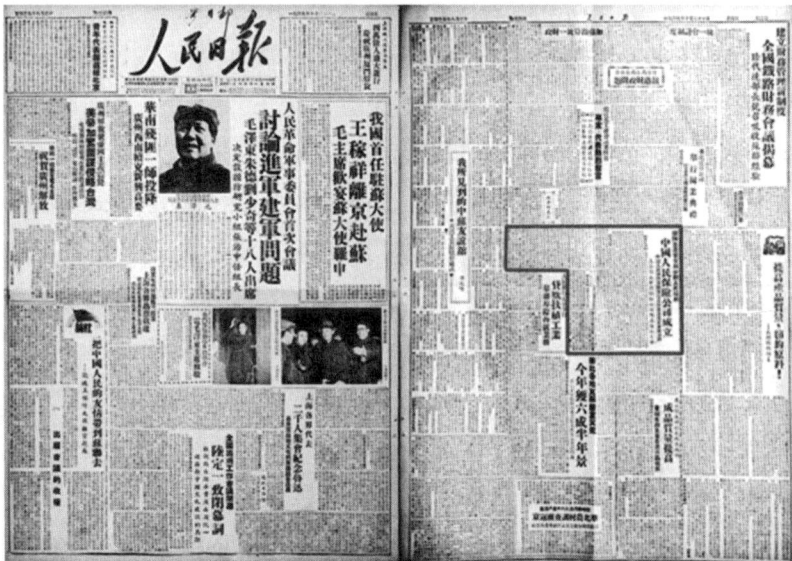

《人民日报》刊登《中国人民保险公司成立》报道

2.2.40　林震峰、谢寿天和中国人民保险公司

1949 年 8 月陈云同志主持的第一次全国财经工作会议结束后,从 9 月起,中国人民银行总行以原有的储蓄处干部为基础,并从上海调了两批有一定保险从业经验的干部开始进行筹备工作。9 月 17 日,中国人民银行总行正式备文中央人民政府政务院财政经济委员会,呈请核准设立中国人民保险公司。9 月 21 日,财经接管委员会就成立中国人民保险公司报请中共中央批示,原则上同意成立中国人民保险公司,总公司设于北平,由中国人民银行总行直接领导管理,资金拟定 200 亿元,由银行拨付(但只办转账手续,并不拨付现金)。1949 年 10 月 19 日,《人民日报》第 6 版刊发《中国人民保险公司公告》(保字第一号),内容如下:"本公司奉令设立经营各种保险业务,资本金人民币三百亿元,总公司设于北京,业已筹备就绪,定于一九四九年十月二十日正式开业,各分支机构及业务范围,列表于后,特此公告。兼总经理胡景沄、副经理孙继武。"后面列明各分支机构所在地、直属营业部、直属天津分公司和业务范围。9 月 25 日至 10 月 6 日,由中国人民银行总行组织的第一次全国保险工作会议在北京召开,会议确定了中国人民保险公司的性质、工作的基本方针和主要任务,较为全面地规范了中国人民保险公司的组建工作。10 月 20 日,中国人民保险公司在北京成立。同时成立的还有中国人民保险公司华东区公司和天津分公司,华东区公司经理为林震峰。中国人民保险总公司和直属营业部在北京西郊民巷 108 号正式开业。公司资本为 600 亿元,并以所有全部财产对其业务及债务负责。由胡景沄兼任总经理,孙继武任副总经理。1950 年 8 月 11 日,《人民日报》第 2 版刊发了潘为治撰写的《八个月来的中国人民保险公司》一文,文章指出:"中国人民保险公司是新中国唯一的国营保险机构,直属中国人民银行领导。自去年 10 月 20 日在京成立以来的八个多月中,已先后设立了五个区公司,31 个分公司,8 个支公司,25 个办事处,2 个派驻所,以及各地人民银行、中国银行、交通银行和其他工商企业机构等约 540 多个代理处……"该文除介绍了中国人民保险公司的发展情况,还介绍了中国人民保险公司领导的中国保险公司专营外汇保险业务,"随着业务的推展,各地分支机构正在陆续增设中",以及队伍发展情况:"工作人员方面,全国现共有 2000 人左右,现正设

法在各区大量吸收并培训新的干部。"在业务方面,中国人民保险公司"除人身保险和农业保险在次第开办外,八个月来的主要业务是财产保险;已推展的有火险、运输险、运输兵险及意外险等。据不完全统计,全国各地(东北未列入)截至 5 月底,签出保单共 53327 张。收入保险费约 722.6 亿元;发生赔款案 66 件,全计赔款约 25.3 亿,占收入保险费的 3.5％"。

3 宁波帮与中国近代保险业的发展

3.1 宁波帮与中国近代再保险业的发展

再保险业是 19 世纪西方保险业进入中国之后而逐步发展起来的。在 1929 年以前,独立从事分保业务的中国民族保险机构尚未产生。

自 1929 年开始,中国相继成立了若干家经营再保险业务的公司或集团,其中代表性的有:1933 年 6 月在上海成立的华商联合保险公司,当时被特许专营再保险业务;1942—1945 年,由 80 家华商保险公司分别组成的太平分保集团、大上海分保集团、久联分保集团、五联分保集团、十五联分保集团、华商联合分保集团 6 家分保集团;1946 年在上海成立的由中央信托局参股控制的中国再保险公司。1949 年以前,中国再保险业存在资本实力不足、机构不稳定、自留额低、依附性强等特点。据统计,当时中国的保险业务至少有 90% 通过固定分保、预约分保和临时分保等方式分流至瑞士、英国、美国等国的保险公司和再保险市场。由此可见,1949 年以前的中国再保险市场具有明显的半殖民性质。1949 年中华人民共和国成立以后,中国再保险业呈现出波浪式发展的特点。改革开放以后,中国再保险业则呈现出蓬勃向上的发展势头。在中国再保险业发展历程当中,宁波帮始终活跃于其中。

宁波人很早就在上海投入中国再保险业市场的开拓中,培育了一大批的保险专业人才,为中国近代再保险业的发展做出了很大贡献。

3.1.1 朱葆三、方椒伯、傅其霖参与创办了中国首家再保险公司

1929 年 12 月,上海联保保险公司、联泰保险公司、肇泰保险公司、羊城保险公司等 4 家保险公司设立"四行联合总经理处",由肇泰保险公司总经理徐可陞升任司理,办理分保业务。1930 年 2 月,朱葆三的华安水火保险公司,虞洽卿、方椒伯的宁绍商轮公司保险部。太平保险公司,通易信托公司保险部等机构相继参加四行联合总经理处,并由此改名为"中国联合保险总经理处"。参加的公司签订了联合分保协定,可以接受巨额分保业务。这是中国第一家具有独立性质的、由民族保险公司组成的再保险经营机构,可以看成中国再保险发展的历史起点。1932 年,通易信托公司保险部、肇泰保险公司、宁绍保险公司、华安水火保险公司、先施保险公司等 5 家保险公司呈文国民党政府实业部,拟组织再保险公司即华商联合保险公司,作为"华商各公司对外对内一切分保之统一机关","要求给予该公司特许设立之权利,并于商股之外由实业部认股提倡,以示重视",另附创立合约草案一份(共 25 条)。

1933 年 6 月,朱葆三的华安水火保险公司、华兴水火保险公司,方椒伯、胡詠骐的宁绍水火保险公司,以及肇泰保险公司、永宁水火保险公司、永安水火保险公司、先施保险公司、中国海上意外保险公司、上海联保水火保险公司、通易信托公司保险部等 10 家保险公司发起成立了华商联合保险公司,邓东明任经理,订有章程 6 章 34 条。该年 8 月注册,组建中国第一家特许经营再保险的专业公司——华商联合保险公司,专司再保险业务,为中国早期再保险业务的发展做出了突出贡献。该公司初期实收资本 22.4 万元。后增资 80 万元,实收 40 万元。国民政府实业部认官股 5 万元,以示扶持,特许为经营全国保险业对内对外再保险的专业机构。总公司设在上海,别无分支机构。董事长初为王一亭,总经理为顾馨一,后由傅其霖任董事长兼总经理。1934 年 11 月 22 日,华商联合保险公司召开第 30 次董监事联席会议,制定了关于改用百分率分派本公司及股东公司之受保责任的 14 条办法。伦敦劳合社同意新限额后即宣布实行日期。出席会议者有华安水火保险公

司的傅其霖、宁绍保险公司的龚湄源等人。当时因国内保险业未能通力合作，所以巨额再保险业务的开展极为困难。傅其霖极力倡导同业合作。在傅其霖领导期间，华商保险公司对巨额保险的承保能力大大加强，减少了对外商保险公司的依赖。

3.1.2　宋汉章和四联分保办事处

1931 年 11 月，荣氏家族在汉口的申新四厂发生大火，火势迅猛，损失达到 200 余万银圆，为当时最大的火险事故。200 万银圆可让当年成立的中国保险公司倾家荡产。如何赔付、中国保险公司能否生存下去成了当时社会关注的热点。由于宋汉章严格控制住了风险，超过承保能力的部分由以英商太阳保险公司为首的保险公司分保，中国保险公司得以迅速做出理赔，申新四厂亦得以迅速重建。为此，荣氏家族在上海《申报》和《新闻报》上刊登整幅广告进行鸣谢。当时，保险公司按行规是不能刊登广告进行自我宣传的，荣氏家族的鸣谢广告为中国保险公司的信誉做了最好的宣传。中国保险公司的口碑也使民族保险业整体受惠，许多保险经纪人对华商保险业刮目相看，为华商保险公司招徕业务增添了信心。当时，鉴于每家保险公司的资产总额有限，难以承受巨额赔付责任，为了分散风险，一些保险公司将直接承保的大额业务通过再保险分给其他保险公司承保，共同承担风险。中国保险公司与英美保险公司及其他海外保险公司建立分保关系，寻求解决溢额分保出路问题，但只有分出没有分入，极不平等互利，华商保险公司近乎沦为外商保险公司的经纪人。1942 年，中国保险公司联合太平保险公司、宝丰保险公司、兴华保险公司三家公司成立了"四联分保办事处"。四联分保办事处通过四家公司原有的国外分保关系，向伦敦再保险市场洽定了一个很大的自动分保总额。四联分保办事处虽有承受巨额保险的能力，但其内部缺乏真诚合作，并未发挥很大作用。

3.1.3　董汉槎、谢寿天、方椒伯和大上海分保集团

华商保险公司付出的巨额再保险费，严重影响民族保险业的利益和资本积累，甚至危及生存。一些华商保险公司为了摆脱困境，增强对巨额业务的承保能力，开始走联合经营道路。各家保险公司把超过自留额的部分汇集起来，按各公司的实力再分配承受份额，不仅增强了对巨额业务的承保能

力,而且每家公司业务所得数倍于前,实现了平等互惠、共同得益。1941 年年底,太平洋战争爆发,日军进占上海租界,勒令英美保险公司停业清理,同时切断欧美邮电通信,以致华商与国际保险市场的再保险关系完全停止。华商保险公司不愿与日本保险公司签订分保契约,纷纷自愿联合,组建华商分保集团,主要形成了大上海分保集团、太平分保集团、久联分保集团、五联分集集团、十五联分保集团、华商联合分保集团等 6 个分保集团,参加公司达 80 家。董汉槎当时身兼大上海保险公司、大东保险公司、中国航运保险公司、大南保险公司 4 家保险公司董事长及总经理,率先发起组建大上海分保集团(见表 3-1),得到了谢寿天的大安产物保险公司等 19 家保险公司的响应,共计资本金 2330 万元。各公司以资本金、公积金与营业状况核定自留额、固定合约分入分保总数或总额,以及认占成分和最高责任额、承办集团公司之间的溢额再保险,共同负担盈亏。每年还将纯利润提成充作赔款准备金,借以增强集团组织力量和保障保户的经济利益。抗日战争胜利以后,大上海分保集团重新组合,改组为大沪分保集团。调整后的成员有大上海保险公司、大东保险公司、大南保险公司、大安产物保险公司、中国航运保险公司、中国统一保险公司、永大保险公司、好华保险总行、利华保险公司、裕商保险公司、大达保险公司、大丰保险公司、中国保平保险公司、永安保险公司、先施保险公司、永宁保险公司、合安保险公司、东南保险公司、南隆保险公司、华盛保险公司、宁绍保险公司、上海联保保险公司等。在国民党统治后期,通货恶性膨胀,经济秩序混乱。据统计,1946 年 9 月至 1949 年 5月,物价骤涨 1.051 亿倍。中国保险业遭到严重摧残,一大批保险机构坐吃山空,负债度日。连一些较有实力的保险公司也陷于难以支撑的困境,如《华商联合保险公司分保办法草案》(1949)开头所云:"金圆券发行未久,遽尔贬值,嗣后是否有保持稳定之可能,无人敢逆料,倘法币末期之困难情势重演于今日,则恐我保险业将濒于危殆。"保户对金圆券已经失去信心,即使有投保意向,也只愿以外币保额投保和计算赔款。于是,国营的和其他一些尚有余力的保险公司,改以银圆、港币和美金承保。大上海分保集团于艰危时世中勉力支撑,1949 年上海解放前解散。这一时期,华商保险公司组建分保集团,有效地分散了民族保险业的经营风险。这是民族保险业团结互助、反日控制和业务经营上的重要建树,为华商保险业的逐步自主经营打下了基础,遏制了日本帝国主义掌控上海保险市场的企图。此外,朱晋椒的五洲保险公司加入太平分保集团,资本金额 200 万元。傅其霖任职的华安水火保险公司加入十五联分保集团,资本金额 120 万元。胡詠骐任职的宁绍水火保险公司加入华商联合分保集团。

表 3-1　大上海分保集团成员情况表

参加公司	代表姓名	资本金额/万元
大上海保险公司	董汉槎	500
大安产物保险公司	郭雨东	30
大中保险公司	傅湘丞	125
大南保险公司	胡桂庚	25
大东保险公司	董汉槎	25
大公保险公司	李楠公	125
大同保险公司	陈志梅	50
中国工业保险公司	朱博泉	250
中国正平保险公司	吕浚寰	100
中国公平保险公司	庄智耀	50
上海商业保险公司	沈序明	50
中国航运保险公司	董汉槎	25
中原保险公司	王公达	50
安达保险公司	吴士勤	100
金华保险公司	吴本澄	50
宁兴保险公司	戚正成	100
富华保险公司	许晓初	125
国华保险公司	李百祥	50
丰业保险公司	杨洪山	500
合计 19 家		2330

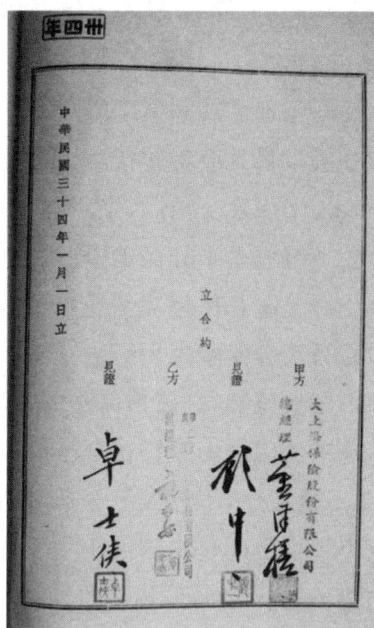

署有董汉槎签名的大上海分保集团合约/章程/限额表

大上海分保集团敬赠的"集体安全"金属小像夹

3.1.4 张章翔和太平保险分保集团

1934年3月,中国天一保险公司在天津设立分公司,屠培成任经理,张章翔任副经理。1936年,因中国天一保险公司股东分歧较大,中国垦业银行大部分股东将其股份转让给太平保险公司的股东银行。1937年,天津分公司并入太平保险公司后,张章翔也加盟了太平保险公司。1942年2月,太平保险公司组成太平分保集团。当时太平保险公司副经理陶听轩通过北美洲保险公司上海总代理克罗伦的介绍,与世纪保险公司、劳合社、威李史·范博和杜马氏等保险集团订立了分出分入业务的互惠互利分保合约,在世界范围内分散风险,打破再保险的垄断,向全世界展示了华商保险公司的专业技术水平。后来陶听轩在自己撰写的一篇回忆录当中讲道:"在国外耽延年余,幸不负使命,不但太平今后业务长足发展从此有恃无恐,太平在国外的保险声誉也由此建树。"由于太平保险分保集团比较强大,在天津外商保险公司拒绝与天津的民族资本保险公司互相批注"共同承保"条款时,天津太平保险采取了针锋相对的措施:向投保户广泛宣传爱国思想,劝告民众不要向外商保险公司投保火险。结果,外商保险公司业务日减。在这种情况下,外商保险公司同意民族资本保险公司加入华北火险公会,批注"共同承保"条款问题这才得到了解决。据太平保险分保集团档案记载:"讲到太平分保集团的特点,就是一切集团事宜,均由太平一家负责处理,不受其他会员公司的支配与节制,与久联集团由参加公司另组办事处及大上海集团之另组一公司专司其事者有显著区别。还有太平与国内外同业订立溢额合约分保多以互惠为原则,惟因此而获得的分入合约分保,均由太平独家接受,并不能分与集团会员公司。因为一则它们资力薄弱,不愿负额外的责任;二则国外无分支机构,遇有赔款,无法按原币摊付。"

3.1.5 卢绪章和华联产物保险公司

1944年,民营保险公司如民安产物保险公司、中兴保险公司、永大保险公司、亚兴保险公司、永兴保险公司等,针对当时国营保险公司垄断整个再保险市场的意图,联合组成了华联产物保险公司,专营再保险业务。因参加者多是中小公司,业务来源有限,故新公司并没有达到预期的目的。后迁入上海并改组为中国再保险公司。

3.1.6 谢寿天、林震峰、董汉槎和民联分保交换处

中华人民共和国成立初期,对外分保关系中断,大部分保险公司资力薄弱,承保能力有限。为缓解华商保险公司的分保问题,打破若干分保集团割据局面,实现保险业大团结,维护民族保险业的健康发展,1949 年 5 月上海解放之后,上海市军管会金融处谢寿天、林震峰等人根据当时政治经济形势的需要,着手对保险市场进行清理整顿,在很短的时间内批准了 100 多家保险公司复业。鉴于复业后的大部分保险公司承保能力十分有限,原有的分保集团大多数已经解体,经军管会金融处批准,并在中国保险公司和太平保险公司的支持下,于 1949 年 7 月 20 日成立了华商再保险集团"民联分保交换处",由 47 家民营保险公司联合组建,即把各公司再保险部门放在一起集中管理,有利于增加业务。公推丁雪农为主任委员,董汉槎、毛啸岑、孙广志为副主任,唐雄俊任经理。民联的办事机构也设在太平保险公司内。凡成员公司,均将其溢额全部交给该处交换分保,按约定份额再接受其他成员公司的相互分保业务。成立目的是维护民族保险业的健康发展,集体解决分保问题,促进相互共济和共同繁荣,发挥保险事业在国民经济中应起的作用。民联的办事机构设在太平保险公司内。由于民联的成绩有目共睹,1950 年 4 月,民联分保交换处进行改组,调整了成员公司,成立了"新民联",原久联分保集团的公司加入;6 月 1 日,宁绍保险公司和兴华保险公司加入;7 月 1 日,永安保险公司加入;8 月 1 日,先施保险公司加入。1951 年 7 月,华商联合分保集团的几家公司加入。上海民联具有较强的承保能力,如火险和水险的最高限额分别为 3.2 亿元和 1.6 亿元;在其成立之后的 8 个月时间就实现保费收入 43.85 亿元,其中绝大部分是会员公司的保费和同业公司分来的保费。上海民联与当年 9 月在天津成立的华北民联分保交换处一起,为降低中国再保险市场对外商的依附程度发挥了积极作用,同时也为中华人民共和国成立初期再保险市场的恢复和重建积累了宝贵经验。1952 年 1 月,由于上海保险全行业实行公私合营,组成了公私合营太平保险公司和公私合营新丰保险公司,民联分保交换处完成了历史使命,于 1952 年 4 月宣告结束。民联分保交换处是中华人民共和国成立后上海工商业中最早成立的一个联营机构,它的创办大大增强了华商保险业的信心,同时为私营保

险公司的进一步联营奠定了基础。1985 年,唐雄俊先生在中国民族保险业创办一百周年时撰写了《记上海民联分保交换处的诞生》一文,对董汉槎给予了很高的评价:"在筹备民联分保交换处时,说到这个组织将来由谁来领导的问题时,曾提到的候选人有陈鹤、毛啸岑、董汉槎、金瑞麒和丁雪农。董汉槎是一位很得人心的候选人,他是德高望重的长者,为人持重,保险又是行家,是大上海分保集团的创始人。人们对他的印象是极好的,美中不足是他的若干公司都不是最强的公司,并且他本人十分谦让,因此大家并不勉强他了。"从这里可以看出董汉槎在当时保险界的声望。

3.1.7 林震峰与新中国再保险业

20 世纪 50 年代初,中国再保险进入快速发展阶段。林震峰在这一时期担任中国人民保险公司华东分公司副总经理。中国人民保险公司成立之初,火险限额为 30 亿元,水险限额为 15 亿元,兵险限额为 7.5 亿元,人身险和农业险等其他险种限额为 10 亿元;中国保险公司的火险最高限额连同合约共计 12.5 万英镑,折合人民币 7.5 亿元,水险为 8.5 万英镑,折合人民币 5.1 亿元。1950 年"新民联"成立后,为了理顺分保关系,在中国人民保险公司华东分公司的指导下,将共同自留额由最初的人民币 6.25 亿元调整为 7.5 亿元,其中 20% 由中国人民保险公司认占,80% 由全体交换公司(包括改组前的 18 家在内共计 25 家公司)按照一定比例分占。由于国营公司既可以直接承揽巨额业务,又可以接受民营公司的溢额分保,其保费收入迅猛增长。据统计,1950 年 5 月,国营公司的保费收入所占市场份额已高达 70%,其余 22% 和 8% 则分别为外商公司和华商公司占有。自 1952 年 1 月实现保险业合并经营之后,"新民联"改组为公司合营新丰保险公司,不再经营分保业务;与此同时,外国在华保险公司纷纷退出中国保险市场。到 1952 年年底,中国人民保险公司的分保业务收入达 344 亿元,而中国保险公司的分保费收入多达 722.2 亿元。这说明,在中华人民共和国成立之后的三年时间内,再保险业的发展达到了第一次高峰,并形成了国家垄断的局面。从 1953 年开始,中国再保险业几经整顿和调整,但总体上仍然呈现出波浪式发展的势头;由于受"左"的思潮影响,国家停办国内保险业务。

3.2 宁波帮与中国近代航运业保险的发展

随着国内航运业的发展,船舶保险业也在中国兴起。在国际上,船舶保险费是一项巨额收入。20 世纪 20 年代,中国的船舶保险被英国人所垄断,中国的船舶都要向英国保险公司投保,利润大量外流。1945 年 8 月至 1949 年 5 月是中国海损事故频繁发生的时期,也是轮船招商局管理十分混乱的时期,1948 年更是轮船招商局自成立以来海损事故发生的高峰年。据民国政府交通部统计,该局这一年受理的各类海损事件共有 209 起,为中国航业史所罕见。

浙江宁波镇海人傅其霖,早期在上海经营草帽进出口生意,是第八任上海总商会会董。他曾供职华兴水火保险公司,并履职华安水火保险公司,联合肇泰保险公司等 9 家保险公司组建中国船舶保险联合会,为维护国内航运业权益,促进当时国内航运业的快速发展做出了突出贡献。傅其霖天资聪慧,确有过人的专业素质,是中国船舶保险及海上保险先行者。傅其霖供职华兴水火保险公司期间就水火险合作的方法提出了很多建议。1928 年傅其霖担任上海保险公会主席期间,为维护同业的利益贡献巨大,公会经营范围扩展到寿险业,永安人寿等公司加入公会。其一生潜心研究保险,在保险业的发展上颇多建树,特别是在水险业务方面贡献巨大,深得当时公司董事会的依仗。当时,第一次世界大战爆发后不久,外商航运遭受到很大打击,但国内航运业发展迅速。傅其霖借助乡邻关系,为招商局和三北航业集团、宁绍商轮公司、鸿安轮船公司等 3 家轮船公司扩大水险经营计划。三北、宁绍、鸿安这 3 家轮船公司均为宁波镇海人虞洽卿所创办。1909 年,虞洽卿根据家乡土特产的运销情况及沪甬两地的客运实际,发起创办了宁绍商轮公司,自任总经理。宁绍商轮公司租用大达码头,设置了堆栈,开辟了沪甬航班。为了与外商轮船公司竞争,公司降低票价,但外商公司也随之降价,同乡闻信后,组织航运维持会对公司进行贴补再度降低票价,终使外商公司退出竞争,宁绍商轮公司就此站稳了脚跟。三北航业集团创办于 1915 年,是当时我国最大的商办航运集团,总吨位为 9.1 万多吨,约占全国民族航运业总吨位的 1/7。虞洽卿将行业集团取名"三北",是因当时称慈溪、余姚、镇海一带为三北,现在的慈溪亦称三北。第一次世界大战中,趁外国商船调回欧洲参战之际,三北公司拓展了沿海和长江中上游航线,又收购英商鸿安公司,更名为鸿安商轮公司。虞洽卿利用四明银行的贷款,购买旧轮翻新再进行抵押借款,由此规模逐渐扩大。1921 年,三北航运集团已拥有 18 条轮船,行驶于上海—天津、大连—福州、上海—广州 3 条航线,成为当时我国规模最大的私人资本航运集团,虞洽卿也因此成为上海航运巨头。傅其霖在服务三北航运集团过程当中专业技能突出,经营业绩显著,不久便升任水险部副经理、经理。

为增强华商承保船舶保险的力量,维护民族权益,1929 年到 1934 年,为了联合保险公司的力量,扩大承保能力,上海成立了多个联合经营的保险组织,其中就有华商联合保险公司和中国船舶保险联合会。1934 年 1 月,上海经营船壳保险的 9 家保险公司联合组建了"船舶保险团"。后来,傅其霖联合肇泰保险公司、华安水火保险公司、上海联保保险公司、太平保险公司、宁绍商轮公司保险部、中国海上意外保险公司、先施保险公司、永宁水火保险公司、联泰保险公司等进行重组,订有组织合同 11 条,聘请汤旦华为主任,主持联合营业,管理协调工作,冲破了外商保险公司的垄断和挟制,并自行制定合理的费率规章。傅其霖在中国船舶保险联合会任委员,主要工作是聘请工程专家及验船师办理修理与救助事宜。此外,傅其霖联络上海航政局组织评判及审定船员资格,此举博得各界赞誉。

在当时的航运界,若发生海难,船东、货主因已投保,可以向保险公司索赔,而船员、旅客遇难,家属失去依靠,生计断绝。鉴于此,在 1932 年春,陈干青提议首创中国海上意外保险公司,以保障船员利益。曾有资料记录中国海上意外保险公司筹建的过程:"陈干青经深思熟虑后,拟了一个有关海员、旅客的保险章程,向航业公会提出,计划初步筹资 20 万银圆,用发行'中国海上保险公司'股票的形式,分摊各执行委员会认购集资创立公司。虞洽卿提议增资为 50 万银圆,分期筹足。先交半数 25 万元,他本人认交 15 万元,其余由各委员(股东)分担。两个月内交清股款。先成立股东会,推陈干青为筹备主任,此决议在一次会议上通过后,陈干青与李子初、徐忠信如期交付股金 2 万银圆,但虞洽卿认为他做大股东,公司不会有好结果,拒交股款。股东决议案于是取消。筹股失败,陈干青毅然出资 20 万银圆,于 1932 年春独办'中国海上意外保险公司',自任董事长兼总经理。原来筹股时打算建立一个全国性的公司,筹股失败后,从实际出发,把公司范围限于上海地区。这在当时是一项新兴事业,具有一定的社会进步性。"另有资料记载:"中国海上意外保险公司民国二十一年(1932)十月成立。航运界陈干青等鉴于船舶海事频繁,船员因而丧身,为使船员得有保障,乃于民国二十年春发起筹备,得到航运界领袖虞洽卿、袁履登的赞同,又经肇兴轮船公司经理李子初、直东轮船公司总经理盛昆山、华安水火保险公司总经理傅其霖及马健行等参与发起组建,遂于当年 10 月正式成立,总公司设于上海爱多亚路(现延安东路)160 号,实收资本 20 万元。"①中国海上意外保险公司常务董事为李子初、傅其霖、陈干青,总经理陈干青。经营水火险及意外险。抗日战争后改为中国海上产物保险公司,资本金为法币 1 亿元,时任总经理为倪润身,主要经营财产保险业务,上海解放时停业。

抗战胜利后,陈干青致力于发展航海事业,在处理"江亚轮"惨案过程中表现突出。当时航海界方面的专家陈干青、秦铮如及造船工程学会叶在馥、杨俊生等均认为是"水雷攻入船体,然后在船内爆炸"。为了尽快弄清"江亚"轮沉船惨案的真正原因,1948 年 12 月,在招商局会同上海宁波同乡会和舟山同乡会处理"江亚"轮善后事宜的同时,交通部邀请了上海航政局、招商局、中华民国轮船商业同业公会全国联合会、中国商船驾驶员总会等 21 个有关机关及团体,会同组织了"江亚轮失事调查委员会"。1948 年 12 月 13日《宁波日报》刊登了报道《"江亚"轮惨案善后委员会昨日成立:推定各组人事展开善后工作,致电交部监院查究肇事责任》:"'江亚'轮惨案宁波善后委员会,经二日来之筹备,于昨日在参议会大礼堂举行成立大会,到地方绅士、机关首长、法团领袖及难属等一百六十余人,公推赵芝室为主席,由李厚瑾代理报告开会宗旨,并呼吁各界人士应一致大声疾呼,要求政府查明责任。次由脱险旅客董俊骐详述'江亚'轮出事经过。各士绅亦多纷纷发表意见,对三千殉难同胞深表悲悼,并愿尽力办求善后事宜,旋经推定,周大烈、王文

---

① 洪葭管,《上海金融志》编纂委员会.上海金融志[M].上海:上海社会科学院出版社,2003:241.

翰、沈友梅、金廷苏、赵芝室、倪维熊、俞佐宸、李厚瑾、金臻庠、陈如馨、史佩左、董俊骐、倪德昭、柳璋、洪宸笙、骆璜、李子瑜、邵天忧、周正祥等十九人为常务委员，并推赵芝室为主任委员，李厚瑾为副主任委员，分设总务、调查、经济、救济、法律等五组。推董俊骐、邵天忧、周正祥负责总务，李子瑜、倪德昭、沈友梅负责调查，王文翰、周大烈、金臻庠、金廷苏、倪维熊负责救济，洪宸笙、陈如馨、俞佐宸负责经济，柳璋、骆璜、史佩左负责法律，并通过议案如下：(一)通电致交通部、监察院、上海地方法院检察处，要求迅速查明责任，严加惩办，以息众愤，而惩不决(电文另录)。(二)电请上海善后委员会，监督招商局，从速打捞尸体送返原籍。(三)获救旅客无力返籍者，由本会代购船票，并酌量情形补助食宿费。(四)电请招商局限期打捞'江亚'轮，以明责任。(五)救济经费，函请自卫救济委员会拨付之。(六)办公费用，由常务委员捐助之。(七)下次常务会议日期定在十九日召开，会址仍设于青年馆。"通过调查，专家们认为，该轮航线正确，不可能触礁，爆炸处距锅炉房尚有 60 英尺(约 18 米)距离，也非锅炉爆炸所致。"江亚"轮被炸裂口长约 30 英尺(约 9 米)，裂口处的钢板上部向外翻出，下端却又向内凹进，形状蹊跷，缘由莫辨。传讯生还的"江亚"轮理货员，查明所载货物中并无爆炸物夹带，随身携带的小型定时炸弹，一般也不可能有这样大的爆炸当量。经多方协查，最后的意见大多倾向于误触水雷。

3.3　宁波帮与中国近代兵险业务的发展

3.3.1　晚清时期已有兵险

谷昆山、潘为治在《我国的战时兵险》(1985)一文中指出："兵险是战争环境下举办的一种特殊保险，是为了保障战争期间的生产、生活不致中断的一种有力的措施。""我国开办兵险，最早要算抗日战争时期国民党政府财政办委托原中央信托局举办的运输兵险。"但我们从查到的李鸿章与德国大使的函电资料来看，实际上在晚清时期我国已有兵险。李鸿章则是兵险的积极倡导者。1883 年到 1885 年，由于法国军队的挑衅，中国和法国为了争夺对越南的控制权而交战,史称"中法战争"。1885 年 1 月,李鸿章电告驻德大使,嘱其转告有关德国保险公司追查有关事宜。电文提出:"前闻洋沉失鱼雷,经美商捞运香港修配拍卖,望嘱保险行追查酌办。"2 月 24 日,各外商保险公司自中法战事以来,实际上拒保兵险。李鸿章指出:"已知会各国外部,似皆密允。顷沪漕员电称,各洋行商轮概停装载,米粮保险拟请停兑等语。去腊,英领事谈及怡和等运漕保兵险之说,系指途次。若未装船而有兵事,便不肯装。断非沪道等所能为力。若另筹办法改河运,亦多窒碍。各属米已运沪,河淤难行多船。法兵舰既在江口拦查,难保不经驶瓜洲口截夺。每年由沪运津漕米百万担外,商米、年米不下数百万担,北方民食攸资,法船禁运官商之米,关系大局甚重。闻俄使愿出调停,可否由署迎机善导,乞代奏。"2 月 26 日,李鸿章电令督办交涉有关保险事宜。电文如下:"顷沪漕苏局电称:去秋,英使为怡和向总署揽运漕米,苏、浙又与怡和、太古、旗昌立有保兵险据,今听法搜阻,殊与前言不符。旗昌谓美律米非禁物,已电请扬使转电该国,与法理论。闻怡和、太古亦议禀公使与生意有碍,求转请总署与英美各使商办,并令曾、郑与英、美外部力争,以助洋商等语,无论各国已否密允,似不能不争,祈速核办。"3 月 8 日,前驻德大使来电:"运旅克卜各炮、电灯珠枪、雷筒、力拂件并粤炮值四万四,保兵险四万九千镑。十日可到新嘉坡(新加坡)。今商以五千镑,购其船赴旅。倘被劫,仅失船价万镑,否则必在坡上栈,候示。"李鸿章同日复电:"坡上栈船家之误,非英令,不明写华购,法不得夺。今既保兵险,又拟购船,又虑被劫失船价,似为商所骗,请另妥议。"[①]另有 1937 年 2 月出版的《中国工商管理月刊》所载会计师王海帆的文章《投保兵险的常识》为据。文章指出:"我国整个保险事业,虽处在萌芽时代,但类似承保兵险之一种雏形,在数百年前,早已有之,即北地之镖局是也。这种组织,在逊清中叶,北方尚有存在者,可知其相沿久矣。"王海帆把兵险发展的时间进一步提前。

3.3.2 中央信托局保险部开办战时运输兵险和陆地兵险

1937 年 9—10 月,美国保险公司声明,不再承保运往中国的货物运输兵

---

① 以上皆见:顾廷龙,戴逸.李鸿章全集(21):电报—[M].合肥:安徽教育出版社,2008:424—469.

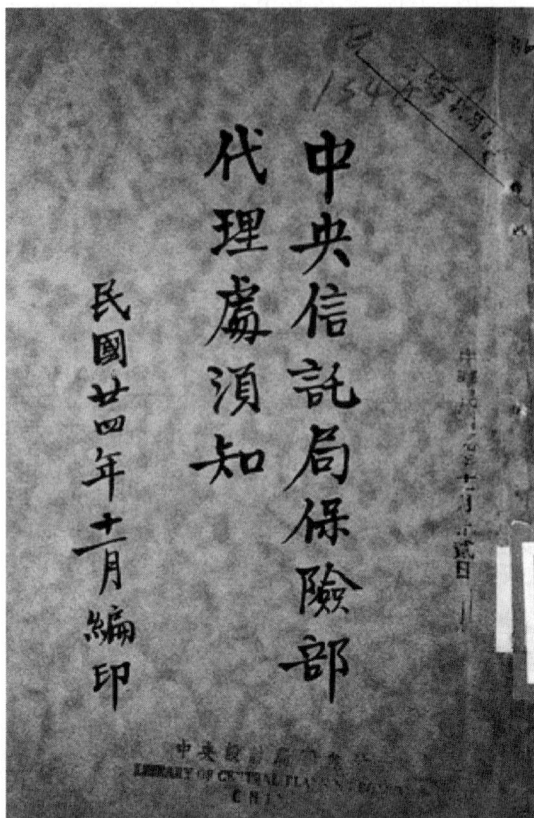

《中央信托局保险部代理处须知》(1935 年 11 月编印)

险,其他国家的保险公司也都决定不再承保兵险。上海保险业面临严峻的局面。自 1937 年 8 月 25 日中央信托局保险部开办战时运输兵险到 1945 年结束,历时 8 年,共收保险费 47971 万元,赔款为 37450 万元,年平均赔付率为 78%。尽管 1937 年、1942 年、1945 年这 3 年的赔款大于当年保险费收入,但总的来看,除去赔款及开办费、业务开支外,还略有结余。

1937 年 7 月,日本军国主义者制造"卢沟桥事变";8 月 13 日,上海抗战爆发,当时我国工商业大半集中在长江及沿海一带。为避免毁于战火,坚持长期抗战,国民党政府号召工矿企业内迁。1938 年冬,广州失守,武汉形势危急,重庆国民政府号召工厂内迁,但一部分工商界人士顾虑到内迁后,其厂房、机器、设备和物资储备会随时遭到日军轰炸,遂徘徊观望,不肯内迁。

考虑到内迁工厂物资运输的安全,1939 年夏季,国民党政府拨款 1000 万元(约合黄金 3 万两)给中央信托局,办理陆地兵险。内地工矿企业纷纷响应内迁,最典型的是工商巨子、宁波人刘鸿生将自己的企业章华毛纺织厂与大中华火柴公司均迁至重庆。

中央信托局是当时国民政府金融体系重要机构之一,成立于 1934 年,由中央银行负责筹备创立。业务限于购料、易货、储运与保险。其后,中央信托局扩大业务范围到办理军人及公务员人寿保险等项目。开办战时陆地兵险时,中央信托局保险部已在香港、上海分设了两个办事处。1939 年 12 月 8 日,中央信托局陆地兵险在重庆正式推出,这是世界保险史上的一个创举;13 日,在昆明开办陆地兵险。之后,陆续在贵阳、桂林、衡阳、韶关、万县(今重庆市万州区)、成都、广元、宝鸡、西安、兰州等地的中央银行内,派驻战时陆地兵险业务主管,拓展陆地兵险及其他保险市场;小县城及广元、兰州之外的其他三类地区不另派专员,委托当地的中央银行和中央信托局分支机构代理此项业务。

中央信托局保险部开办陆地兵险,在筹备期间遇到了很多困难。首先是国外没有值得参考的资料;其次,由于厂房、机器、设备及物资储备都固定在一个地点,又是长期的,危险集中;再次,当时国内保险同业没有能力接受再保险,外商同业也都不愿接受,分保问题无法得到解决,只好改由政府承担全部责任。

3.3.3　"十三太保"①和陆地兵险

1938 年,在武汉保卫战爆发前,20 岁的包玉刚来到"孤岛"上海,进入中央信托局保险部。

姚达人、赵镇圭撰有《关于抗日战争时期办理陆地兵险的回忆》一文,文中记载:"(中央信托局)保险部经理项馨吾由昆明潜伏上海,把详细情况告诉当时上海办事处主任姚达人。项馨吾单独通过上海保险同业公会秘书关可贵,在《保联》刊物上发布了一条消息:'某大保险公司,扩充业务,拟招聘保险从业人员若干名,派往内地工作,有志者可向本会关可贵先生面洽。'字

---

① 五代后唐时,晋王李克用手下有 13 个能征善战的儿子,均封为"太保"。13 人骁勇有谋略,为后唐开国立有大功,被称为"十三太保",当时引以为荣。

数不多,但是传播面却很广,半月内报名的人达到了百余人。项馨吾用了两个星期,分别进行了面试。择优录取了十三人,组成一支办理陆地兵险的骨干队伍,后来被保险界称为'十三太保'。"①

1939 年中央信托局选聘的 13 名业务骨干

这 13 位同志都是保险业从业人员。领队张仲良其时任职于美亚保险公司,林震峰、徐曾渭任职于中国保险公司,沈雍康任职于四明保险公司,茅子嘉任职于华商联合保险公司,周志斌任职于英商保险公司,赵镇圭任职于美商慎昌保险公司。中华人民共和国成立后,这 7 位同志为中国人民保险公司的成立和华东区人民保险事业的发展做出了重要贡献。程恩树其时任职于宁绍保险公司,中华人民共和国成立后任外贸部第一局局长。包玉刚其时任职于中央信托局保险部,中华人民共和国成立前夕去香港,后成为"世界船王"。唐雄俊时为中国保险公司职员,中华人民共和国成立后从事教学和研究工作。胡肇忠时为四海保险公司职员。沈尔元时为中国保险公

① 上海市保险学会.中国民族保险业创办一百周年纪念专集(1885—1985)[M].上海:上海市保险学会,1985:330—342.

司职员,改革开放后在香港从事贸易工作。童肇麟时为四明保险公司职员,中华人民共和国成立后在中国机械进出口公司工作。

13 位同志中,林震峰和程恩树是中共党员(赵镇圭在中华人民共和国成立初期也加入中国共产党)。"十三太保"到上海位于善钟路(今常熟路)87 号的中央信托局保险部上海办事处报到后,开始在该办事处 3 层阁楼上进行陆地兵险的各项准备工作。(见表 3-2)

表 3-2 "十三太保"陆地兵险工作时期基本情况

姓　名	工作区域	工作部门和职务
张仲良	重庆总处工作	赔款科主任,后升襄理
林震峰	派驻昆明	
程恩树	派驻桂林,后调重庆	
包玉刚	派驻贵阳,后调衡阳	
唐雄俊	重庆总处工作	
沈雍康	重庆总处工作	赔款科
茅子嘉	派驻桂林,后调重庆	
徐曾渭	派驻成都	
周志斌	派驻贵阳	
胡肇忠	派驻重庆,后调西安	
沈尔元	重庆总处工作	
童肇麟	派驻兰州、西安	
赵镇圭	派驻重庆,后调宝鸡、广元	

他们在上海中共地下党组织的领导下,在"一切为了祖国"的口号下,组成了一个坚强的团体。在当时内地大片领土被日军占领的情况下,他们跋山涉水,绕道香港,经越南辗转来到昆明,奔赴大后方进行救亡运动,顺利完成了陆地兵险的组织与筹备工作。尽管后方物资匮乏,生活比较艰苦,但这13 位同志意志十分坚定。包玉刚到云南后,在中央信托局昆明办事处保险部工作,对业务更加熟悉,工作表现也更加出色。1942 年,包玉刚任中央信托局衡阳办事处保险部主任。

1945 年 9 月 2 日,日军无条件投降,陆地兵险随之停办,"十三太保"也随后分散各地。这项爱国主义行动,在我国保险史上写下了光辉的一页。

3.3.4 陆地兵险的承保情况

3.3.4.1 陆地兵险承保范围

陆地兵险承保范围明确以存放在国内后方与抗战和民生有关的物资设备为限。作为特殊险种,陆地兵险的保险标的只限存储或坐落于抗战大后方,且同国计民生相关之存栈货物、生产工具及物资、属于工厂的建筑物三类,均各有其保额限制。基本责任是由于飞机轰炸所致的损毁及延烧损失。1943 年 5 月 3 日后修订扩充承保范围,兼顾商业行政建筑物、必要设备、运输工具,公立或私立的经政府立案之图书馆、学校、儿童保育院,以及公立医院和诊疗所等。对于保险人认为危险过大的保险标的,得向投保人说明理由,拒绝承保。修订后的陆地兵险保险责任包括:因飞机轰炸射击、空战及防空炮火所致之损毁及延烧之损失,但轰炸震力所毁之玻璃窗户装修及货物包装或质量上之损失除外;因从事消灭前项灾害而致损毁之损失。以下事项不予承保:军政当局命令破坏及征用之损失;灾害发生时之偷窃或劫掠之损失;一般火险之损失;其他不属"保险范围"之损失等。

3.3.4.2 陆地兵险基本费率

陆地兵险各项费率由中央信托局根据危险程度和市场情况随时拟定,报请国民政府财政部核准。凡投保标的,若无附带之加减费条件,一律按定额比例计费,基本费率为 0.50%、0.75% 和 1%。另外按照建筑等级、占用性质及坐落地点计算加费,但最高不超过 1%。这一标准适用于重庆、桂林、衡阳等一类地区;二类地区如昆明、贵阳、韶关、万县、成都、宝鸡、西安等,可优待 25%;其他城市均为三类地区,可优待 50%。凡长期投保或有特殊贡献的工业,还可以特殊优待。保险期限均为 1 个月,保险费须先缴,中途退保不予退费。

由于陆地兵险的出险率较高,而空袭程度又因时而异,所以基本费率不能采用常规的按年计算办法,改为按每百元按月计算。陆地兵险开办之初,遭空袭密集度颇高,因此基本费率定为每 100 元 4 角,后来日军空袭出动频率降低,经过 3 次改订,到兵险结束时减为每 100 元 2 角。

3.3.4.3　陆地兵险承保区域

陆地兵险承保区域遍布大后方14省各主要城镇,以川、滇、陕三省为重点区域。据姚达人、赵镇圭回忆:"1939年12月7日,陆地兵险业务首先在重庆开办。同月13日在昆明也开展了这项业务,各工矿企业纷纷投保,极为踊跃。1940年年初,中央信托局保险部搬迁至重庆打铁街(系加拿大以美教会办的文德女中旧址)204号办公。为适应各地要求,就在大后方全面开展业务,先后又在贵阳、桂林、衡阳、韶关、万县、成都、广元、宝鸡、西安、兰州等地的中央银行内,派驻战时陆地兵险业务主管员,办理陆地兵险及其他保险业务。小县城及其他三类地区不另派专人,委托各地中央银行和中央信托局分支机构代理。"①承保区域依危险程度列为三类:一类地区为重庆、桂林、衡阳等;二类地区为昆明、贵阳、韶关、万县、成都、宝鸡、西安等;凡未列入一、二类地区者均为三类地区。

3.3.5　陆地兵险的推进措施

陆地兵险事业的健康发展,得益于以下四个方面。一是国民政府相继制定出台了《战时保险业管理办法》《中央信托局办理战时兵险办法》《承保战时陆地兵险说明书》《战时陆地兵险限额说明》《陆地兵险保费减费优待范围》《运输工具承保陆地兵险办法》《民营公司代理陆地兵险原则》等许多法令法规。同时,政府强化了专项业务监督。1938年,中央信托局为确保运输兵险业务的开展,聘请了一些保险专家和财政、经济、交通各部代表,联合组成战时兵险顾问委员会,履行督办之责。1941年7月,陆地兵险开办后该委员会改组为战时兵险审核委员会,专司兵险业务审核及赔偿事宜,助推并规范陆地兵险业务发展。二是宣传得力。当时在重庆工作的一些电影界著名人士舒绣文、张瑞芳、秦怡、陶金、顾而已等,都曾为战时兵险壮势,在舞台上做过主旨宣传。三是条款比较接地气。陆地兵险开办后,由于其保险服务适合于战时工商企业迫切需要,费率合理、条款明晰、办法简便,所以拓展迅速,逐渐为社会各界所接受,赢得广泛好评。四是鉴于大后方范围广,保险

---

①　上海市保险学会.中国民族保险业创办一百周年纪念专集(1885—1985).上海:上海市保险学会,1985:330—342.

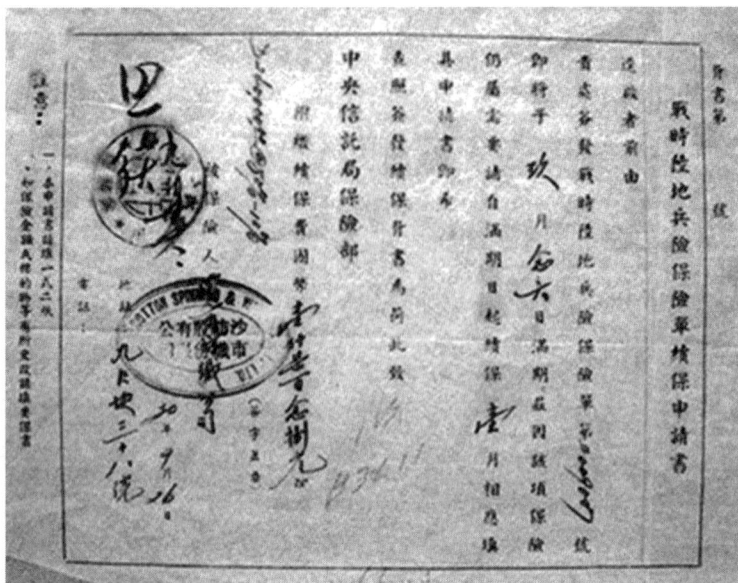

《战时陆地兵险保险单续保申请书》,票面信息显示,被保险人为"沙市纺织股份有限公司",因"第0009007号"战时陆地兵险保险单即将于(民国三十年)九月二十六日满期,"兹因该项保险仍属需要,请自满期日起续保壹月,相应填具申请书","即希查照签发续保背书为荷","附缴续保费国币壹仟柒佰念捌元正"。经过审核,添加"照续"批注,并钤盖"中央信托局保险部"蓝色印章。

公证行较少,中介办理赔案规程未能健全完备,且由于战争时期通货膨胀,物价变动很快,如按程式委托授权辗转理赔会拖延时日,引发争执,影响行业声誉,因此中央信托局决定将审查投保、承保、理赔合而为一,尽量自行查勘,"以求翔实而杜流弊",要求依据保险单条款迅速有效理赔。为此,1942年中央信托局还在重庆公开招考学员50人,举办兵险理赔人员训练班,结业后充实到各分支机构,以解决理赔人员匮乏的燃眉之急。

3.3.6 陆地兵险的几笔赔款

陆地兵险业务量增加后,出险案件随之增多。最大的两笔理赔,分别出自重庆和宝鸡。

第一笔赔款是1941年6月的"重庆大轰炸"。1939年5月3日下午1点过后,日本海军第十三航空队2个中队和第十四航空队3个中队共45架三菱九六式陆地攻击机空袭重庆，在 1 点 17 分进入市区上空投弹。这是日本海军航空兵对重庆的第一次大规模轰炸。日军 45 架轰炸机对重庆人口密集、商业繁荣的市中区连续轮番轰炸，投掷爆炸弹 98 枚、燃烧弹 68 枚，市中区 27 条主要街道有 19 条变成废墟。日军通过核实轰炸效果的侦察机报告和照片判读，决定更加广泛地使用燃烧弹。5 月 4 日，27 架日机再次空袭重庆。这一次，日机临空投弹给重庆造成重大损失和伤亡。国泰电影院被炸，当场炸死 200 多名观众，全市 37 家银行有 14 家被毁，古老的罗汉寺和长安寺也被大火吞噬。据不完全统计，两次大轰炸中，日军轰炸机共炸死 3991 人，炸伤 2323 人，损毁建筑物 4489 栋，致使约 20 万人无家可归。1940 年，日军飞机对重庆加紧进行轰炸，这时陆地兵险保额超过三分之一的标的物集中在重庆。到 1941 年 5、6 月，日军愈发丧心病狂，竟每天出动上百架飞机，进行地毯式轰炸。仅 6 月 19、20 日两天，在市中心小梁子、大梁子一带掷下大量燃烧弹，闹市商业区顿成一片火海，楼毁人亡，财物几乎全被焚毁。位于打铁街的中央信托局陆地兵险总部大楼，也被炸掉了一角。设在郊区的章华毛纺厂、申新纱厂，以及中共地下党员卢绪章开办的广大华行，亦遭炸毁，损失巨大。中央信托局为此支付的赔款总额高达数百万元。由于敌机轰炸频繁，商店纷纷疏散，市民购物出现困难，人心浮动。为稳定社会，打击黑市，保证市民基本生活必需品的供给，重庆市社会局呈请国民政府批准，指定 500 家商店，由中央信托局开办重庆陆地兵险——"指定商店兵险"，承保货物以生活必需品为限，门市每店为 5000 元保额，联营商店为 5 万元，公卖处门市货物为 2.5 万元限额，在实施中发挥出极好的鼓励营业、稳定物价作用。此后随着物价上涨，保额亦相应增长。

第二笔赔款支付给了陕西宝鸡的申新四厂和福新五厂。申新四厂由"中国纺纱大王"荣宗敬、荣德生兄弟创办，全面抗战之初由武汉内迁至陕西宝鸡。1942 年 5 月，该厂厂房棉纱仓库被日机投弹击中，福新五厂遭炸损失也十分惨重。时任中央信托局保险部襄理兼理赔科科长的张仲良奉命前往勘察处理，面对复杂的灾后局面，在宝鸡分局兵险业务主管员赵镇圭的协助下，有条不紊地清理残损物资，细致审核损失，依规合理定损，最后提出的理赔方案得到中央信托局与申新四厂、福新五厂资方双方的认同，均表满意，核定支付赔款金额 30.2522 万元，发电站被炸，核定支付赔款金额 67.6575

万元。这笔赔款资金成为申新四厂和福新五厂浴火重生的"救命钱"。由于赔款迅速,两厂只停工一个星期便迅速重建和恢复生产。此次理赔产生了良好的社会反响,树立了国营保险的诚信形象,增加了社会各界对保险业的认同。

3.3.7 陆地兵险的作用

陆地兵险的开办,对工厂内迁、发展后方经济、充实战争资源起到了一定作用,是中国保险业在抗日战争时期的一大贡献。战时陆地兵险由于办法简明,费率合理,在业务经营上也取得了比较好的效果。从 1939 年 12 月开办,到 1945 年 8 月日本投降后停办,这一时期保险金额高达 279 亿元,保费收入 2.3 亿元,赔款支出 3999 万元,赔付率为 17.4%。(见表 3-3)由于基金自始至终未曾动用,一切开支费用均由中央信托局保险部承担,因此该项业务实现了盈利,预计盈利不会超过 1000 万元。后来这笔盈余按照官方价格购进一批外汇。

表 3-3　1939—1945 年陆地兵险业务统计表

年　份	保险金额/万元	保费收入/万元	赔款支出/万元	赔付率/%
1939	811	10	—	—
1940	107917	1354	1281	94.6
1941	282629	3205	1452	45.3
1942	470983	3941	14	0.4
1943	671804	5200	414	8.0
1944	880377	6935	572	8.2
1945	374914	2381	266	11.2
合　计	2789435	23026	3999	

3.4 宁波帮与中国近代保险中介业务的发展

中国近代保险中介始于洋行和银行的保险代理,随后有了保险经纪人和保险公估行。

3.4.1 朱晋椒和保险经纪人制度

保险经纪人也称"经理员",或称保险"掮客"、保险"跑街"。其基本职能是给保险公司介绍业务,在要保人与保险人之间进行斡旋,促使保险合同签订成立,并为此向保险人收取佣金赖以生活。保险经纪人代表投保人和被保险人的利益选择保险人,代办保险手续,诸如投保单和保险单的递送、保险费的收取等,都由经纪人办理,他们就被保险人投保财产的性质、坐落地址、保险金额、保障要求、保费交付或投保人寿保险的被保险人身体健康状况等对保险公司负有诚信责任。以上都属于国际惯例。除保险代理人之外,投保人基本上由保险经纪人或经纪人公司招揽而来,很少有主动去保险公司参加保险的。

1898年(光绪二十四年)6月30日,经洋商保险同业公议,定于次年9月3日设立"火险掮客公所",公布章程,规定登记、限制折扣、违章罚款。因该公所既非合法的正规社团,章程也非法规性质,缺乏权威性,故保险公司特别是一些外商保险公司对其视而不见,所以掮客公所自始就未发挥作用。1936年之前,政府没有实施保险法,亦未制定和发布保险经纪人管理办法,对经纪人的资格从未作过规定,故凡能为保险公司介绍业务者,都可以保险经纪人自居。保险公司所延聘的经纪人,无需资格证书,既不签订合约,也不必交付保证金,只要有保险业务,即可聘为经纪人,保险业务量大者,还可冠以"业务主任""业务襄理""业务副理""业务经理"甚或"副总经理"的空头名义,领取特别折扣和津贴,如车马费、交际费等暗佣。大经纪人用特别折扣笼络若干小经纪人附其名下。他们视哪家保险公司给予条件优惠,就给哪家公司做经纪人,今年可以为某几家公司做业务,明年则换另一家公司,以保险公司给予待遇高低决定其去向。亦有这段时间做经纪人,下个月另有高就不做经纪人的,失业者往往就操"保险跑街"混口饭吃,系没有任何组织管理的自由职业者。当时,国内保险业竞争激烈,但在既无政府法令规范,又无相关组织管理制约的情况下,经纪人只顾招徕保险业务获取佣金,不管被保险人和保险人利益,导致保险市场出现不择手段、尔虞我诈的混乱局面。华商组织的上海市保险业同业公会有鉴于此,于1936年会同洋商组织的上海火险公会,针对时弊,研究解决措施,制订了《保险经纪人登记管理规章》,由两公会同时公布,于同年5月1日起施行,组织"华洋保险联合委员会"为该规章的主管机构,并负责解释与实施事宜。《保险经纪人登记管理规章》的主要内容:①保险经纪人乃指个人或行号依据规章向上海市保险业公会或上海洋商火险公会登记领得登记证者,所有经纪人、买办及招揽生意者均包括在内;②公会会员除对已登记的经纪人外,不得付佣金给任何个人或行号;③所给登记经纪人的佣金限度,不能超过投保险人缴纳保险费实数的20%;④凡公会所规定火险保价,须详载于各火险保险单上或续保收据上,所有折扣或临时特别折扣,均不得超过85%,且须分别详注于各单上,投保险人所纳保费的实数,亦须在结单及保费收据上注明;⑤会员和认许经纪人,不得以任何方法直接或间接发还回扣予投保险人;⑥为保证认许经纪人履行责任,认许经纪人须在公会缴纳保证金国币(法币)500元;⑦经纪人如有违犯规章情事者,每次须受国币(法币)50元以下之罚款或撤销登记证等。当时登记领证者200余人。1936年2月24日,上海市保险业同业公会第十次执委会讨论华洋联合委员会拟订的《火险经纪人登记与管理规章草案》。同年4月,两公会通过了华洋联合委员会制定的《火险经纪人登记与管理规章》(共6章37条),其中规定:①禁止经纪人非法发还回扣与被保险人;②限定经纪人之营业资格;③限定经纪人佣金,为实收保费的20%;④举办经纪人登记,凡非登记者,不能吸取佣金;⑤限定登记经纪人之责任。1936年4月1日,上海市火险经纪人开始进行登记。1936年4月9日,上海市保险业经纪人公会要求与上海火险公会及上海市保险业同业公会举行联席会议,由三方协议修订《火险经纪人登记与管理规章》。1936年5月1日,上海市保险业同业公会与上海火险公会联合制定的《火险经纪人登记与管理规章》开始施行。其中规定:"上海市保险业公会与上海火险公会承保本市华人物产之各种火险,均按公会定价;限制经纪人之佣金,使不得超过实收保费 20%；规定最低之折扣，使不得超过保价 85%。"以上海英商××保险公司为例，其 1925—1936 年给予保险买办的火险折扣情况如表 3-4 所示。

表 3-4　上海英商××保险公司 1925—1936 年给予
保险买办的火险折扣情况

年　份	火险折扣
1925	75%
1926	75%
1927	77.5%
1928	80%
1929—1930	82%
1931	84%
1932	85%
1933	86%
1934	87%
1935—1936	88%

1936 年 5 月 5 日，上海市保险业同业公会应国民党政府立法院委员马寅初函请，推举胡詠骐等 6 人出席保险法修订会议。

1936 年 5 月 19 日，《申报》登载了一则以上海市保险业同业公会及上海火险公会名义刊登的公告，即火险保价及保费收据改填实价收费不折不扣之公告。同年 6 月，上海市保险业同业公会设立医务委员会（由各寿险会员公司医务主任所组成）和精算委员会。同时开始酝酿成立经纪人公会组织，提出以"联络感情，交换知识，增进互助精神，共谋同业福利"为宗旨。经过数月的筹备，1936 年 12 月 6 日，由朱晋椒等人发起成立上海市保险业经纪人公会，选举执行委员 21 人，监察委员 11 人。朱晋椒任主席，郭佩弦、王梅卿、李百祥、潘垂统为常务委员。会员有 200 多人，事务所设在上海市河南路 459 号恒利大楼。订有公会章程共 9 章 27 条，其中第 4 条规定："在法律未规定保险经纪人资格以前，凡在本市介绍保险业务，由本会会员资格审查委员会审查合格，并经执行委员会通过者，方得为本会会员。"该会成立后，在谋求同业福利、提高会员学术修养、调解和排除纠纷方面做了一些工作，推动了保险经纪市场的规范化发展,保险经纪市场呈现出一番新景象。如当时保险界知名人士朱如堂指出:"上海经纪人登记规章之得以付诸实行,实为吾同业合作之伟大收获。施行之初,虽有一二违章背约之举,大多犹能绳以制裁。当时吾同业咸抱相当乐观,以为此乃吾业步入正规之嚆矢,日后得以同样设施,逐渐推行于全国各地。"①截至 1936 年年底,登记保险经纪人358 人。

1937 年 1 月 17 日,国民政府修正登记领证办法,注册费由 1000 元(法币)改为 1 万元,保证金提高到 30 万元。由于通货恶性膨胀,保险公司为了竞揽业务谋取生存,更是不择手段拉拢经纪人,滥放折扣和回佣,保险市场严重混乱。

抗日战争胜利后,按照 1944 年《保险业代理人经纪人公证人登记领证办法》,于 1946 年年底登记领证的中外保险代理人有 42 人。

1949 年 5 月上海解放,上海市军管会金融处发布保字第六号训令,规定各种保险费应按正式保险单上所载之保险费数额,实足照收;经纪人佣金,火险不得超过 20%,水险不得超过 10%;保险费须于保单生效日 7 天内缴付,保险公司不得以任何名义给予津贴。通过严肃整顿,收到实效。在以后对保险业的改造过程中,保险经纪人制度逐步取消。

3.4.2 潘垂统和潘安记保险事务所

上海唯一正规的保险经纪人要数潘垂统主办的潘安记保险事务所。该事务所设有固定办公处,制度健全,服务周到,聘有郁品芳、陆文祥等 6 名工作人员,专门接洽火险业务,钻研保险学识,向保户递交保险单和收取保费,并编写《投保须知》《火险常识》《防火知识》等分送保户,宣传保险知识与提供防灾服务。

---

① 中国保险学会,《中国保险史》编审委员会.中国保险史[M].北京:中国金融出版社,1998:88.

4 宁波帮保险公司的经营管理

4.1 宁波帮保险公司经营之道

4.1.1 华兴水火保险公司经营之道

1905 年 5 月,华兴水火保险公司在上海开业,总公司设在上海外滩 7 号,主要经营范围为火险和汽车险等业务。华兴水火保险公司在民国初年进行了改组,自此隶属于中国通商银行。1933 年 10 月 16 日,公司始领到民国政府实业部颁发的正式执照。抗日战争胜利后,没有列入清理名单,亦未复业。华兴水火保险公司的经营管理中较为突出的有以下六个方面。

一是良好的公司治理结构。公司主要发起人为当时上海商会会长曾少卿和朱葆三。参与发起组建的还有周金箴、王一亭、陈辉庭、沈仲礼(敦和)、沈联芳、顾馨一、严筱舫。曾少卿、朱葆三、严筱舫任总董,徐润、谭干臣、施子英、谢纶辉、周金箴、苏宝森为董事,陈辉庭为总理,严子均、吴涤宜为经理。日伪时期,董事长为傅筱庵,总经理为厉树雄。上述管理人员大部分是中国通商银行高级职员。

二是广泛设立代理机构。公司在杭州、宁波、南京、镇江、营口、汉口、厦门等地设有代理机构 26 处。1912 年,天津老顺记五金商号代理华兴水火保险公司业务,经营火险,这是华商最早设立的保险代理处之一。1925 年,华兴水火保险公司在宁波设立了代理处,代理人为余润泉,办公地址在江北岸中国通商银行宁波分行内。1941 年宁波沦陷后,中国通商银行宁波分行迁至内地,华兴水火保险公司代理处随之停业。在杭州代理处有两处:一处在花市路洪福桥,经理蒋甘棠;一处在清河坊中国通商银行兑换处,经理徐慕原。

三是有雄厚的资金实力。公司成立时,实收资本额为规银 50 万元。

四是通过分保拓宽业务。华兴水火保险公司开办初期,营业状况不错,有些保户不需要掮客招徕而自行到公司投保。但是,由于华商同业少,分保不易,因而自留保额大,所负风险甚重,盈余较少,再加上洋商保险公司倾轧,不批给华商保险公司外保额度,以致后者不能接受较大的保额。后来经过陈辉庭多次交涉洽商,洋商才开始允许做华商外保业务。1933 年当年,公司取得保费收入 2.7 万余元。

五是成立火险公会。1907 年,华兴等 9 家上海华商保险公司发起组建了华商火险公会。这是中国第一家保险团体。

六是强烈的广告意识。华兴水火保险有限公司推出的月份牌广告不仅详尽地介绍了公司的负责人、地址、经营实力、机构分布、经营内容,而且以华商公司的爱国之情,拉近了与国内保险消费者之间的距离。

4.1.2 中国保险公司经营之道

1931 年 11 月 1 日,由中国银行总经理宋汉章发起,中国保险公司在上海成立,并通过了《中国保险公司章程及细则》。其股东大部分为中国银行高级职员及银行界人士。宋汉章担任中国保险公司的总经理后,迅速采取了以下一些措施,保证了中国保险公司的健康发展。

一是稳定人心。由于保险业盈亏难测,待遇较低,公司职员士气比较低落。为了鼓舞士气,宋汉章起早贪黑,兢兢业业,经常利用休息时间与职工谈话,了解情况;工作时间,凡是公司职员,不论职位高低,均予亲自接见;将自己的薪水分发给困难职工,从未往家拿过一分钱。全体职工被宋汉章的行为所感动,涣散的人心在极短的时间内凝聚起来。

二是不断增加资本金。1931 年公司成立时,资本实收数已达规银 250 万元,后增至 500 万元。1947 年 6 月,资本金增至 2 亿元;10 月,增资为法币 100 亿元。1949 年 3 月,增资为金圆券① 1000 万元。

三是广设机构。当时的中国保险公司既无资产又无经费,可谓百废待兴。宋汉章以中国银行的分支机构为依托,在各地中行内附设外埠经理处,派熟悉业务者担任保险业务主任,常驻当地。精明的宋汉章不费分文便拥有了全国范围的营业网点。到 1934 年年底,中国保险公司在全国范围的外埠经理处、代理处多达 85 处,并在新加坡、西贡、马尼拉、曼谷、吉隆坡、伦敦、仰光等地设立分支机构或经理处、代理处。

四是丰富保险产品。中国保险公司成立初期,主要业务有一般保险业务、再保险业务,由于以经营火险为主,与其他公司竞争激烈,公司基本上无利可图。宋汉章接受员工的建议,开办了许多险种。在一般保险业务方面,率先开办了纱险、茧子险、奶牛险、电梯险、柜窗玻璃险、船壳险、水上运输险等险种。1933 年 7 月,设立人寿部,又增加了人寿保险业务。经营人寿保险业务的品种有终身人寿保险、储蓄保险、人身意外保险、劳工保险、雇主责任保险等。抗战胜利后,中国保险公司为了拓展业务,新增向国内工商企业发放贷款的业务,其规模和影响几乎等同于一家中型银行,通过这项业务和客户加强了联络,带动了一些新的保险业务。1949 年,中国保险公司为配合人民政府反封锁、反轰炸政策,适时开办了运输兵险、航业员工兵险和小额船壳兵险 3 项政策性的新业务。

五是拓宽了再保险渠道。为了控制风险,公司严格核保,实地查勘每笔业务,并确定自留额,对超过承保能力的部分予以分保。例如,中国保险公司和以英商太阳保险公司为首的各家保险公司,承保 20 条线(即 20 倍于自留额)中的 10 条,中国保险公司自留保额最高为 1 万元,凡在约定范围内的

---

① 金圆券,国民政府在货币崩溃时发行的替代法币的一种纸币。金圆券的正式发行始于 1948 年 8 月 19 日,每元含黄金 0.22217 克,发行额以 20 亿元为限。金圆券与法币的兑换率为 1 元金圆券兑法币 300 万元。3 个月后,国民政府又对金圆券发行办法进行修正,将每元含金量减少了 4/5,并取消最高发行额的限制,金圆券继法币发行之后又开始了天文数字的发行。中华人民共和国成立后,金圆券为人民政府收兑。(引自:厉以宁.市场经济大辞典[Z].北京:新华出版社,1993:16.)

溢额都可自动放入，不必经过逐笔洽商。后因业务发展，又由太阳保险公司带头订立第二固定溢额分保契约。1942 年，中国保险公司与太平保险公司、保丰保险公司、兴华保险公司组成分保联合办事处，四家公司互相分保，使四家公司各自不同的分保渠道所能接受的分保额合在一起，作为共同的承受保额，既增强了分保业务能力，又减少了向国外保险公司的分保额。同时，中国保险公司与中央信托局、太平保险公司、裕国保险公司组成四联盐运保险总管理处，由这些公司分担一部分保险业务。1942 年 11 月 1 日，中国保险公司、宝丰保险公司、泰山保险公司、中孚保险公司、长城保险公司、华业保险公司、兴华保险公司、新丰保险公司、中一信托公司保险部、大华保险公司共 10 家华商保险公司成立理事会，并设立久联保险集团及其办事机构。1944 年，中国保险公司与太平洋产物保险公司、宝丰保险公司、恒昌保险公司四家保险公司合办广西省盐运保险，同伦敦保险经纪处签订预约分保合同，规定最高限额以每拖木船不超过 966 万元，分保佣金为 10%。中国保险公司在经营中放手承保巨额业务，业务日益发展。

六是借势公关。在中国保险公司发展进程中，有这样五件事情起到了巧妙借势的公关宣传作用。第一件事情是赔款给遭受火灾的申新四厂。1933 年 3 月，湖北汉口荣氏家族的申新四厂突遭大火，损失达 200 余万元，中国保险公司如果全部照赔，约赔付公司实收资本的 80%。申新四厂主要是荣宗敬的股份，约占全部股份的半数以上。宋汉章是一个非常守信的人，特派经理陈伯源立即赶赴汉口核实损失。幸有以太阳保险公司为首的各分保公司遵守契约规定，主动承担责任，汇来应负担的赔款，连同中国保险公司自身应承担的部分赔款，迅速、及时地全额赔偿给申新四厂，使之得以在短时间内重建，恢复生产。

荣氏家族为表示感谢之情，特在上海《申报》《新闻报》上刊登了通篇的鸣谢启事，实实在在地为中国保险公司做了一次十分生动的宣传。根据同业公会规定，保险公司不得自登广告、自我宣传。荣氏家族的鸣谢，无疑起到了广告的作用，使中国保险公司信誉倍增，客户纷至沓来，业务量成倍增加。中国保险公司在当年不仅未亏损，而且出现盈余，同时，宋汉章在金融业的声望也如日中天。华商保险公司深受其惠，往日只愿为洋商公司招徕业务而对华商公司心存轻视的专业保险经纪人，开始改变态度，积极为华商

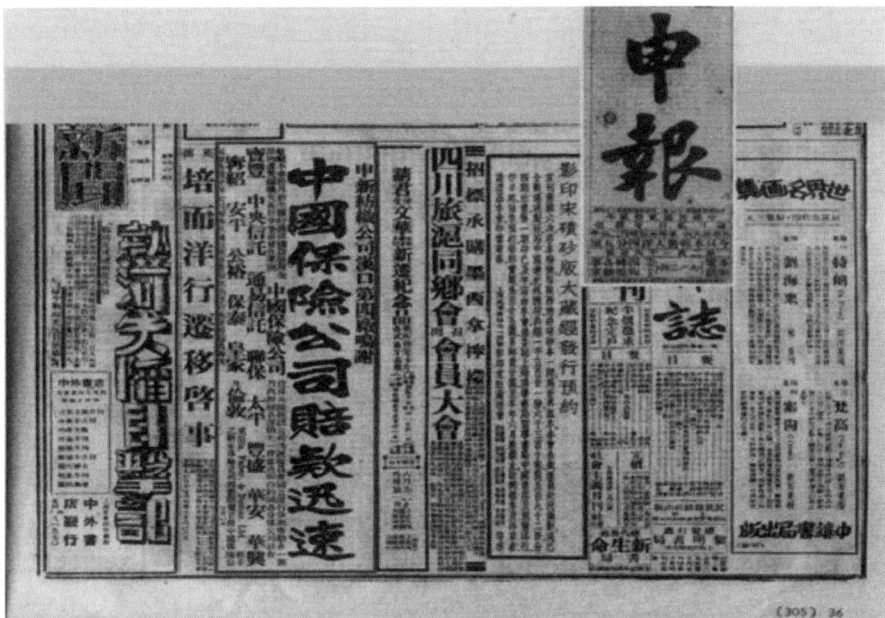

《申报》刊登通篇鸣谢中国保险公司的启事

（图片来源：《中国太平发展简史（1929—2014）》第 34 页）

保险公司服务。

　　第二件事情是为对外演出剧团提供团体保险。1935 年春，我国京剧泰斗梅兰芳先生应苏联对外文化协会邀请，率剧团赴苏联演出，著名电影演员胡蝶同时出席莫斯科首届国际电影节。出发前，梅兰芳代表剧团与华安合群人寿保险公司、中国保险公司签订了赴苏剧团团体保险合同。合同签订日期为 2 月 20 日，即梅兰芳剧团赴苏前一天。每个人的保险金额为银币5000 元整，由华安合群人寿保险公司、中国保险公司两公司联合各半承保。这份保单充分说明，在 20 世纪二三十年代，保险意识在上海已深入人心。

　　第三件事情是为中国奥运代表团提供保险。为迎接 1936 年 8 月举办的第十一届柏林奥运会，中国共派出 69 名运动员（男 67 人，女 2 人）参加田径、游泳、举重、拳击、自行车、篮球和足球 6 个大项的比赛，中国保险公司独家为参加第十一届柏林奥运会的中国代表团提供了保险服务。

　　第四件事情是赔偿"江亚"轮事件死难者家属。1948 年 12 月初，招商局行驶沪甬线的"江亚"轮在东海近海突然沉没，失事蒙难者达 3100 人左右，

1935 年春,梅兰芳(左二)与胡蝶(右一)一同赴苏联访问

(图片来源:《良友画报》1935 年第 105 期)

群众欢送中国代表团出征柏林奥运会

其死事之惨烈,遇难人数之众多,在国际客运史上也是史无前例的。在遇难人数中,有二三十位死难者在中国保险公司保有人身意外险。按保险条款规定,该项意外事故所致的死亡不包括在原承保责任范围之内,但为照顾死难家属的生活,中国保险公司破例给予了赔偿。

沉没的"江亚"轮

第五件事情是公司更名。1931年创设时定名为"中国保险股份有限公司";1944年10月,国民党政府财政部规定将中国保险公司改组为中国产物保险公司,12月27日,正式更名为"中国产物保险股份有限公司"。

七是加强海外业务的发展与管理。1951年,中国保险公司总管理处迁至北京办公,解决了长期困扰中国保险公司的组织机构和人员配备的问题,加强了对海外分支机构的管理。从此中国保险公司以东南亚为工作重心,以发展私营外币业务和面向海外广大侨胞服务为主要任务,正式完成了向国家专营外币业务的专业化公司的转变。

4.1.3　大华保险公司经营之道

1927年3月19日,由陈光甫、刘鸿生、潘学安等人发起,以上海商业储蓄银行为主投资筹建了大华保险公司,它是银行资本与实业资本合作经营的成果。刘鸿生、刘吉生两兄弟占股合计6万元,其他小股有1万元。大华保险公司开业后,先后在南京、宁波、营口等地设立保险代理处,员工仅有8

1951年6月，中国保险公司总管理处改组后召开董监事会议通知

人。潘学安过去在美商美亚保险公司工作数年，后又任美商友邦保险公司副总经理，因此，在保险业务方面和伦敦、纽约等外商保险公司素有联系。大华保险公司成立以后，潘学安采用科学管理办法，并首先与外国公司订立分保合同，可以不受资本限制发展保险业务，除了自留额外，其溢额部分分转出去。因此，大华保险公司从诞生之日起就非常依赖外资保险公司。由于大华保险公司平时经营比较谨慎，遇到有客户投保，必与同业进行分保，故每年均有盈余。1927年到1933年，共收保费69万余元，除付出转保费、赔款费及各项开支以外，历年盈余总额达22万余元。1936年，大华保险公司依照国民党政府公布的《中华民国保险法》，将资本由12万元增至20万元，以历年滚存盈余充数。该年保费收入10.8万余元。1946年9月，增资

为法币 3000 万元。1947 年 8 月,增资为法币 1 亿元。大华保险公司虽然历年有盈余,但是业务发展不快,甚至逐渐萎缩。主要原因有三个。一是有的企业向银行借款,用财产或货品做抵押,而银行大多数开设了保险公司,因此这些抵押品只能在银行指定的保险公司投保。刘鸿生名下的不少企业大多向银行借款,所以能在自己办的保险公司投保的越来越少。二是刘氏所属企业的负责人,为了在保险中得到一些好处,多数愿意向其他保险公司投保。三是刘氏所属一些企业,如火柴厂,因危险性强,大华保险公司为自身经营稳定性考虑,也不愿意接受承保。因此,只有刘鸿生账房逐年将刘鸿生的财产及部分企业的资产进行火险投保。从总的情况看,大华保险公司在刘氏企业经营中所起的作用不大。随着竞争越来越激烈,急于自保的大华保险公司发展更加缺乏动力。

4.1.4　民安产物保险公司经营之道

一是开设分支机构、拓展业务。1943 年 11 月民安产物保险公司正式开业后,民生实业公司便将所有 50 余艘轮船的运输险业务全部交给民安承保,为其发展奠定了坚实的业务基础。为全面拓展业务,民安在四川内江设立了分公司,聘请糖业公会负责人为经理,承揽了内江糖业运输及各制糖厂的水火险。此后,民安在昆明设立了分公司,在成都、贵阳、西安、自贡、盐都、泸州、宜宾、合江、资中等地设立分支代理机构。随着业务的蓬勃发展,民安在大后方保险业中的名声和影响越来越大。

二是充实、调整干部队伍。1944 年 12 月,杨经才因病去世。1945 年 5 月,公司常务董事会推举卢绪章继任总经理,公司名声大振。当时正在重庆的冯玉祥先生还为此事送来题词一副:"人民为主宰,科学是救星。"为了充实党的力量,卢绪章对公司的中层干部进行调整,特调衡阳的中共地下党员程恩树同志到民安任业务处处长,加强了中共地下党对公司的经营管理权。

三是改善民安保险职工的生活。面对通货膨胀与物价暴涨,卢绪章利用民安的资金与保费盈利 10 万美元,在工矿银行重庆分行副经理包玉刚和中央银行处长卢孟野协助下,进行黄金美钞买卖,以保存经济实力;又以为民安同人谋福利的名义,开设民益商行,经营内江白糖、木耳、黄花菜等土特产购销业务,用商行的利润来安定和改善民安保险职工的生活。

四是东迁上海、扩大规模。1945年9月抗战胜利后,民国政府政治经济重心东移。根据形势的变化,经中共中央同意,广大华行总行和民安产物保险公司东迁上海、扩大经营。当时,外商保险业,首先是美商保险公司企图重新垄断中国的保险市场,而一些官僚资本投资的保险公司凭借各自的政治背景和经济实力,又控制了一部分保险业务。再加上法币贬值,民国政府一再颁布政令,保险公司维持营业必须不断增资。民营保险公司因业务萎缩、保险业务和技术人员不断分化而处于附庸地位。各保险公司为承揽业务,竞争激烈,钩心斗角,花样翻新。刚刚迁到上海的民安要站稳脚跟,拓展业务,实非易事。在这种形势下,民安调整并扩大分支机构,将重庆、天津、汉口三个分公司改为华西、华北、华中三个区公司。随即又在南京、广州、青岛、沈阳、长春等地建立新的分公司或代理处,由总公司派人员或就地延聘有声望的商界人士负责经营。同时,民安紧紧依托广大华行并通过民孚企业公司开辟国外保险业务。随后,又与美亚保险公司建立了合约分保关系,一时业务蒸蒸日上,令同业刮目相看。1946年年初,民安又将附属企业民益商行扩充为独立经营的民益运输公司,总公司设立于上海,由民生实业公司副总经理童少生出任董事长,王应麒任总经理。民益运输公司利用民生实业公司的关系在国内一些重要的口岸设立分支机构十余处,并建立起了轮船、铁路、飞机等相衔接的联运网络。由民益运输公司代办向民安投保运输险,不仅手续简便,而且服务周到,因而受到客户欢迎。

五是建造办公大楼,彰显公司实力和形象。民安产物保险公司在筹备期间,即在重庆繁华地区建造了一座三层办公楼,楼宇高敞,十分引人注目。1946年2月,民安产物保险公司总公司租下在今延安东路中山东一路(外滩)1号,原英商亚细亚石油公司大楼底层的全部房屋用于办公,并正式对外营业。

六是创设联安、投资大安,扩大影响。1947年,为吸引更多的保险经纪人协同承保,民安又设立了联安产物保险公司,卢绪章任董事长,朱介成任总经理,谢步生任总稽核。联安与民安同址办公营业。这一时期,民安先后向大安产物保险公司等数十家企业进行了参股投资,使公司的业务范围和社会影响进一步扩大。

4.1.5 中国天一保险公司经营之道

一是拥有雄厚的资本实力。初始资本 500 万元,共 5 万股,每股 100 元,实收半数。

二是广泛设立机构。在上海、南京、天津、汉口、重庆、杭州、宁波、苏州建有分公司,在芜湖、西安设有办事处,共设立分公司、代理处 40 多处。1934 年 3 月,中国天一保险公司在天津设分公司,屠培成任经理,张章翔任副经理。同年,在宁波江厦街 121 号中国垦业银行内设立分公司,俞佐宸任经理。为扩展业务,在余姚、镇海、象山、宁海、奉化等地设立代理处或委托代理,投保者甚多,宁波和丰纱厂、太丰面粉厂等均向天一保险公司投保火险,业务发展较快。1937 年,天津分公司并入太平保险公司。1941 年 4 月,日军侵占宁波,宁波沦陷,俞佐宸离职赶赴重庆。宁波分公司迁至江左街 13 号原江西裕民银行内,毛镲生任经理,在镇海设立支公司。各地代理机构由于经营不善或因战争影响等相继停业。1945 年 8 月,迁至方井街 11 号办公,毛镲生离职赴上海,俞佐宸任经理。

三是不断扩充保险业务。公司主要经营水险、火险、汽车险、邮包险、火车险、意外险、兵盗险、茧钞险、邮包险、信用险、牲畜险、玻璃险、利益损害险等业务。1935 年 12 月 2 日的《申报》登载了中国天一保险公司扩充人寿保险业务的消息:"最近梁氏为扩充人寿保险业务起见,特聘保险专家李迪云氏为该公司副理,兼人寿部营业主任。"在全面抗战爆发不久,上海、杭州相继沦陷,内地客商货物由甬城转运上海,向天一保险公司投保水险,业务繁忙,保险费收入十分可观。后因船只触礁沉没较多,始停办水险业务。

四是英才济济。天一保险公司英才辈出,涌现了钱新之、谢寿天、张章翔、俞佐宸、李迪云、蔡陈汉侠等商界英才。浙江湖州人钱新之曾与宁波奉化人王正廷合办太平洋产物保险公司,他也是中国天一保险公司的创办人之一。宁波余姚人谢寿天早年在上海中国天一保险公司任会计科科长。宁波人张章翔担任中国垦业银行副经理职务,曾经在中国天一保险公司天津分公司任经理。宁波镇海人俞佐宸曾任中国垦业银行宁波分行经理、天一保险公司经理。

五是改组或合并经营。1936 年,因中国天一保险公司股东分歧较大,中国垦业银行无意继续经营保险。1936 年 5 月 18 日,经安平保险公司、太平保险公司、丰盛保险公司董事会决议,由太平保险公司出资 12 万元,抵付天一保险公司业务部分之资产负债和未到期各险准备金,并由天一保险公司董事会聘任太平保险公司董汉槎为代理总经理。天一保险公司大部分股东将其股份转让给太平保险公司的股东银行,并将资本改为 100 万元。同年 8 月改组董事会,选举周作民为董事长,聘王仁全为总公司经理,谢志方为上海分公司经理,成为太平保险集团成员之一。1949 年 5 月歇业。1949 年后获准复业。1951 年 11 月,联合其他 14 家民营保险公司与中国人民保险公司共同组建公私合营太平保险公司。

4.1.6 太平洋产物保险公司经营之道

1942 年,王伯衡在辞职几个月后约了几个好友准备到重庆大陆银行发展。在拜访交通银行董事长、大陆银行在重庆唯一的常务董事钱新之时,钱新之建议王伯衡到交通银行即将筹办的保险公司去工作。王伯衡在太平保险公司工作过一段时间,对保险事业很感痛心,不想再干这一行。但在再三思虑和权衡各方面的利益后,终于答应这个差委。1943 年 12 月 8 日,太平洋产物保险公司在重庆成立。太平洋产物保险公司成立时总公司和重庆分公司均在重庆五四路 60 号办公。抗战胜利后,太平洋产物保险公司迁至上海四川中路 261 号,现在是广东发展银行上海分行办公所在地。分析太平洋产物保险公司经营成功的因素,有以下五个方面。

一是良好的公司治理结构。公司的主要投资方为交通银行,占股份的 45%,其余 55% 的股份由川康银行、新华银行、金城银行、大陆银行、民生实业公司、中华实业公司及华侨企业公司等认购。

二是加强了分保工作。筹建太平洋产物保险公司,"第一步就是进行分保出路的探索"(王伯衡语)。王伯衡在对重庆中外资保险公司进行分析后,与世界上最大的分保公司瑞士保险公司的总经理阿尔提亚和伦敦商务分保公司的总经理考尔朋两人电报联系,取得了他们的支持。"两公司均同意给我最大限度的帮助,分保限额出乎常度的庞大,还破格分给我们以回头生意,在新公司未正式开幕前,可将分保限额提前运用,换句话说,我们可以在开幕以前先营业,这些都是意想不到的收获。……分保出路有了后盾,其他筹备手续也就立即进行。"①但从唐雄俊《重庆四联分保办事处的诞生和结束》一文中可以看出,王伯衡得到外资再保公司的分保并不是很容易的。该文这样记载:"1943年某日,重庆五四路太平洋保险公司(一家以交通银行为后台的保险公司)的负责人王××收到了伦敦一家保险代理商发来的复电。……译文内容可意译为:'分保限额已用尽,请与分保联合办事处联系。莱斯利·戈德温。'……这位负责人收到这份电报,诚如听到了一声晴天霹雳,使他吃惊万分。"②重庆四联分保办事处是由中国保险公司、太平保险公司、宝丰保险公司、兴华保险公司四家保险公司在1943年组成的,是一个再保险(分保)集团,"办事处的做法是把四个公司原来所有国外的分保限额全部集中在一起,并且还同伦敦市场洽商订立了一份具有600条线的分保合约。……这个合约基本上把伦敦市场上的分保限额全部包括在内"。在四联分保办事处正式开业不久,理事李启宇先生收到了一封来自王伯衡的警告信,主要内容是四联分保办事处的成立,完全是针对太平洋产物保险公司的做法。从这里可以看出,当时的保险业竞争是非常激烈的。1944年7月1日,太平洋产物保险公司与伦敦保险经纪处签订了预约分保合同,当日生效。预约分保合同规定:最高限额以每拖木船不超过966万元,分保佣金为10%。到了这一年11月30日,太平洋产物保险公司已经接受国内同业水火险固定分保者共18家,并与伦敦塞得维奇公司、柯林保险公司等相继订立火险、水险、空运保险、再保险合同。

三是广设机构。太平洋产物保险公司成立后,迅速在昆明、贵阳、兰州、西安、成都、内江、自流井、合川、宜宾、万县、泸县、乐山等地设立了分支机构。抗战胜利后,太平洋产物保险公司迁至上海。迁址后,公司又在南京、镇江、苏州、无锡、杭州、温州、芜湖、蚌埠、徐州、南昌、厦门、长沙、汉口、宜昌、沙市、广州、梧州、汕头、福州、天津、北平、石家庄、唐山、青岛、济南、长春、沈阳、香港等地增设分支机构46处,并广设代理处,建立业务网。例如

① 王伯衡.从太平保险公司到太平洋保险公司[C]//中国人民政治协商会议上海市委员会文史资料工作委员会.上海文史资料选辑(第60辑):旧上海的金融界.上海:上海人民出版社,1988:281—293.

② 中国人民政治协商会议上海市委员会文史资料工作委员会.上海文史资料选辑(第60辑):旧上海的金融界[M].上海:上海人民出版社,1988:294—303.

在 1946 年 12 月 26 日,太平洋产物保险公司广州分公司与北海保险公司等订立合约,委托后者用"太平洋保险公司代理处"的招牌招徕保险业务。

四是选聘人才和稳定员工队伍。太平洋产物保险公司成立时聘请外交界前辈、浙江宁波奉化人王正廷为董事长,聘请浙江吴兴人钱新之为总经理。王伯衡曾这样描述钱新之:"钱新之虽是一个银行家,但对保险事业有莫大的兴趣,他这个总经理不是挂名的,每日下午必到公司办公 1 小时左右,所有出入公文要件必亲自批阅,有时还研究保险原理。"①浦心雅、王伯衡为协理。浦心雅负责财务,重要职员由交通银行调派。王伯衡负责业务,主要骨干从保险界和太平保险公司选聘。"公司内部的重要职员,总务、稽核、会计、投资四部门分由交通银行在其员工中挑选调充;秘书、火险、水险、分保四部门则由我在重庆及西南各地保险界中物色适当人员担任,其中有些也是太平公司辞职而来的。"②抗战胜利后,太平洋产物保险公司迁址。迁址后,人员扩充到 100 多人。太平洋产物保险公司所有分支机构的经理,大多由当地交通银行经理兼任。总公司则派遣熟悉业务的人员前往襄助处理业务技术工作。

五是业务来源可靠。公司成立当年,制定了《太平洋保险股份有限公司火险限额表》。业务来源主要是交通银行的投资、押汇和贷款抵押的物资保险,此外还有从太平保险公司转来的基本业务,包括盐载保险。据记载,"当时四川、重庆盛产食盐,解放前一直是由政府统一管理的专卖物资。主要产地在川南的自贡、富顺和荣县一带,而其供应则遍及云、贵、川、陕各省。食盐的运输一般以水路木船为主,由于川江滩多水急,经常有事故损失发生,因此,各地盐商自产地办理运输,均感到对保险有迫切需要。川江盐运保险的开办,正是适应这一形势应运而生。川江盐运保险开办于 30 年代初到 40 年代末,又称为'盐载保险',是因当时食盐以'载'为计算而得

① 王伯衡.从太平保险公司到太平洋保险公司[C]// 中国人民政治协商会议上海市委员会文史资料工作委员会.上海文史资料选辑(第 60 辑):旧上海的金融界.上海:上海人民出版社,1988:281—293.

② 王伯衡.从太平保险公司到太平洋保险公司[C]// 中国人民政治协商会议上海市委员会文史资料工作委员会.上海文史资料选辑(第 60 辑):旧上海的金融界.上海:上海人民出版社,1988:281—293.

名的"①。1932 年到 1941 年,盐运保险是川盐银行独家经营时期。1942 年到 1945 年,盐运保险为少数保险公司垄断。当时川盐银行让出 40% 的盐运业务,交由中央信托局、中国保险公司、太平保险公司三家办理,并为此成立了盐运保险管理处。

六是加入分保集团。太平洋产物保险公司成立后,呈文上报了《筹建保险四联总处意见》,提出由中央银行、中国银行、交通银行、中国农民银行四家国家银行所设的保险机关组成保险四联总处,认为重庆四公司分保联合办事处"尚未遵照政府保险管理法规增资改组之先,即由此妨碍国策,垄断同业之组织,尤非所宜"。由此取代了太平保险公司加入盐运保险管理处。1944 年,中国农业保险公司也加入这一行列,形成了由四家官办公司共同分配 40% 保险份额的"四联盐运保险总管理处"。1944 年 7 月 1 日,太平洋产物保险公司、中国保险公司、宝丰保险公司、恒昌保险公司四家保险公司合办广西省盐运保险。

4.1.7 宁绍水火保险公司的经营之道

1925 年 11 月,宁绍商轮公司在内部设立保险部,兼营保险业务,无独立资本。首任总经理为乌人尧。保险部设在上海江西路 59 号。1929 年,胡詠骐继任总经理。宁绍水火保险公司是由宁绍商轮公司保险部改组而来。1935 年,由宁波人方椒伯、乐振葆、袁履登等倡议,将保险部与宁绍商轮公司脱离隶属关系,改组为宁绍水火保险公司。分析宁绍水火保险公司经营的成功因素,主要有四个方面。

一是资金雄厚。公司资本金 150 万元,共 6 万股,每股 25 元。

二是主要由宁波人经营。方椒伯任董事长,总经理初为胡詠骐兼任,后由袁履登担任。

三是经营范围广。主要经营水险、船壳险、汽车险等业务。

四是机构设立广泛。改组后在宁波、杭州、温州、南京、镇江、常州、无锡、苏州、九江、汉口、长沙、天津、烟台、青岛、营口、嘉兴、海门等地设立了代理处。宁绍水火保险公司在浙江地区设立的代理机构情况详见表 4-1。

---

① 中国保险学会,《中国保险史》编审委员会.中国保险史[M].北京:中国金融出版社,1998:147.

宁绍商轮公司保险部全体同人合影

五是加入分保集团。1942 年,宁绍水火保险公司参加华商联合分保集团,增强了承保能力。

表 4-1 宁绍水火保险公司在浙江设立代理机构情况

设立城市	经理或代理人	设立地址	备 注
杭州	苏宗德	打铜巷 34 号	
温州	黄 云	府前街中华书局内	
嘉兴	曹鹿鸣	香元浜 11 号	
南浔	梁琴荪	西栅西仁里	
宁波	纪育鸿	药局巷 5 号	1930 年设立,保费年收入约 2 万元。1941 年 4 月 19 日宁波沦陷后,公司迁至上海,保险业务由经纪人直接向上海宁绍保险公司投保。1945 年 8 月抗战胜利后复业。1946 年 3 月 28 日改设分公司。1949 年 5 月停办。
	余润泉	宁绍商轮公司宁波分公司内	
	陈筱宝	江北岸玛瑙路公裕行	
	苏安卿	开明街第一弄	
	李助贲	江北岸外马路 7 号	

4.1.8 宁绍人寿保险公司经营之道

在宁绍水火保险公司改组成立之前 4 年,即 1931 年 11 月 1 日,胡詠骐结合所学的人寿保险专业,知识发起创办了宁绍人寿保险公司。该公司的经营有七个特点。

一是股东支持。股东主要是宁绍帮旅沪富商,资本收足规银 25 万元。

二是业务专营。公司专营人寿保险业务。

三是总公司经营所在地为繁华地段。总公司起初设在上海江西路 59 号。江西路是上海开埠后建成的最早的马路之一,因路旁有一座非常气派的英国圣公会上海圣三一教堂,被人称为教会路,又名教堂街。直到 1865 年(同治四年),工部局重新为上海各马路命名,以江西省名命名了这条马路。20 世纪初,路两侧开设了 30 多家银行,故有"银行街"之称。1945 年以后改名为江西中路。江西中路至今保留有 10 余幢古典风格的银行大厦。宁绍人寿保险公司后迁至北京路国华银行大楼。

当时上海江西路的钱庄

四是主要由宁波人经营。公司建立之初由邵长春、乐振葆先后任董事长，胡詠骐任总经理。

五是广泛设立机构。公司初在广州、北京、汉口、青岛设分公司，由于公司业务发展很快，机构拓展也非常快，先后在九江、重庆、南京、苏州、杭州、烟台、济南、开封、汕头、宁波、长沙、威海卫、厦门、镇江、无锡、南昌、武昌等地设立了代理处。上海宁波同乡会机关报《上海宁波日报》报道说："该公司营业区域，以全国为轮廓，以上海为中心。来日之发展，或须推及海外，以冀无远弗届也。现在已经开办者，计有宁波、青岛、杭州、长沙、九江、汉口、平津、南京、无锡、广州等处，其中尤以广州分公司规模尤为宏大。盖按照广东省财政厅颁行整理保险事业暂行条例之规定，凡在该省设立分公司者，须经核准登记，并缴保证金毫洋五万元，方可开始营业。该公司当即依法申请，并缴具相当保证品，已荷财厅核准登记。以故在该公司投保寿险者，无异大厦之围以重墙，避险就夷，舍此莫属矣。"

六是科学经营。1933 年 8 月，《上海宁波日报》对宁绍人寿保险公司进行了采访，从采访报道中可以比较直观地了解其情况："本埠江西路五十九号宁绍人寿保险公司，为旅沪甬绍二帮巨商创设，股本完全华资，准备股实，信用卓著，开办迄今，仅一载有余，实招保额，已近三百万元。似此短近期间，又值国内多故之秋，得此成绩，实为华商寿险事业无上光荣之一页。本报既以提倡甬人事业为职责，爰派记者至该公司详加调查，承总经理胡詠骐君及文书主任陆士雄君开诚布公，兹将一年来业务发展之经过及未来计划详记如后：营业总额已近三百万元。该公司去年度营业成绩打破其他公司开办初年之纪录。在国难方殷之鼓鼙声中，建立巩固坚实之经济壁垒，不特华商同业多加称许，而洋商同业，亦表讶异。本年度营业进行，又突飞猛进，正如旭日之初升，迄今有效保额已近三百万元。现尚锐意训练营业人材，秣兵厉马，效力于对外之发展，预料本年底以前之营业总额，当更有骄人之伟绩。由此可知国内人士对于该公司之印象，已有极度之信仰。良以华商保险事业之服务，能驾于洋商公司之上，故克博得公众热烈之提倡。愿该公司益加奋勉焉。""该公司处理业务，悉以科学方法为依据。因寿险事业以信用为枢纽，该公司受保户付托之重，又荷国人期望之殷，除对于投资方面力求稳健，保费方面力谋克己外，而于检验方面又为郑重将事，以资保障保户之权利。开办迄今,仅一年有余,总计因验体不及格而被本公司拒绝承保以及延期承保者,约有保额六十余万元。该公司处理业务之严格,观此而益可征信矣。""人寿保险为信用事业,如遇保户事变,其赔款之付给,自应力求迅速,该公司开办迄今赔款已有五起,莫不立即如数照付,纵使有领款人移居远方,亦必苦心访求,务使贯彻保户身前所定之志愿为止。今特身故保之姓名、地点列后。"(见表 4-2)

表 4-2　宁绍保险公司部分保户的投保情况

保户姓名	保户住址	投保日期	赔款日期	赔款金额
丁克昌	上海四川路怡顺印刷所	1931 年(民国二十年)11 月 28 日	1932 年(民国二十一年)7 月 19 日	1 万元
柳笏汀	长沙潮宗街 39 号	1932 年(民国二十一年)7 月 6 日	1932 年(民国二十一年)8 月 29 日	2000 元
孙荣齐	保户居住常熟东河(领款人居住北平广安门外大街 153 号)	1932 年(民国二十一年)6 月 15 日	1932 年(民国二十一年)11 月 24 日	2000 元
何逸云	上海派克路合同里 37 号	1932 年(民国二十一年)7 月 27 日	1933 年(民国二十二年)2 月 24 日	5000 元
郑安心	上海闸北磐记路郑福兴号	1932 年(民国二十一年)6 月 28 日	1933 年(民国二十二年)6 月 10 日	2000 元

　　七是服务优良。胡詠骐提出并倡导"以被保险人利益为前提"的经营理念。胡詠骐在主持宁绍人寿保险公司期间,始终把人寿保险事业作为社会事业来看待。他采用科学方法经营人寿保险事业,其许多想法、理念和做法,足以为后来者借鉴。他尤其痛斥我国旧式商业"出门不认货"的做法。倡导劝人投保寿险,应先从其需要上着想,谋其适当之保障,并使被保险人充分了解其效果,欣然乐从,杜绝因情面或回佣而征得之营业;提倡在承保以后,才是真正服务之开始,积极为保户提供最大方便;强调在保险事故发生后,必迅速进行调查,如属照章应赔之户,必须立即赔付。对领受赔款的孤儿寡妇,他谆谆劝导,告诉受益人如何妥为保管、善为使用。他倡导"客户服务月"活动,免费为驻沪保户注射霍乱及伤寒疫苗,以期不负被保险人之原意,而完成寿险之真正使命。

4.2　宁波帮买办与中国近代保险业

　　"买办"是旧中国历史上的一个特殊职业。其作为外商代理人并成为一种行帮和社会集团,则始于广东。1865 年清政府正式开海禁。由于广州是清政府唯一向其他国家开放的城市,外国商人主要集中于广州一地。清政府设置了与洋商直接打交道的牙行(也叫"官商"或"洋行"),俗称"十三行商"。十三行商中,最为人熟知的,是潘、卢、伍、叶四大家族所开设的洋行,尤其是潘氏家族和伍氏家族,在十三行对外贸易史上叱咤一时。这十三行商就是买办阶层的前身。

　　易继苍先生在其《买办与上海金融近代化》一书中分析了买办积极参与近代保险业的原因:"作为通商口岸的新兴社会阶层——买办,为什么能成为中国近代保险业的开拓者呢？这是一个十分有趣的现象。……近代中国保险公司的产生几乎都有买办的参与,他们或是直接创办保险公司,或是投资于近代保险业。上海作为近代中国的通商大埠,也是中国近代保险业的主要发祥地之一。近代上海作为买办的云集之地,买办在其产生、发展的过程中所起的作用非同小可。可以这样说,买办直接催生了上海保险业的发轫,并由于买办的参与经营管理,直接促进了上海保险业的进一步发展,最终促成了中国近代保险业的形成。那么,究竟是什么原因驱动买办们投资于近代保险业呢？……一是与外国商人在中国建立保险业的影响分不开。中国的买办商人参与洋行事务管理、业务经营、代表外商与华商议定商品价格、订立交易合同等,从中获取薪水和佣金,见有利可图,纷纷投资附股。同样,宁波商人也不例外。二是沿海大都市的开埠通商,为一部分人的迅速致富创造了有利的条件。三是面对西方国家的入侵,清政府遇到了千年未有之变局,中华民族内忧外患。特别是'洋务运动'在'求强、求富'的旗号下,创办军用、民用工业达 50 多家,买办成为这些新式企业的经营管理人才。四是中国是一个具有数千年历史的文明古国,作为一种补偿和分摊意外损失的原始保险思想,早在先秦时期就已经产生。买办身上既有传统文化的因子,又对西方文化接触较多,这就有利于与西方保险思想接轨。"①

4.2.1 宁波帮买办

1842 年 8 月,中英签订了中国近代史上第一个不平等条约《南京条约》。由于"五口通商",上海迅速取代广州成为全国对外贸易的中心。一些设在广州的洋行首先迁至上海,或到上海开设分行。1846 年,上海出口贸易额仅占全国的 1/7。到 1859 年,上海已有洋行 62 户,其中英国洋行有 41 家,美国洋行有 7 家。但在 19 世纪 70 年代,上海洋行买办仍然"半皆粤人为之"。随着贸易中心的转移,长江流域开始取代华南地区成为近代中国最重要的贸易基地。广东买办的地位遭到了江浙买办的挑战,特别是宁波籍买办,已然成为广东买办的有力竞争者。其原因主要有三个。第一,宁波是近代中国首批开放的通商口岸城市,洋行、教会纷纷进入宁波,而宁波商人大多活跃在各通商口岸,在对外贸易中为外商充当向导,联络地方各界,推销洋货,采购土特产品。第二,19 世纪 80 年代后,生丝迅速超过茶叶而成为中国出口的大宗商品,擅长生丝贸易的宁波商人在长江中下游地区建立了一定范围的商业网络。他们率先创办了许多有关国计民生的近代工业,引进先进的技术设备,发展了商品经济,并为维护民族利益而同外商进行斗争。19 世纪末 20 世纪初,参与上海开埠建设的外来移民中,以宁波人为最多。第三,由于外商需要更多的熟悉当地市场、拥有专业知识和经济实力的中国商人充当买办,大批的宁波商人开始涉足对外贸易业。这些宁波商人头脑灵活、眼光长远,因而深得外商青睐。此外,宁波商人拥有势力雄厚的钱庄,便于洋商收购土产和原料,推销洋货。据《上海县志》卷 17 记载,"海通以来,狭土物与外人交易,或居间逐什一利,以宁波人居多"。

4.2.2 宁波帮买办创办或任职过的保险公司

近代中国第一位宁波籍买办是穆炳元,第一位被外商雇佣为买办的是鄞县商人杨坊。19 世纪 80 年代以后,在上海活跃着一大批著名的宁波帮买办,如叶澄衷、朱葆三、虞洽卿、邬挺生、周宗良、刘鸿生、傅筱庵等。虞洽卿、朱葆三的航运业,刘鸿生、宋炜臣的火柴业,余芝卿、金润庠的橡胶业和制造

---

① 易继苍.买办与上海金融近代化[M].北京:知识产权出版社,2006.

业,严信厚、许春荣的纺织业,等等,都是在同洋商的竞争中出名的。同时,宁波帮买办在形成庞大的社会团体后,逐渐转向自办保险企业、自营保险业务,对推动旧中国落后的生产方式向新的生产方式过渡,起到了一定的历史作用。

这里的买办不仅指保险买办,也包括工业买办和银行买办等。宁波帮保险买办代表人物如朱晋椒,曾担任汇通洋行保险部、禅臣洋行保险部经理,这为其到宁波帮创办的保险公司中担任职务打下了基础。宁波帮工业买办代表人物则有虞洽卿、朱葆三、刘鸿生、金润庠、严信厚等。(见表4-3)从1915年周学熙的中国实业银行创设永宁保险行开始,到1931年中国银行董事长宋汉章创设中国保险股份有限公司,金融资本投入保险业越来越多。由于金融资本的参与,到1936年,保险公司数量相比1914年增加了2倍多,保险行业呈现出繁荣的景象。20世纪20年代后期,华资银行投资保险潮流涌动。银行看好保险业务主要出于两点:一是防范所贷放的工商企业的财产风险,减少对外投保的外汇流失,增加收入;二是银行积累了大量客户资源,投资保险业不仅可利用现成的银行业务网络,还能节省机构设置上的开支。这一时期,有12家华资银行投资设立了保险公司,实力雄厚的中国银行成为中国保险公司创办发展的基础。宁波帮银行家宋汉章全权筹办了中国保险公司;宁波帮银行家秦润卿、王伯元等人则在上海发起创办了中国天一保险股份有限公司。(见表4-4)

表4-3 宁波帮买办创办或任职过的保险公司

保险公司名称	创办人或公司职员	创办时间
仁济和水火保险公司	朱葆三、严信厚等	1886年2月
华兴水火保险公司	朱葆三、严信厚等	1905年5月
上海华洋人寿保险公司	周金箴(部门经理)	1905年
华安水火保险公司	朱葆三、沈仲礼等	1906年4月
华成经保火险公司	朱葆三、李云书等	1906年11月
华安人寿保险公司	沈仲礼等	1907年8月
华安合群人寿保险公司	朱葆三、沈仲礼等	1912年7月
上海联保火险公司	朱葆三	1915年
大华保险公司	刘鸿生	1927年3月
宁绍商轮公司保险部	虞洽卿	1925年11月
泰山保险公司	刘鸿生、王启宇	1932年
上海美盛保险公司	黄振世(经理)	不详

表 4-4　宁波帮银行家创办的保险公司

保险公司名称	创办人	创办时间
中国保险公司	宋汉章	1931 年
四明保险公司	孙衡甫	不详
中国天一保险公司	王伯元、秦润卿	1934 年
中国人寿保险公司	宋汉章	1937 年
四联盐运保险总管理处	宋汉章	不详
久联保险集团	宋汉章	1942 年

4.3　宁波帮保险公司的治理结构

公司治理结构,指为实现公司最佳经营业绩,公司所有权与经营权基于信托责任而形成相互制衡关系的结构性制度安排。公司治理结构是企业的"神经系统"。股东(大)会由全体股东组成,是公司的最高权力机构和最高决策机构。公司内设机构由董事会、监事会和总经理组成。股东(大)会、董事会和监事会皆以形成决议的方式履行职能,总经理则以行政决定和执行力履行职能。

仁济和水火保险公司 1929 年发行的每份拾股的股票

　　股票是股份公司发行的所有权凭证，是股份公司为筹集资金而发行给各个股东作为持股凭证并借以取得股息和红利的一种有价证券。持股情况直接决定一家公司的性质。晚清和民国时期，外资和华商保险公司也发行了股票，一些股票票证设计得非常优美。

中国保险公司发行的股票

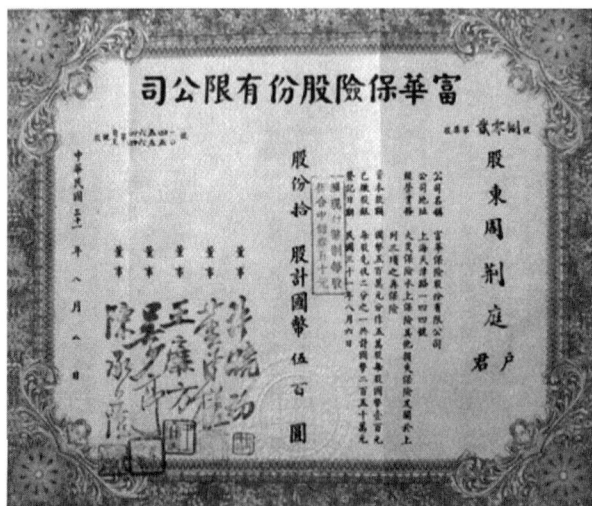

署有董汉槎签名的富华保险股份有限公司股票

4.4 宁波帮保险公司注册资本金

注册资本金是国家授予企业法人经营管理的财产或者企业法人自有财产的数额体现,是企业实有资产的总和。这里仅举几例。

华兴水火保险公司:1905 年 5 月设立。民国初改组,遂隶属于中国通商银行。资本金为规银 50 万元。

华安人寿保险公司:1907 年 8 月设立,注册资本金为规银 50 万两。

华安合群人寿保险公司:1912 年 6 月设立,注册资本金为规银 20 万两。

中国天一保险公司:1934 年 2 月创建,初始资本金为 500 万元,共 5 万股,每股 100 元,实收半数。

中国保险公司:1931 年成立,资本实收额达规银 250 万元,后增至 500万元。1947 年 6 月,资本金增至 2 亿元;10 月,增资为法币 100 亿元。1949年 3 月,增资为金圆券 1000 万元。

4.5 宁波帮保险公司发展区域

4.5.1 华安合群人寿保险公司发展区域

华安合群人寿保险公司开业后,先后在国内外重要商埠诸如北平、天津、石家庄、济南、烟台、青岛、威海卫、南京、徐州、苏州、镇江、扬州、南通、杭州、绍兴、宁波、温州、瑞安、海门、狭石、长安、福州、厦门、广州、汉口、宜昌、长沙、沈阳、安东、蚌埠、开封、郑州、洛阳以及南洋群岛的巴达维亚(雅加达)、棉兰、万隆、洒水(苏腊巴亚)、孟加锡等地开设分支机构。

4.5.2 中国天一保险公司发展区域

中国天一保险公司在上海、南京、天津、汉口、重庆、杭州、宁波、苏州建有分公司,在芜湖、西安设有办事处,共设立分公司、代理处 40 多处。1934年 3 月,在天津设立分公司。1937 年,天一保险公司天津分公司并入太平保险公司。天津分公司设立的同年,在宁波江厦街 121 号中国垦业银行内设立宁波分公司,为扩展业务,在余姚、镇海、象山、宁海、奉化等地设立代理处或委托代理,俞佐宸任经理。1949 年 5 月宁波分公司歇业。主要在香港、澳门、广东、厦门、汕头、福州、烟台、牛庄、天津、长沙、汉口、南京、镇江、芜湖、九江、杭州、宁波、松江、平湖、嘉兴、苏州、无锡、常州、常熟、扬州、淮安、靖江等地以及海外的新加坡、京都、曼谷、西贡设有分公司 70 余处。其触角甚至伸至慈善机构,并力图在少数民族(尤其是满族、蒙古族)中扩大其影响。

4.5.3 中国保险公司发展区域

中国保险公司成立之时既无资产又无经费,可谓百废待兴。宋汉章以中国银行的分支机构为依托,在各地中国银行内附设外埠经理处,派熟悉业务者担任保险业务主任,常驻当地银行。到 1934 年年底,中国保险公司在全国范围的外埠经理处、代理处多达 85 处;并在新加坡、西贡、马尼拉、曼谷、吉隆坡、伦敦、仰光等地设立分支机构或经理处、代理处。1937 年全面抗战爆发后,国民政府军西撤,总公司未随政府内迁。但中国保险公司高级职员纷纷离开被日本占领的上海转赴香港,之后不久又撤往内地,先后在重庆、桂林、昆明、贵阳、成都等地开展保险业务。同时,在香港以及海外的新加坡成立分公司,并在马尼拉、河内、西贡、曼谷、泗水等地开展业务。太平洋战争爆发后,中国保险公司在香港及东南亚各地的营业机构先后停业。

4.6 宁波帮保险公司总部地址变迁

中国保险公司总部办公楼的变迁是宁波帮保险业发展的一个缩影。

1930 年,中国银行副总裁张公权推荐宋汉章全权筹办中国保险公司。这时的宋汉章已步入花甲之年。但宋汉章却以极大的热情、超人的胆识和智慧,投入创办中国保险股份有限公司的事业当中。经精心筹划,顺利开展了中国保险股份有限公司的各项工作。

1931 年,从上海外滩仁记路起步。

中国保险公司成立时所在的上海外滩仁记路旧址

宋汉章利用自己长期任职于中国银行的有利条件,精明地筹划了中国保险股份有限公司的创立。1931 年 11 月,中国保险股份有限公司在上海外滩仁记路中国银行行址正式开业。

1937 年,搬至中山东一路。

为抗衡在上海的外资银行,加上仁记路的大楼已经老化,1934 年 4 月,中国银行董事会决定建造一座 18 层大厦,以供总处和上海分行办公与营业使用。预算基建费用 600 万元。据张公权自述:"中国银行饱经风浪,未见动摇,内部组织既已革新,银行实力足与驻在上海的欧美银行相抗衡,必须有一新式建筑,方足象征中国银行之现代化,表示基础巩固,信孚中外。"①体现了中国银行誓与外商银行一争高低的决心和信心。1935 年,中国银行改组为政府银行后,宋汉章担任中国银行总经理。这时中国银行大厦的图样还在设计当中。当时附近的建筑英商沙逊大厦是外滩第一高楼,英方不愿

---

① 转引自:中国银行行史编辑委员会.中国银行行史:1912—1949[M].北京:中国金融出版社,1995:171.

1937 年落成,位于上海黄浦滩路的中国银行大楼

看到中国银行大厦的高度超过它,于是多次阻挠。大厦图样几经变更,最后决定建 15 层,可见当时国民党政府的羸弱。1936 年 10 月 10 日,中国银行董事长宋子文主持了大厦的奠基典礼。1937 年,大厦主体工程大致完工。中国银行总行与上海分行、中国保险股份有限公司均迁入新楼办公。这幢大楼是外滩众多建筑中唯一由中国建筑师设计和建造的大楼,是近代西洋建筑风格与中国传统建筑风格结合较成功的一幢大楼。大楼典雅古朴,尽显东方文明色彩。中国保险股份有限公司此后搬迁至上海四川中路270 号。

20 世纪三四十年代:上海四川中路的来来回回。

抗日战争爆发后,中国保险股份有限公司搬迁至重庆。1944 年 10 月,国民党政府财政部规定将中国保险公司改组为中国产物保险公司。1946年,宋汉章由重庆返回上海,中国产物保险公司也迁至上海四川中路 270 号

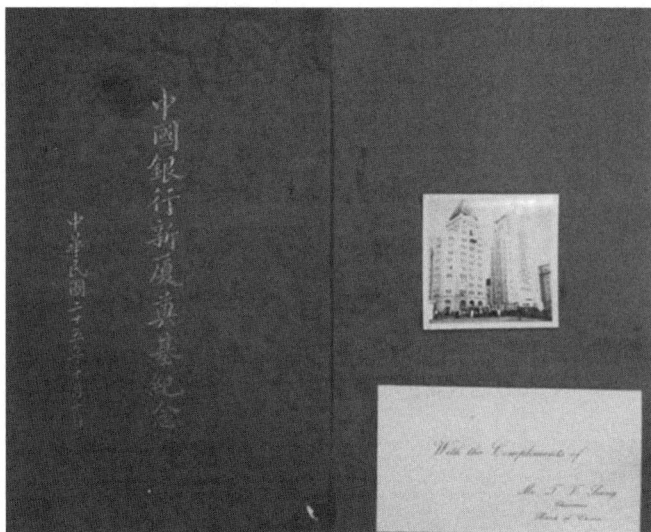

时任中国银行董事长宋子文用英文签名的新厦奠基纪念证

办公,宋汉章仍兼董事长。以应付时局动荡为由,于 1949 年 5 月 12 日在香港设立总管理处驻港临时办事处;5 月 27 日,上海解放,军管会金融处接管中国产物保险公司。为恢复保险业务和处理国内外分保问题,中国产物保险公司在上海四川中路 270 号原址改组复业。

20 世纪 50 年代初:在北京的两次搬迁。

1951 年 6 月,中国产物保险公司召开第一届董监事会议。会议决定将公司总部迁至北京。1951 年 9 月 25 日,中国产物保险公司总管理处正式在北京与中国人民保险公司合署办公。当时办公地点在天安门广场西侧的西郊民巷 108 号。合署的办公楼,是太平保险公司在北京的办公楼。1955 年,中国人民保险公司新建办公楼,在月坛北小街 4 号(现为月坛宾馆)。中国产物保险公司也搬迁至月坛新办公楼。

20 世纪 60 年代:"联办处"设立于香港德辅道。

1964 年,按照"银保一家"的方针,港澳中国保险公司受中国银行总稽核处领导,并在年底成立了"中国保险公司总管理处和太平保险公司总管理处联合驻港办事处"(简称"联办处")。联办处办公室设在香港德辅道中 2 号中国银行大厦 205 室。"银保一家"方针的贯彻执行,使保险业务取得了迅速发展。

1951 年,中国产物保险公司搬迁至在天安门广场西侧的西郊民巷 108 号

1955 年,中国产物保险公司搬迁至月坛新办公楼

20 世纪 90 年代:搬离香港中环德辅道。

20 世纪 90 年代,中国保险公司分别在香港和上海新建中国保险大厦,香港总部搬迁至香港中环中国保险大厦。1992 年,中国人民保险公司成立了香港中国保险(集团)有限公司,作为港澳地区的控股公司,对港澳地区附属公司进行管理。1998 年,根据国务院决定,原中国人民保险(集团)公司海外经营性机构划归中国保险公司,中国保险公司与香港中国保险(集团)实行"两块牌子、一套班子"的管理模式。上海中国保险大厦坐落于上海浦东陆家嘴金融贸易中心。大厦面向申城浦江,遥对东方明珠,高 196 米,总建筑面积 73000 平方米,为 39 层白花岗岩玻璃帷幕的双塔形大楼。

2000 年,中国保险公司所属机构达 20 多家,境外机构主要分布在港澳

香港中环中国保险集团大厦

地区以及欧洲、东南亚地区。对中国国际再保险有限公司和华夏再保险顾问有限公司进行重组并上市,重组后的新公司成为中国保险业第一家上市公司。

　　2001年,中国保险公司搬迁至香港铜锣湾新宁道。同年,中国保险公司旗下的太平人寿、太平保险总部分别设立于上海和深圳,在国内恢复经营保险业务,并于2007年12月分别在上海和深圳建造太平金融大厦。在上海陆家嘴出资24亿元打造了41层太平金融大厦,该大厦位于上海陆家嘴金融贸易区,紧邻花旗集团大厦和金茂大厦,占地面积9259平方米;出资19.25亿元在深圳打造楼宇面积10.03万平方米的深圳太平金融大厦,该大厦位于深圳市民中心。2002年8月,公司更名为中国保险(控股)有限公司。从上海外滩仁记路到香港铜锣湾新宁道,从在中国银行大厦内办公到自建办公楼,中国保险公司总部办公楼的变迁,从侧面展现了中国保险业波澜壮阔、继往开来的历史,以及改革开放以来取得的辉煌成就。2009年6月,中国保险(控股)有限公司更名为中国太平保险(集团)有限公司,开始了新的征程。

上海太平金融大厦 深圳太平金融大厦

4.7 宁波帮保险公司大楼

4.7.1 华安合群人寿保险公司大楼

1924 年，华安合群人寿保险公司出资 70 余万两，在静安寺路（今上海市南京西路 108 号）建设了华安大厦。这是华商保险业自建的第一幢大楼。大楼于 1924 年 8 月 1 日兴建，1926 年 5 月落成；由美国建筑师哈沙德（Elliot Hazzard）打样设计，江裕记承造厂施工；占地 2 亩多，楼高 8 层，古朴典雅，是当年十里洋场尽人皆知的高档楼宇，足见公司之实力。华安合群人寿保寿公司总公司遂迁至华安大厦。1958 年华安大厦改名"华侨饭店"，1992 年恢复"金门大酒店"原名。

华安大厦

4.7.2 大华保险公司大楼

1930 年，刘鸿生以 86 万两银圆在上海四川中路 33 号建造了八层高的办公大楼，取名"企业大楼"。二、三楼是开滦售品处和刘鸿生的办公室，四楼是水泥公司、码头公司、华东煤公司，五楼是大中华火柴公司，六楼是章华毛纺织公司、刘鸿生记账房以及刘氏其他中小企业，七楼是大华保险公司、律师事务所和医务室等，八楼是刘鸿生自己的公馆。这幢 8 层的大楼外观现在基本保持原貌，只是现在被改名为"创业大楼"，继续当作写字楼在用。"企业大楼"见证了刘氏企业的兴衰。

刘鸿生建造的"企业大楼"

4.7.3　中国垦业银行大厦

为提升中国垦业银行在上海金融界的地位与形象,1931 年,在征得股东会同意后,秦润卿以 25 万两白银,购买了江西路与北京路转角 1.8 亩地产,建造营业大楼。当年年底招标修建,造价 38.2 万两,于 1933 年 9 月由赵新泰营造厂建成,曾轰动一时。中国垦业银行大厦是一幢 8 层钢筋混凝土大楼,平面形式呈梯形,典型装饰艺术派风格。整体上强调纵向线条,檐部及其他部分用抽象的麦穗图案作装饰母题。转角处高出两层形成视觉中心,顶部有装饰艺术纹样,整个立面纹饰丰富精美。其中保管库由美商摩斯尔公司设计,材料设备也由摩斯尔公司供给,"保管库构造之坚固与设备之完善,尤堪称述"。

上海《申报》就中国垦业银行大厦的建设作了跟踪报道。1932 年 1 月 21 日,上海《申报》刊登了报道《中国垦业银行兴建巨厦》:"由赵新泰营造厂得标,造价银三十八万二千两。中国垦业银行,为本埠金融业巨子秦润卿、王伯元、徐寄庼、李馥荪、周宗良、梁晨岚诸君所创办,一次收足资本银圆二百五十万元。成立迄今,已届三年,业务日臻发达,以致旧有宁波路房屋,顿感局促,不敷办公,爰经董事会议决,特在北京路、江西路转角,购置基地一亩三分许,计价银二十五万两,由通和洋行设计,建筑八层大厦一座,于去年

上海中国垦业银行新大厦落成镍质纪念章

底招人投标,结果由赵新泰营造厂,以造价银三十八万二千两得标,目下工程已开始进行。该行预定底层及一、二两层,均留作自用,一切设备,博采中外最新式各种银行建筑之长,务期本身与顾客,同感舒适便利,其余各层,悉作写字间出租云。"1932 年 4 月 23 日,上海《申报》报道:"中国垦业银行新屋工程积极进行。中国垦业银行,收足资本国币二百五十万元,为本埠金融界巨子秦润卿、王伯元、徐寄庼、李馥荪、周宗良、梁晨岚等君所创办,成立三载,历在天津、宁波等处设立分行,本埠静安寺路梅由克路口设立支行,并在多处自设货栈,专以服务社会为宗旨,营业极为发达。该行前以规模日大,总行原址不敷办公,经董事会议决,特在北京路、江西路转角,购置基地,自建八层新式巨厦,于今年一月间开始兴工,中因沪战发生,交通阻塞,工程稍被延滞,及后交通恢复,该屋工程即已积极进行,务期仍按原定计划,于明年春间全部落成,正式迁入,藉以便行顾客。"1933 年 10 月 4 日,上海《申报》刊载了一篇采访稿《参观中国垦业银行新屋记》:"中国垦业银行总行,近年来业务发展,顾客拥挤,宁波路原址深感逼仄,特于北京路、江西路转角购置基地,建筑八层大楼,业已竣工,择于十月六日迁入办公。闻本埠著名国货工厂如亚浦耳电器厂、中国窑业公司以及老凤祥银楼等,制有名贵纪念品多种,届时分赠该行新旧顾客,以志纪念。记者昨特至该行新屋参观,由同和里侧门入内,先至地下层,即见宏大之银库及发行库并峙其间,前为兑钞室、检钞间、验币房,以及餐室、电气厨灶等等,拾级而至地面层,进门为业务部及储蓄处。柜凡二座,内容行员百余人,在此办公。全屋四周以及柜台均系大理石砌成,于富丽堂皇之中寓雄伟庄严之致。再内,则为经理室,向左则为房地产部及同业汇划处。复拾级而登二楼,保管库在焉。库系美国摩斯尔公司特别计划承装,库门钢板厚十余英寸,重四万磅,上下四周,均为二十英寸厚之钢骨水泥。墙壁内置摩斯尔新式保管箱数千只,大小有八种之多,并有种种警务设备,保卫周密无比,旁有密室多间,专供租箱人应用。再上则为董事办事处,为全行之最高机关,总理室、常务董事室以及稽核发行文书三部在焉。其右则为大厅,董事会以及行务会议即于此举行。各楼均有新式卫生设备,以及水汀暖气,以便男女顾客使用。自三楼至六楼,均系最新式写字间房子,业由交通部国际电信局、交通部购料委员会、乾一企业银公司,以及医师、律师等,分别租去。乃由电梯直达屋顶,拾级而登高塔,塔凡三层,面积阔大,备作行员憩息之处。引眸遥望,黄浦秋涛,如在足下,淞口帆影,隐约可睹,天风吹来,不禁兴高处不胜寒之想矣。"1933 年 10 月 6 日,中国垦业银行迁入新建的大楼办公。天一保险总公司设在上海北京路 255 号垦业银行大楼。第二天即 1933 年 10 月 7 日,上海《申报》又进行了报道:"昨为中国垦业银行总行乔迁新屋之期,晨八时,全体行员,齐集新厦二楼议事厅,由总经理、常务董事、总行经理等相继训话毕,即由总经理举行升旗典礼,旋即启门营业。该行此次乔迁,不发请柬,不受贺礼,惟昨日各界人士前往道贺者,仍不稍减,如虞洽卿、陈光甫、穆藕初、林康侯、贝淞荪、徐圣禅、潘公展、唐寿民、胡笔江、卢润泉、袁履登、宋汉章、叶琢堂、徐新六诸氏,西宾如外滩各商业银行大班等,均各先后莅止,均由董事长兼总经理秦润卿,常务董事王伯元、梁晨岚、何谷声、王仲允,董监事李馥荪、徐寄庼、周宗良、龚子渔、徐补荪等殷勤招待,导至各楼办公处所,分别参观。来宾对于发行库建筑之伟大,保管库构造之坚固,业务部布置之宏丽,交相赞美。同时商业部储蓄处保管库新旧主顾纷至沓来,均由该行分别赠品,俾资纪念。又闻该行北平办事处,亦继余姚办事处之后,于昨日开业,归该行天津分行直辖云。"

4.7.4 四明保险公司大楼

四明保险公司大楼具有典型性的有两栋,一栋是位于今上海北京东路232—240号的四明银行总行,一栋是位于武汉汉口路的汉口分行大楼,均属于当时的地标性建筑。特别是汉口分行大楼,已成为一代人的记忆。即使到了今天,仍然有很多人为了观看它一眼,不远千里到武汉一游。

四明银行总行大楼,四明保险公司创办后的机构均设在四明银行内

为扩大影响,四明银行总行于1921年9月迁入位于北京路与江西中路转角处的新址。旧时的宁波路是钱庄聚集的区域,北京路则是华资银行集中的地段。1921年9月10日,上海《申报》刊发了报道《四明银行迁居新屋》:"上海四明银行,于前清光绪三十四年创立,为华商银行之先进,宁波、温州、汉口等处均设有分行,年来营业发达,故沪行原有房屋不敷发展,特在北京路江西路转角自行购地建筑新屋,择于昨日(即9月9日)迁居,官绅商学各界人士往贺者甚众,且有西商数十人亦往道贺,颇极一时之盛云。"四明

银行大楼是一座三层砖混结构建筑,古典主义风格,局部装饰带巴洛克风格。立面呈"L"形,沿两街道交口处展开。三段式形式明显,入口设在转角处。拱形门洞两侧立两根多立克柱,粗重的多立克柱式被设计师运用得十分俊秀,入口上方托起二层阳台,围栏呈自然外凸弧形,两根爱奥尼克柱直达檐口。三层窗洞设计巧妙,镶嵌在一个椭圆形石雕穗带里,犹如一面古色古香的明镜。建筑最为精妙的设计在主入口上方呈内凹弧形的檐部,与二层的外凸围栏相呼应。而檐部上方的围栏又设计成外凸状,这"两凸一凹"营造了一种视觉上的美感。沿街立面以顶部断裂式山墙最具特色,山墙下方的窗洞上亦有精致的浮雕装饰。

四明银行汉口分行大楼

四明银行汉口分行大楼,1934年由中国近代著名设计师、浙江定海人卢镛标设计,是汉口第一座钢混结构建筑,1936年落成。该大楼是卢镛标建筑设计生涯中最具有历史价值的作品。楼梯内设有电梯,其他配套设施在当时也十分先进。1938年1月,孔祥熙出任行政院院长,行政院在武汉以办事处的名义办公,而办公场所就设立在四明银行汉口分行大楼四楼。这座大楼现在由中国人寿信托投资公司使用。

4.7.5　民安产物保险公司总公司租用英商亚细亚石油公司大楼

1946 年 2 月，民安产物保险公司总公司租下在今上海延安东路中山东一路 1 号，原英商亚细亚石油公司大楼底层的全部房屋用于办公，并正式对外营业。亚细亚大楼建成于 1916 年，高 7 层，是当时外滩最高的一幢建筑，1989 年被定为上海市文物保护单位。1996 年，亚细亚大楼成为中国太平洋保险公司总部。

1946 年，民安产物保险公司总部在亚细亚大楼开始营业

今天的亚细亚大楼夜景

4.7.6 宁绍人寿保险公司办公楼

宁绍人寿保险公司成立之初在上海江西路办公,后迁至北京路国华银行大楼。国华银行大楼现为上海市口腔病防治院办公楼。

4.8 宁波帮保险公司名称的由来与变更

4.8.1 天一保险公司名称的由来

范钦(1506—1585),宁波鄞县人,嘉靖年间进士,官至兵部右侍郎。范钦一生酷爱读书、藏书,于是建了一座藏书楼。相传有一天范钦在花园锄草,忽然翻起一块紫酱色的卵石,在太阳光下闪闪发光。他拾起一看,只见上面镂刻着一行正书:"天一生水,地六成之。"范钦看到这八个字忽然开窍——"天一生水,以水克火"。于是,他将"东明草堂"改名为"天一阁",把藏书楼改建成朝南坐北的六间二楼藏书楼,楼上一统间,表示"天一";楼下六开间,表示"地六"。天一阁是我国最古老的藏书楼,全国闻名。该门楼两侧挂着一副钟鼎文对联:"天一遗型源长垂远,南垒深意藏久尤难。"在宁波,随处都可以见到"天一"二字。天一保险公司大约也是照此取名。

宁波天一阁

4.8.2 四明保险公司名称的由来

在宁波,除了"天一"一词极为常见外,"四明"一词也是尽人皆知。"四明"二字出自"四明山"。这是宁波一座著名山峰,位于浙江省东部,横跨慈溪、余姚、鄞州、奉化、嵊州、上虞六市区,呈东西向狭长形分布,多低山丘陵,山峰起伏,岗峦层叠,海拔 400～900 米,主峰金钟山海拔 1018 米,位于浙江绍兴嵊州市境内。四明山曾是全国十九个革命根据地之一,也是中国南方七大游击区之一。在民国时期的报刊和银行发行的货币上经常可以看到巍峨的四明山。王伯元和孙衡甫给他们创办的保险公司取名"四明",大约也是希望公司能像家乡的山一样巍峨挺立。

4.8.3 中国保险公司名称的变更

1998 年,中国保险公司易名为中国保险(控股)有限公司。2000 年 6 月,组建上市公司中保国际控股有限公司。2009 年 6 月,更名为中国太平保险集团公司。

4.9 宁波帮保险公司保险业务

华兴水火保险公司 1905 年成立,主要经营火险和汽车险业务。

华安水火保险公司 1906 年 3 月成立,主要经营水险、火险、船舶险等业务。

华安合群人寿保险公司 1912 年 6 月成立,主要经营终身保寿、团体保寿、资富保寿、额定红利资富保寿、婚嫁立业保寿、人身意外保险。在政府筹款赎回胶济铁路运动中,开办"赎路储金保寿险"。上海发生"五卅惨案"后,又开办"经济救国保寿险"等业务。1930 年 4 月,华安合群人寿保险公司上书国民政府工商部,请该部下文告知各机关,办理团体保险应委托国人经营之公司承办。7 月 15 日,华安合群保寿公司与商务印书馆签订团体寿险合同(共 6 条)。合同自当日下午 4 时起生效,翌年同月同日下午 4 时期满。合同约定,保费一律全年每人 2.6 元,每人保额为 200 元;若保户在有效期内死亡,保险公司则交付赔款 200 元,由商务印书馆转交身故雇员家属收领。

同年 9 月,华安合群人寿保险公司上书国民党政府行政院,请令各机关提倡职工团体人寿保险,并由纯粹华商公司承办。9 月 30 日,国民党政府外交部发表训令,提倡职工团体保寿,并由纯粹华商公司承保,"兹以员工众多之机关,如铁道、海关、邮政、捐税等局,所分隶各部又不仅属于工商范围,故特呈请钧院令行各部转饬各机关,提倡职工团体保寿,并准由纯粹华商之保寿公司承保,以杜外商觊觎"。

华商联合保险公司 1933 年 6 月成立,专营再保险业务。

中国天一保险公司主要经营水险、火险、汽车险、邮包险、火车险、意外险、兵盗险、茧钞险、邮包险、信用险、牲畜险、玻璃险、利益损害险等业务。1935 年 12 月 2 日,上海《申报》登载了中国天一保险公司扩充人寿保险业务的消息。在全面抗战爆发不久,上海、杭州相继沦陷,内地客商货物由宁波转运上海,遂向天一保险公司投保水险,天一保险公司因之业务繁忙,保险费收入十分可观。后因船只触礁沉没较多,赔付数额较大,于是停办水险业务。

中国海上意外保险公司 1932 年 10 月成立,主要经营水险、火险、意外险。

大东保险公司 1941 年 8 月成立,主要经营水险、火险、意外险及其他损失保险业务。

中国航运保险公司 1941 年 10 月成立,主要经营水险、意外险业务。

大南保险公司 1942 年 4 月成立,主要经营水险、火险、意外险及其他损失保险业务。

大上海保险公司 1942 年成立,主要经营水险、火险、意外险及其他损失保险业务。

富华保险公司 1942 年 9 月成立,主要经营财产损失保险业务。

大上海分保集团 1942 年组建,主要经营再保险业务。

宁绍水火保险公司 1935 年设立,主要经营水险、船壳险、汽车险等业务。

四明保险公司 1933 年 4 月成立,主要经营水险、火险、汽车险、火车险、航空险、邮包险、船壳险、兵盗险、茧子险、海员险等业务。1934 年 4 月 8 日,上海《申报》刊登了四明保险公司海员保险开办情况:"四明保险公司,开业以来,凡火险、水险、汽车各种保险次第举办,信用昭著,保户踊跃,近另辟海员特种保险一部,专保服务于大小轮舶趸船码头及与船舶有关系之职工,其方法系一年一度,并不连续至五年、十年以上,保额只限一百元至一千元,保费极轻,且可分期缴付,处处顾全海员之生活状况及其能力,而手续之简便尤使一般海员易于明了。特聘前招商局科长洪雁宾为经理,设事务所于公馆马路祥安里三号,于四月一日开始受保,备受各轮船各海员团体之欢迎,数日之间,投保者已达千余户矣。"

大华保险公司 1927 年 3 月成立,主要经营水险、火险、意外险、信用险、汽车险、兵盗险等业务。

中国保险公司 1931 年 11 月成立,成立初期,主要业务有一般保险业务、再保险业务。在一般保险业务方面,率先开办了纱险、茧子险、奶牛险、电梯险、柜窗玻璃险、船壳险、水上运输险等险种。1933 年秋,又增加了人寿保险业务。1949 年,中国保险公司为配合人民政府反封锁、反轰炸政策,适时开办了运输兵险、航业员工兵险和小额船壳兵险 3 项政策性的新业务。

中国人寿保险公司 1937 年由人寿保险部改组而来,经营人寿保险业务,品种有终身人寿保险、储蓄保险、人身意外保险、劳工保险、雇主责任保险等。

宁绍人寿保险公司经营范围。1931 年,宁绍人寿保险公司制定《司机意外伤害及车务交通保险章程》。1933 年 8 月,《上海宁波日报》对宁绍人寿保险公司进行了采访,描述了今后之发展方向:"举办海上特别寿险,以资保障航海员工之身家幸福;努力推进团体保险,使职工无身家后顾之忧,一心一意谋求事工之进步,消泯劳资间一切不幸之纠纷,以期吾国生产事业得以发皇与成功;举办职工保险,使月入微薄之劳动阶级亦得身家保障之机会。"1934 年 7 月 10 日,宁绍人寿保险总公司登载了如下两则启事:凡属本公司之保户,均可到公司医务部免费检查身体和注射防疫针;增设意外保险部,开办汽车险、意外险、玻璃险及电梯险业务。1935 年,宁绍人寿保险公司制定《承办沪江大学团体保险办法》(共 10 条)。

泰山保险公司 1932 年秋季开业,主要经营水险、火险、人寿险、意外险等业务。1933 年 4 月 28 日,商务印书馆与友邦、泰山、四海三家保险公司签订《投保职工不分红终身寿险合同》(共 14 款)。合同约定,职工投保寿险可从上述三家保险公司中任择一家,保费(每千元保险金额)按年龄(21～55岁)确定,规银 18.05～56.52 元不等;保险金额按职工工资(10 个月薪水)确定,400～4000 元不等。合同期限为 5 年。

4.10　宁波帮保险公司保险费率

保险费率是根据保险赔款、保险部门的业务经费开支和保险标的的危险程度等情况确定的。参加保险的户数越少,在市场上保险承受的量也越小,保险费率就越高;反之,保险费率就越低。

4.10.1　商议火险实价问题

1932 年 5 月,上海保险公会推选冯佐其、徐可陞、朱如堂、丁雪农、过福云 5 位代表与洋商保险公会继续讨论火险实价问题,嗣后将研讨结果向公会作如下汇报:"华洋保价之不一,由来已久。洋商照定率实收,华商则例有折扣,虽为招徕起见,不得不稍示通融,而经纪人之垄断包揽,亦为主要原因。不意近年来保险业务需要日切,推行日广,遂致不能团结,而竞争愈烈。往往放盘兜揽,不暇虑及有无影响于事业! 在投保者固取其省费,容有比较之心;而承保者忽于远谋,只以敏活为务,忘所负之重任,冀取决于一时! 照现势所趋,若不急谋挽救,力图改善,不惟与营业本旨大相径庭;诚虑江河日下,或至不能互相维系之时,其危险或不堪设想! 挽救之法,惟有废除折扣,照洋商办法,按定率一律实收;一面将定率登中西各报,一一公布,使保户明了价额,无论其为迳向公司亲自投保,或委托经纪人代为投保,均应照定率实付。至经纪人所招揽之生意,由公司在所交保费内提给百分之十五为佣金,保户但照费实付,无须过问。如此,则保户与同业均有一定轨迹可循,互相维系之效可立致也。"[①]1934 年 7 月,上海华洋两家保险公会初步确定改订实价三项原则:①中外公司对于中外保户价目,应用同一价格,一律均按实价收费;②经纪人佣金应限制,至多不得超过 20%;③经纪人应进行登记。

---

① 毛价就是价目表上既定的价率,实价就是由毛价折实的价格。原属一致,后因火险各公司竞争,才有毛价、实价之分。

4.10.2 制定关于改用百分率分派本公司及各股东公司之受保责任的 14 条办法

1934 年 11 月 22 日,华商联合保险公司召开第 30 次董监事联席会议,制定了关于改用百分率分派本公司及各股东公司之受保责任的 14 条办法。伦敦劳合社同意新限额后即宣布实行日期。

4.11 宁波帮保险公司保险赔付

保险赔付是保险人履行保险合同义务、执行保险赔偿职能的重要环节。保险人应依据保险合同的约定确定保险责任。

4.11.1 宁绍人寿保险公司保险赔付

1934 年 9 月 12 日,上海《申报》刊登了一则报道《平沈通车遇害旅客宁绍人寿三倍赔款》:"本年七月一日第一次平沈通车,在茶淀车厢轰炸,当时曾有旅客尹道恪者,任职本埠华业银行,由北平往北戴河避暑,被炸身故。兹因尹君曾在本埠北京路宁绍人寿保险公司保险,以故该公司曾一再催促其家属前来领取赔款,惟以尹君身前指定其乃兄公毅为领款人,而彼则因惊痛之余,久留牯岭,本月九日来沪,该公司即于二小时内如数赔款。兹闻尹君身前曾保有意外险,照章因外伤亡而死于公众车舟内者,须三倍赔款,以故所保保额仅二千元,而领得赔款竟有六千元之多。"

4.11.2 四明保险公司保险赔付

1936 年 5 月 13 日,无锡泰隆面粉厂失火,厂房遭焚毁。上海四明保险公司、皇后保险公司、安平保险公司、连纳保险公司等 4 家保险公司承保火险 30 万元(国币),太平保险公司承保货物险等 10 万元。各保险公司委托益中公证行、鲁意斯摩公证查勘。

4.11.3 泰山保险公司、中国保险公司保险赔付

1936 年 6 月,福州平安货仓(内装闽北各县运来的茶叶等杂货)着火。各货主保有巨额货物火险共 24.1 万元(国币)(由四海保险公司、泰山保险公司、永丰保险公司、禅臣洋行、太古洋行、太洋保险公司、海上保险公司、裕

昌保险公司、中国保险公司、扬子保险公司、保众保险公司等承保)，其损失之巨，创福州火险理赔纪录。各公司乃委托上海益中公证行、三义公证行、鲁意斯摩公证行三家公证行赴闽检验。

4.12 宁波帮保险人才培养与聘用

宁波帮在保险业经营管理过程中，对保险人才十分重视。中国保险学会、宁波帮一些保险主体积极开展了保险教育活动。

4.12.1 宁绍人寿保险公司保险人才培养与聘用

1934 年 8 月 27 日，上海《申报》刊登了报道《宁绍人寿保险公司杨培之定期赴美，入本雪佛尼亚大学研究保险》："宁绍人寿保险公司保单部主任杨培之君，前攻读沪江大学商科，于民国十七年应全国各大学商业论文锦标，赞誉交颂，颇得该校校长刘湛恩之器重，同学诸辈，咸皆推爱备至。嗣于十八年毕业，得商学士学位，即受聘友邦人寿险公司，始知人寿保险，不仅个人之身家生命得有保障，即整个社会之繁荣，影响甚巨，乃不避艰苦，竭力探讨人寿保险之原理，与乎社会之实施，苦口婆心，善言倡导，聆者莫不动容，一呼百应。宁绍人寿保险公司寿险专家总经理胡詠骐，延聘为保单部兼续费部主任。杨氏对于新营业之推广，旧营业之维持，能积极负责，不避劳怨，深得总经理之嘉奖。今杨氏感吾国之寿险事业，尚属萌芽，兹特请假赴美求学，于九月四日乘'杰佛逊总统号'入本雪佛尼亚大学，专攻人寿保险，预期二年，再入美国保险公司实习，冀诣深造，他日学成返国，效劳寿险界，俾竟其'寿险救国'之素志。连日沪上各团体及诸亲友道贺饯行者颇众云。"1936年 2 月 21 日，上海《申报》又刊登了《留美保险专家杨培之转日考察回国》一文："宁绍人寿保险公司保单部主任杨培之氏，办理寿险业务有年，经验丰富，学识优长，提倡团体职工保险，尤不遗余力，为国内杰出之保险人才。前年为求深造计，赴美入本雪佛尼亚大学专攻保险学，潜心研究，造诣益深。毕业后，得商学专科硕士，成绩优异，深为该校当局所嘉许，派赴美国各大城市保险公司实习，颇多心得。业已学成返国，特再转道赴日考察该国国有财产保管及团体职工保险,现已抵日,约有二星期之逗留,然后搭日轮'皇后号'回国,约三月五号抵沪。届时,沪上亲友当有一番欢迎盛况。盖杨氏以保险专才贡献我国保险界,必有一番新猷。"1935 年 7 月 28 日,上海《申报》刊登《宁绍人寿保险公司聘戚正成君为襄理》,内容如下:"北京路宁绍人寿保险公司向以教育方法推广营业,以冀社会人士认识其中利益而投保。最近该公司聘请教育界名宿戚正成君为襄理。按戚君为上海沪江大学文学士,曾任上海青年会商业日校教务主任、华东基督教总干事,并特派赴日考察教育专员暨华华中学校长等职,现受该公司之聘,以其治学专材,襄赞寿险业务,可收异途同归之效。良以寿险业务,于今日之我国,正需教育工作,以资灌溉也。"

4.12.2 四明保险公司保险人才聘用

1934 年 8 月 24 日,上海《申报》报道:"四明保险公司聘郑澄清为副经理。四明保险公司在本市南京路中,为旅沪甬绅孙衡甫、俞佐庭、谢瑞森等新创办,规模宏大,信用素著。该公司近为图业务更形扩充计,特聘请本市商界闻人郑澄清君为副经理。郑君历任本市商协会执行委员、商整会委员,现任市商会执行委员,努力本市商运有年,近正经营实业,交友颇广,与本市各业领袖交谊素笃,以信用素著、规模宏大之公司,更兼郑君交友广阔,相得益彰,预料业务必能日益发展也。"

4.12.3 天一保险公司保险人才聘用

1935 年 9 月 22 日,上海《申报》刊登了报道《天一保险公司新聘妇女部主任》:"天一保险公司服务社会,信誉久著,兹因推广业务并便利女界投保人寿起见,特聘请蔡陈汉侠女士为该公司人寿处妇女部主任,以便与女界专诚接洽保寿事宜,而免隔阂。蔡女士历在本市务本、智仁勇各女校担任教课,并于女青年会、妇女节制会、麻风会等处办理公益事务,素具热忱,交游亦广,现在该公司服务,必能多所擘划,为妇女界谋福利。凡欲与蔡女士面洽寿险事宜,可于每日上午九时至十二时,或下午三时至四时,迳往该公司妇女部可也。"从该篇文章分析,中国天一保险公司对女性职员的工作精神十分认可。1935 年 12 月 2 日,上海《申报》报道了中国天一保险公司为扩充人寿保险业务,特聘保险专家李迪云氏为公司副经理兼人寿部营业主任,

"李氏系圣约翰大学出身,留学欧美,归国后,任华安合群人寿保险公司营业部监理十有余载,嗣又一度任大陆报馆副经理,学识经验极为丰富,曾交游素广。此次荣膺该公司副经理,自能胜任愉快,预料今后该公司营业当益发展云"。

4.12.4　上海市保险业业余职工联谊会保险人才培养

上海市保险业业余职工联谊会积极开展丰富多彩的联谊活动,吸引了广大保险职工参加。到1940年1月,会员有1402人,约占整个上海保险职工总数的70%。保联学术部经常举办学术讲座,培养了大批保险人才,适应了当时保险业务发展的需要。

4.12.5　中国保险学会与上海市保险业同业公会保险教育

1935年11月20日,上海市保险业同业公会致函中英庚款委员会,请予选派留学生名额内酌定2名,专攻保险专业。1936年6月28日,中国保险学会理事长宋汉章呈请教育部通令各书局于教科书内增加保险题材之内容,以资倡导,使保险思想得以普及,并附呈日本文部省发行高等小学读本卷二第十课保险译文一份。同年10月,中国保险学会及上海市保险业同业公会联名分函全国公私各大学、各学院,以及各专门学校,说明将保险学科定为必修课程的重要性:"保险事业对于社会经济之发展,国家财富之增殖,人民俭德之养成,在皆有密切关系。丁此国势凋敝、俗尚奢靡之秋,厥宜将保险学识普及灌输,庶可树育人民节俭之风气,辅助国民经济之建设。考诸欧美各国,凡各大学及专门学校,对于政治、经济、法律、商学各系学生,设有保险学为其选修课程者,固所常见,而特别规定保险学为其必修课程者,为数亦属不少。"恳切期望这些学校"对于政治、经济、法律、商学各系学生,宜仿欧美成法,将保险学一科定为必修课程,俾百年树人,终收为国储材之效"。不久,武昌中华大学、上海沪江大学、广东法科学院等函复,或称已照办,或称拟将设立保险学科。11月21日,上海市保险业同业公会等再行呈文国民党政府教育部,效法日本,通令国内各大书局于教科书内增加保险教材,以资倡导,并由胡咏骐携函至教育部面呈。1937年1月4日,国民政府教育部批准中国保险学会及上海市保险业同业公会关于各大书局将保险教材列入教科书的呈文,内容如下:"代电悉,所请于小学及民众学校教科书内添编保险材料一节,查小学课程标准业经修正公布,其中有储蓄一项,自包括保险教材,将来编订教学要目时,可将保险一项刊入要目中,至民众学校课本,业已编竣,将来改编时,亦可将保险教材酌量加入,此批。"

4.12.6　民联分保交换处保险人才培养

上海市保险业同业公会、民联分保交换处为提高会员公司从业员研究保险学术兴趣,经常举办"保险讲习会",金瑞麒是其中的热情倡导者和积极参与者。第一届"保险讲习会"由民联分保交换处研究室主任关可贵与副秘书长唐雄俊共同筹备,于 11 月 28 日在宁波路钱业大楼三楼开幕,理监事金瑞麒、毛啸岑(合众保险公司经理)、茅子嘉、林子和、王丰年、郭晓航都莅临参与,关可贵致开幕词。中国人民保险公司监管部门负责人施哲明做了重点讲话,强调了三点建议:要使保险技术与社会要求相结合,要理解保险技术的特殊性,要认识保险的社会意义。随后,毛啸岑做了题为"保险事业之使命及今后之动向"的讲座,以人民政府的共同纲领为依据,详细分析和证明了民营保险公司在今后的新经济政策和新民主主义之领导下,受到充分的保障,前途是无限的。"保险讲习会"议定每逢周一、周二、周五,于下午四时半至六时开讲,此后如期展开,所聘请的讲师都是保险界经验丰富、学识高深的知名人士,讲习内容以保险理论和实务并重,听讲者每次在 200 人左右。如金瑞麒的讲座主题为"华商保险业状况与组织民联分保交换处的意义",唐雄俊的讲座主题为"货物水险保单及条款",关可贵的讲座主题为"保险原理与火灾保险单条款",王槐声(太平保险公司意外科科长)的讲座主题为"意外保险",杨洪山(民联分保交换处)的讲座主题为"火险承保",卢蓉舟(太平保险公司赔款科科长)的讲座主题为"火险赔款与估理",吴道坤(国立上海商学院训导长兼保险系第一任系主任)的讲座主题为"农业保险",姚达人(中国人民保险公司华东区公司副总经理)的讲座主题为"船舶保险",郭晓航的讲座主题为"牲畜保险",林子和(中国工业联合保险公司)的讲座主题为"共同海损",王九成(太平保险公司)的讲座主题为"保险会计及其实务",等等,都是演讲者多年工作之心得。讲题涵盖保险业的各个领域,加深了学员对保险业的认识。

4.12.7　胡詠骐关心保险人才培养与保险教育

为贯彻"以被保险人利益为前提"的经营理念,胡詠骐聘请专家担任教练,对从业人员进行相当时期之训练,培训合格方可上岗服务客户。通过同业公会呈请当时国民党政府,以同业公会名义吁请国民政府庚款委员会在公派赴外留学生中规定保险专科名额,后争取到了专攻保险的 2 个名额。与中国保险学会联函全国公私各大学、学院及专门学校,将保险学作为必修课程;与同业公会和中国保险学会联名向各大学商学院建议,在商科中规定保险学列入必修课;与中国保险学会联名呈请教育部通令全国各大书局,参照欧美、日本先例,在中小学教科书中增加有关保险知识的课程内容。为此,胡咏骐在 1936 年 11 月携函至教育部要求增加保险教材。此外,胡咏琪还倡议创办阅览室和图书馆,购置中外文保险书报及杂志,鼓励保险从业人员学习知识,提高业务水平;创造条件组织保险学术演讲,大兴保险研究之风。

4.13 宁波帮保险公司保险单赏析

4.13.1 上海华兴保险股份有限公司保险单赏析

上海华兴保险股份有限公司保险单,画面艳丽,印刷精美,保单上端为中英文公司名称标识。左端贴销绿色"长城图"印花税票 2 枚。保险单编号:50742 号。签署日期为 1937 年 10 月 8 日。签署地宁波。保险种类:财产保险。投保人:成忝昌生记南货海味号,坐落于江东百丈路。保额:国币 1400 元。一次缴保险费国币 31.5 元。保险期限:1937 年(民国二十六年)11 月 15 日—1938 年(民国二十七)11 月 15 日下午 4 时。有总董傅筱庵、总经理厉树雄的签字钤章,并加盖公司钢印。

4.13.2 中国金星人寿保险有限公司趸缴存款拾年保险单赏析

中国金星人寿保险有限公司趸缴存款拾年保险单,票幅较大,宽 71 厘米,高 54 厘米,画面艳丽,印刷精美,单首中央金色五角星光芒四射,为中英文公司名称标识,边框里繁缛的花饰,装饰花团、五角星等吉祥元素。上端贴销"长城图"红色 1 角印花税票 2 枚。因为 1936 年 1 月 31 日国民党政府立法院修改新《印花税法》第 7、13、16 条以及 6 类税率,其中规定保险单如

1937 年上海华兴保险股份有限公司保单

（来源：博宝艺术网）

系人身保险，每件按保额每千元贴印花 2 分。保险单编号：12013 号。签署日期：1920 年（民国九年）11 月 3 日。签署地上海。保险种类：趸缴存款 10年。投保人：沈国昌，17 岁。代投保人：沈缄三。保额：大洋 1000 元。一次缴保险费 675.7 元。以 1930 年（民国十九年）11 月 1 日为该保单期满之日。有总董唐绍仪、总理易次乾的签字钤章，并加盖公司钢印。从条款内容来看，属于寿险带存款性质的分红保险：被投保人在认定的 10 年期内健存无恙，除将所保金额大洋 1000 元照数给还外，并加以相当之红利；倘被投保人不幸于保险期内遭遇不测，中国金星人寿保险有限公司一经获得确凿证据，则即时将已收莡缴之保费金额如数付还，并加长年三厘半利息，付还代投保人沈缄三或沈国昌之法定承嗣人。据背面保险条款分析，保险单还可用于押款，佸兑现银。

中国金星人寿保险有限公司莡缴存款拾年保险单

4.13.3 中国天一保险股份有限公司火灾保险单赏析

中国天一保险股份有限公司火灾保险单(附保险费收据),宽 31 厘米,高 43 厘米,公司名称下边有圆形司徽图案,地球仪上添加"天一"二字,旁边星月浮云环绕,上下有中英文公司名称标识,两侧钤盖"上海市火险同业公会会员""上海市保险业同业公会会员 10"朱红印鉴。保险单编号:318410号。签署日期:1942 年(民国三十一年)10 月 7 日。签署地上海。保险种类:火险 1 年。投保户:三一画片公司。保险标的:油墨金粉橡皮毯化学品,地址在上海法租界福煦路 939 号。保险金额:新法币 20 万元整。保险费:新法币 990 元整。有上海分公司经理谢志方的签名钤章。

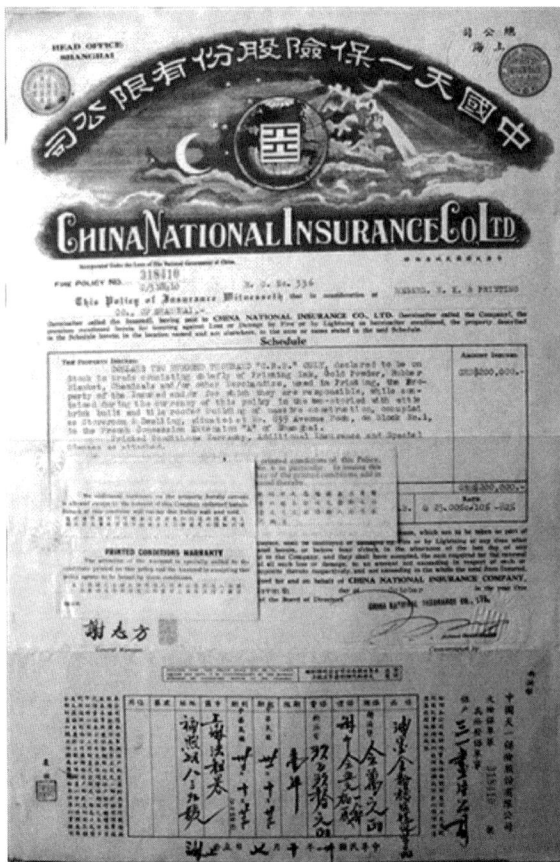

中国天一保险股份有限公司火灾保险单

4.13.4　大华保险股份有限公司火灾保险单赏析

大华保险股份有限公司火灾保险单,宽 29 厘米,高 43 厘米,单首设计很有民族特色,硕大的地球仪上,身着长袍马褂的年轻夫妻手执保险单,幼子坐于前,三口之家其乐融融;两端有城堡、轮船、火车、汽车等图案,形象反映出主营财产险的业务特征;周围有中英文公司名称标识。保险单编号:火险 33536 号。签署时间:1927 年(民国二十六年)。保险种类:火险 1 年。保额:1200 元。右上端标注"董事陈光甫、刘鸿生、刘吉生、余日章、潘学安"。加盖公司钢印。

大华保险股份有限公司火灾保险单

4.13.5 四明保险股份有限公司火灾保险单赏析

四明保险股份有限公司火灾保险单,宽 30 厘米,高 42 厘米,单首图案设计为一只猛狮伏在地球仪上,有睡狮猛醒之寓意。周围有中英文公司名称标识。钤盖"上海特别市保险业同业公会会员 32"印鉴。保险单编号:火险 95857 号。签署日期:1944 年(民国三十三年)3 月 13 日。投保人:陈坤鑫。保险种类:火险 1 年。标的:衣服、家私、行李,上海北海路 13 号裕元号内。保额:储币 10 万元。保险费:储币 495 元。1945 年(民国三十四年)3 月 11 日为该保单期满之日。左下端标注"外保不批""珠宝首饰表古玩不包在内";加注"所缴保险印纸费按保险费百分之一计伍元",贴销 2 枚税票。钤盖公司钢印。

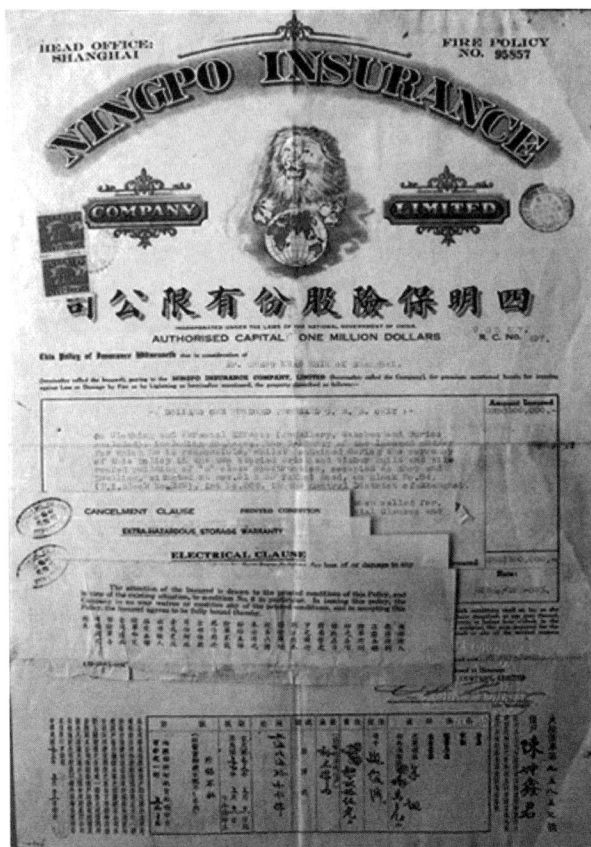

四明保险股份有限公司火灾保险单

4.13.6 泰山产物保险股份有限公司运输保险单赏析

泰山产物保险股份有限公司运输保险单,宽 22 厘米,高 29 厘米,公司名称下边有圆形木刻泰山风景,下沿"安若泰山"四字,图案寄寓着泰山保险公司稳健运营、可持续发展的良好祝愿。保险单编号:53402 号。签署日期:1949 年 12 月 21 日。签署地上海。投保户:天津建源公司。保险种类:火车运输险,从上海至天津,"平安险兼到埠火险七天","依本保险单基本条款第七项办理,赔款给付地点:上海"。标的:"三潭印月"牌细布 10 件。开行日期:1949 年 12 月 21 日。保险金额:人民币 3000 万元。保费率:每百元 0.85元。保费:25.5 万元整。有董事长徐寄顾、总经理杨培之的签名钤章。左上端贴销 2 枚改值税票。

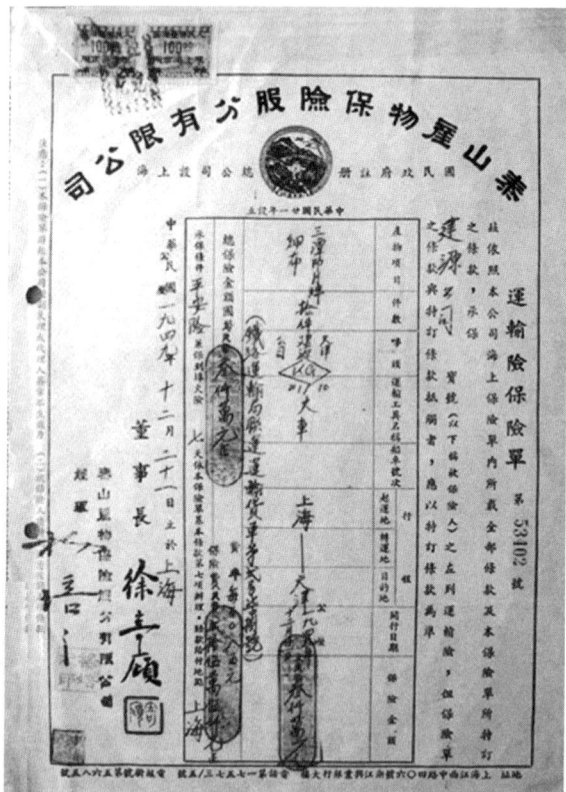

泰山产物保险股份有限公司运输保险单

4.13.7 中国天一产物保险股份有限公司火灾保险单赏析

公司名称下边有圆形司徽图案,地球仪上添加"天一"二字,旁边星月浮云环绕,上下有中英文公司名称标识,右侧钤盖"上海特别市保险业同业公会会员 23"朱红印鉴。保险单编号:C133308 号。签署日期:1947(民国三十六年)11 月 21 日。签署地上海。投保户:同济药房。保险种类:火险 1 年。标的:西药,地址在苏州城内大成坊巷 96 号,二层砖木造瓦顶木门面房屋用作药房。保险金额:法币 1000 万元整。保费率:每千元法币 13.2 元。保费:13.2 万元整。保险期限:1947 年 11 月 20 日—1948 年 11 月 20 日下午 4 时止。有董事长周作民、总经理谢志方、上海分公司副理陈立文的签名钤章。

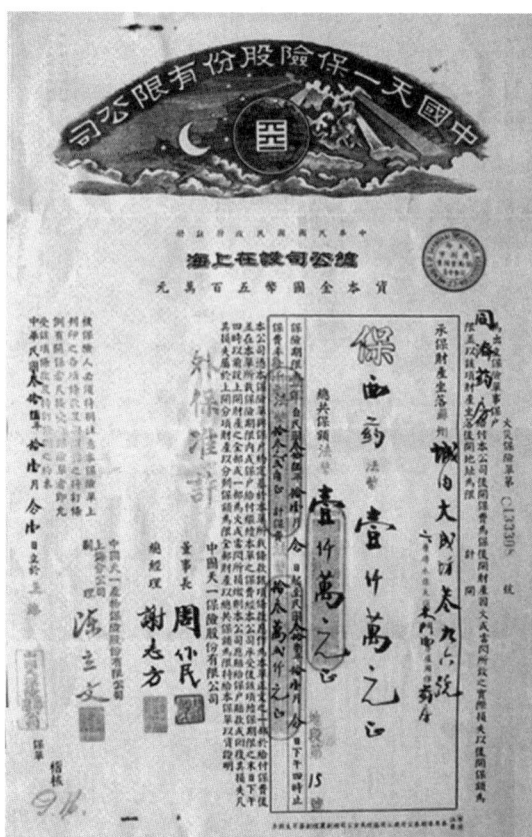

中国天一产物保险股份有限公司火灾保险单

4.13.8 太安丰产物保险股份有限公司产物火灾保险单赏析

票单首端居中是三环相连司徽图案,中间嵌进"太安丰"三字,可以揣度要表现这家公司由太平保险公司、安平保险公司、丰盛保险公司三家保险公司联合组建的历史背景。司徽周边有飞机、火车和轮船图案,形象呈现了公司以水火险、运输险为主的业务经营特色。保险单编号:036325。签署日期:1948年(民国三十七年)4月5日。签署地上海。投保户:静记,坐落在上海市南阳路廿九弄西区69号。保险种类:产物火灾1年。标的:房屋一、二层,专作"住家之用"的"砖构造、瓦屋顶、水泥特等建筑",附注"如保房屋,地角阴沟除外,如保衣物、行李及私用物品,则金银珠宝、古董字画、钟表首饰除外"。保额:国币5亿元整。保险费率:每千元3元。保险费:国币150万元。保险期限:1948年4月2日—1949年4月2日下午4时止。有总经理金瑞麒、经理卜坤一的签名钤章。

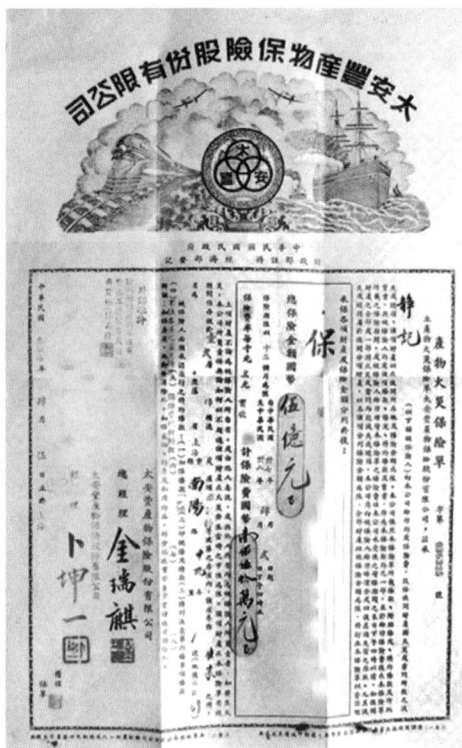

太安丰产物保险股份有限公司产物火灾保险单

4.13.9 四明保险股份有限公司产物火灾保险单赏析

保险单编号:19436 号。签署日期:1948 年(民国三十七)2 月 17 日。投保户:庆正裕,上海浦东庆正裕号内。保险种类:火险 15 天。标的:鸭毛。保额:8 亿元整。保险费:62.5 万元。以 1948 年 3 月 3 日下午 4 时为该保单期满之时。左下端标注"外保不批"。有总经理金瑞麒、经理王信丰的签名钤章。背面贴销 4 枚联运图税票。钤盖公司钢印。

四明保险股份有限公司产物火灾保险单

4.13.10　太平洋保险股份有限公司火险暂保单赏析

太平洋保险股份有限公司火险暂保单,有附加特款和火灾保险条款。单面简洁,无图案装饰,上端司徽,标注"国民政府注册,资本陆仟万元"字样。保险单编号:火险暂保第 051709 号。签署日期:1948 年(民国三十七年)9 月 7 日。投保者:泰安纺织公司。保险种类:火险。标的:布包陕花 62件,放置于重庆南岸五桂石亚西仓库。保额:金圆 1.85 万元。保险费率:每千元 12 元。保费:金圆 66.6 元整。保险期限:2 个月。有重庆分公司襄理张维仁的签名钤章,并钤盖重庆分公司两方朱红印鉴。背面贴销多枚税票。

太平洋保险股份有限公司火险暂保单

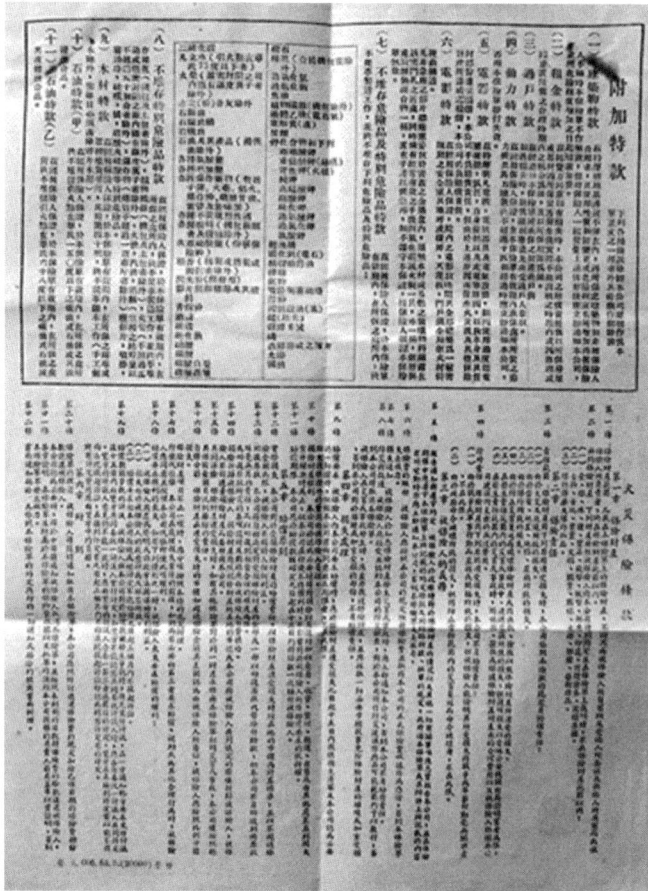

太平洋保险股份有限公司火险暂保单

4.13.11　中国工业保险股份有限公司火险投保单赏析

中国工业保险股份有限公司火险投保单,最上端为"开业纪念"四字,字下端为中国工业保险股份有限公司中文名称和英文名称。投保单正中为"火险投保单"字样,底纹为中国工业保险股份有限公司标识。投保单朴素简洁,令人过目不忘。

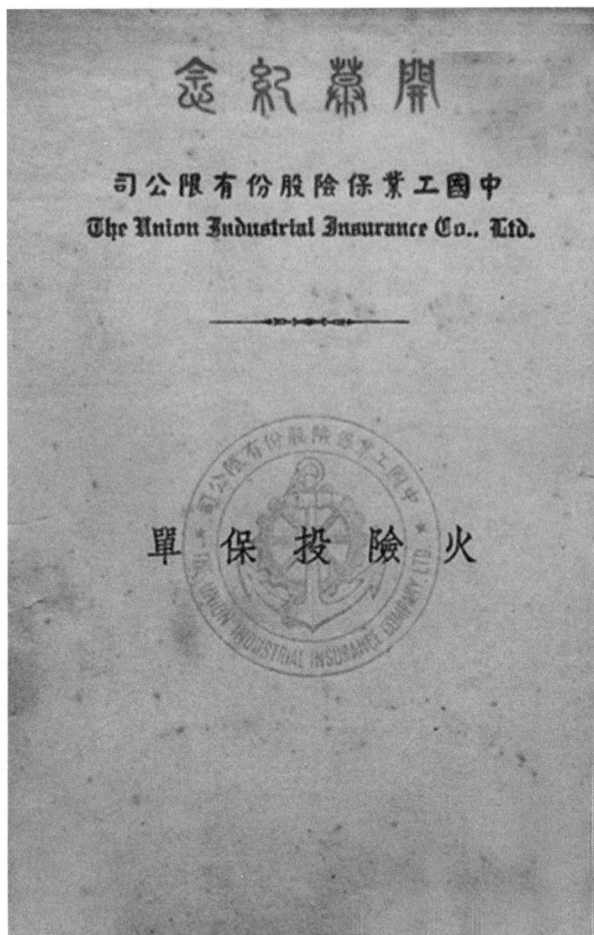

中国工业保险股份有限公司火险投保单

4.13.12　华安合群保寿股份有限公司保险单

1934 年的华安合群保寿股份有限公司保单共两种：一种票面红色，为人寿保险单收据；一种票面蓝色，为资富保寿单。由徐绍桢等签署发行，形制美观。

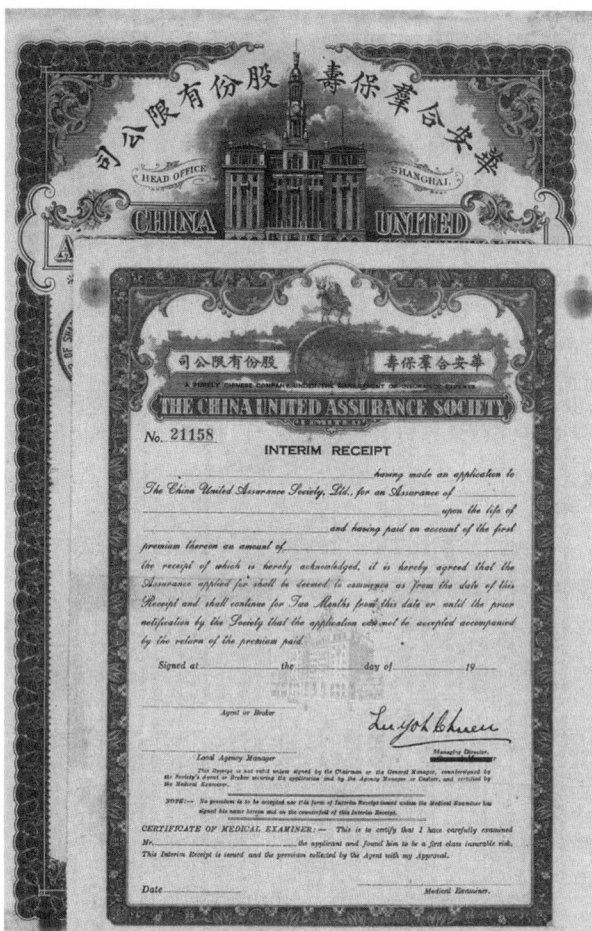

华安合群保寿股份有限公司保险单(两种)

4.14 宁波帮保险公司保险广告赏析

4.14.1 上海华兴水火保险有限公司月份牌赏析

民国时期,许多人对保险的认识得益于月份牌,月份牌的用处相当于今天的挂历,被商家广泛用于广告宣传,故全名为月份牌广告画。月份牌可以说是中国现代平面设计的先声,是20世纪初中国传统文化与西方现代商业文化碰击出的特定产物。它伴随着中国近代城市化的崛起而出现,在西方影响和本土化的双重变奏中绵延数十年,为中国 20 世纪的前半叶保留了珍贵的视觉文化遗产。

上海是中国最早传播西方现代文明的城市,多数现代生活设施在 19 世纪中叶就已传入租界。1888 年,月份牌在上海发轫,它在为保险公司推销产品、宣传形象的同时,更以一种逼真的绘画风格,把上海的新式生活推及全国城乡,从而丰富了整个国家关于现代化的想象。月份牌多以美女为视觉中心,这些风情万种的美人,经过广告设计师的传神刻画,其流转顾盼的眼神折射出一个时代的欲望,激活了那一张张发黄的、本无生命的纸片。月份牌所展现的不仅仅是画作本身的艺术魅力,还浸透了当年月份牌画家的人格魅力。

上海华兴水火保险有限公司 **1919** 年印行的月份牌

　　图为上海华兴水火保险有限公司 1919 年印行的月份牌。《西厢记》画面主图是驿道亭边，垂柳袅袅，张生与崔莺莺斟酒惜别，离情别绪跃然纸上，搀扶小姐的红娘及牵马挽缰的书童各具神态。上端有"恭贺""新禧"祝词，下端印有宣传文字："本公司设在上海福州路五号洋房，已历十余年，专保水火两险，招集股本规银一百万两，完全华股。沿海通商口岸以及内地设有分公司，办事诚信，赔款迅捷，久为惠顾诸君共鉴。愿我士商各界抒爱国之诚，推同胞之谊，宠临赐顾，无任欢迎，敬布数言，惟希公鉴。上海华兴水火保险有限总公司谨启。"另附"总董朱葆山，董事周金箴、陈辉廷、施子英、严之均、谢伦辉、傅筱庵，总经理梁炳垣"以及各埠的分公司经理名录，"中华民国八年岁次己未，西历一千九百十九年"的中西年历对照表，且有二十四节气、礼拜等内容。最下端有"上海老闸区中华图书馆印刷所代印"字样。该月份牌详尽地介绍了公司的负责人、地址、经营实力、机构分布、经营范围，而且以华商公司的爱国之情，拉近了与国内保险消费者之间的距离。

4.14.2　民安产物保险股份有限公司广告赏析

　　这幅广告刊出时间大约在抗日战争胜利后。从广告文字看，民安产物保险股份有限公司时任董事长为卢作孚，总经理为卢绪章。经营的保险业务有：海上保险、内地木船保险、火灾保险、水陆运输保险、船壳保险、邮政包裹保险、汽车保险、航空运输保险。总公司在上海中山东一路（外滩）1 号。公司在重庆、汉口、广州、天津、南京、沈阳、长春、永吉、内江设立了分支公司，在全国各大城市与乡镇设立了国内代理处。

民安产物保险股份有限公司广告

4.14.3 《申报》刊登的"宁波江东老江桥下乾和号"保险赔款鸣谢广告赏析

1913 年 9 月 24 日,《申报》刊登了宁波江东老江桥下乾和号保险赔款鸣谢广告,标题为《华侨合众水火人寿保险公司赔款异常快捷广告》,以"异常快捷"四字来说明赔款速度。广告内容:"敝号于阳历八月四号由袁履登翁经手代向上海华侨合众公司投保火险,规元一千两正。忽于八月三十一号遭邻居回禄,所有生财、装修全遭焚毁。今蒙该公司如数照赔,即日将银交楚。足显华侨办理资本丰厚,诚信无欺,感佩之至。谨俾同胞知所闻津焉。"

《申报》刊登的保险赔款鸣谢广告

4.14.4 民联分保交换处制作的"火烛小心"宣传广告赏析

民联分保交换处制作的这幅宣传画,重点突出"火烛小心"四个字。左边画面为熊熊烈火,下有文字提醒:"提高警惕,防火防特;巩固生产,保障物资。"右为民联分保交换处公司名表,列明公司地址和电话,便于客户联系与沟通。

民联分保交换处"火烛小心"宣传广告

4.14.5 太安丰产物保险公司硬纸板广告牌赏析

太安丰产物保险公司硬纸板广告牌,高 38 厘米,宽 26 厘米。底色为红色,上用银灰色题写文字,显得热烈醒目。下方是厂房住宅发生火灾的场景,有"火烛小心,保险要紧""稳妥可靠,服务周到"广告词,还有"地址:上海江西中路二一二号,电话:一四七九二、一四一五五、一八〇二二"等文字信息。

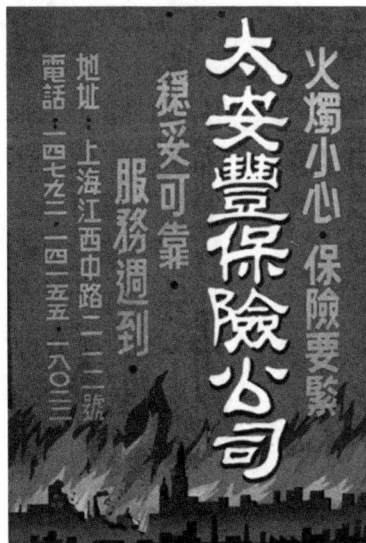

太安丰产物保险公司硬纸板广告牌

4.14.6 安平水火保险有限公司广告画赏析

安平水火保险有限公司广告画

画中一位雍容华贵的妇人坐在一张藤椅上,手拿绘有花纹的信笺,微笑地看着远方。这幅画或许在表达对亲人的挂念,期盼远方的亲人平安。画的左右两侧为总公司、分公司、支公司、代理处等的地址及电话。上方为安平水火保险股份有限公司的名称和标识。下方文字应是公司业务介绍。

4.14.7 泰山保险公司硬纸板广告牌赏析

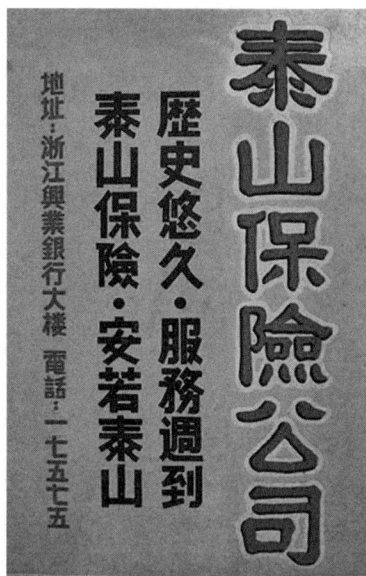

泰山保险公司硬纸板广告牌

上图为泰山保险公司硬纸板广告,底色为黄色,用红色和黑色题写文字。右边是公司名称"泰山保险公司",中间为"历史悠久、服务周到,泰山保险、安若泰山"广告词,左边为地址(浙江兴业银行大楼)和电话(一七五七五)信息。

5 宁波帮在不同区域的保险经营活动

宁波帮实业家善于开拓市场、占领市场。《鄞县通志》说："五口通商后。邑人足迹遍履全国、南洋、欧美各地,财富日增。"

5.1 宁波帮在上海的保险经营活动

宁波帮主要活动地域在上海。日本学者斯波义信在《宁波及其腹地》一文中指出:"据说在 18 世纪末,数千宁波商人已移居上海。"实际上在鸦片战争后,上海取代广州成为我国对外贸易的中心,宁波旅沪经商者不下数十万人。"当上海崛起为整个长江下游地区的中心大城市和中国最主要的贸易中心时,宁波商人已经巩固了他们对上海的经济控制。"早在 19 世纪,宁波人就控制了上海的钱庄,而且参与经营新式银行;他们以洋布、五金、医药为商,并跨入中国最早的重工业;在上海近代机器制造业和船舶业中,他们也占有三分天下。20 世纪 30 年代,上海工商界名人中,宁波籍商人占四分之一。至于宁波帮中赫赫有名的朱葆三、严信厚、沈敦和、叶澄衷、孙衡甫、刘鸿生、宋汉章、方椒伯、虞洽卿、秦润卿、俞佐庭等人,更是在上海商界呼风唤雨。上海有两条马路分别被命名为"朱葆三路"和"虞洽卿路"。"宁波人在上海操纵了商业和金融权,从而促使他们不仅向长江下游其他城市扩张,而且也扩展到直接受到上海日益增长的商业重要性影响的地方。"由此可见，宁波帮在上海的经济活动中占据举足轻重的地位。宁波帮商人迅速积累了巨额财富，发展航运业、保险业、银行业等。上海是中国近代企业最为集中、外国银行及轮船最多的城市，得天独厚的经济、地理环境，为上海保险业的发展提供了良好的条件。自 1846 年起，英商陆续在上海设立了永福保险公司、大东方保险公司、扬子江保险公司、太阳保险公司等保险公司，输入了现代形式的保险业。1875 年，为摆脱外商独占保险市场的局面，清政府在上海分别设立了保险招商局、济和保险公司、仁和保险公司，后又在此基础上设立了仁济和水火保险公司。由于与中国通商银行的往来，以上保险公司的设立，间接地也有着宁波帮的参与。进入 20 世纪特别是第一次世界大战后，大批外商在上海开设保险公司，仅英商保险公司就多达数十家。当时，上海保险市场为外商保险公司所操纵，保险条款、费率均由外商规定。20 世纪 20 年代后期至 30 年代中期，中国银行业相继开设保险公司。如中国银行开设了中国保险公司，首任经理为宁波余姚人宋汉章；中央信托局成立了保险部，宁波镇海人包玉刚在该公司工作；金城银行兴办了太平水火保险公司，其在天津的分公司由宁波人张章翔担任；交通银行、中南银行、国华银行、东莱银行四家银行创办了安平保险公司等，其中宁波人在上海经营的保险业总部的保险公司有华安水火保险公司、中国保险公司、宁绍水火保险公司、宁绍人寿保险公司、四明保险公司、中国天一保险公司等保险公司。这对推动当时上海工商业的发展起到了积极的作用，使保险业实力大为增强，这些保险公司无不凭借上海远东第一商埠的优势，励精图治，开展保险业务。同时，更多的外商保险公司也涌入上海经营保险业务。据 1935 年《中国保险年鉴》统计，当年全国华商保险公司共 48 家，外商 166 家，很多保险公司的总公司设立在上海；总公司不在上海的，也大多在上海设立了分公司。上海已然成为中国保险业的中心。但华商保险公司每年保费总收入的80%左右流入外商保险公司，大部分华商保险公司实际上沦为外商保险公司的代理公司。

1937 年 8 月 13 日，日本在上海发动侵略战争。上海沦为"孤岛"后，各地商人大量涌入租界避难，游资充斥，竞相投资于保险业。中共地下党在这一时期创办了民安产物保险公司，创办人卢绪章是宁波鄞县人；大安产物保险公司创办人谢寿天是宁波余姚人。抗日战争胜利以后,一些私营保险公司纷纷将其总公司迁回上海。上海的保险公司一度达到 238 家,其中华商保险公司 175 家,洋商保险公司 63 家。由于这一时期通货膨胀高企,大部分华商保险公司资本消耗殆尽,趋于倒闭,民族保险业受到严重摧残。1949年 5 月 27 日上海解放,旧上海保险业宣告结束。

5.2 宁波帮在天津的保险经营活动

早在清朝中叶宁波帮就到天津从事商业活动,那时宁波帮主要经营航运业。鸦片战争以后,宁波帮以上海为基地,进一步向天津方面发展。当时在天津的宁波帮主要人物有慈溪人严信厚。他创办的源丰润票号,总号设在上海,分号设于天津以及江南各省。宁波镇海人叶澄衷,在天津设立了老顺记分号,获利丰厚。镇海人严蕉铭,历任禅臣洋行、立兴洋行等洋行买办。鄞县人王铭槐担任洋行买办。镇海人叶星海一生担任买办。定海人方若建立利津房产公司。李正卿是宁波帮洋行买办中的活跃人物。宁波帮在天津经营的主要行业有:南北货运业、对外贸易、木材业、颜料业、棉花出口业、机器打包业、航运业、银行业、保险业、绸缎业、呢绒业、服装业、钟表眼镜业、金银首饰业和木器家具业等。宁波帮在天津建立了浙江会馆,筹设了浙江义园,兴办浙江学校,设立广仁堂。

天津之有华商保险公司,以老慎记代理的华兴、华安水火保险公司为最早。由于是代理,业务不甚发达。民国初年,朱葆三等人创设的华兴水火保险公司委托天津老顺记五金号代理,经营火险业务。宁波定海人厉树雄是华兴水火保险公司和泰山保险公司的董事。

1918 年,宁波帮商人创设的华安水火保险公司在天津设立分公司,后也委托天津老顺记五金号代理。1933 年 7 月,筹备成立天津市保险业同业公会,华安等 9 家保险公司成为第一批会员。中国天一保险公司 1934 年 3 月在天津设立分公司,由屠培成任经理,张章翔任副经理。同年加入公会。1934 年 10 月,天津市保险业同业公会召开成立大会,中国天一保险公司天津分公司副理张章翔被选为常务理事,后又被选为会长。到 1937 年,因梁晨岚无意经营,中国天一保险公司股份转让给太平保险公司,成为太平保险集团公司之一。天津分公司仍然继续经营,由张章翔任经理,直到 1948 年结束。1941 年 12 月,太平洋战争爆发,英、美、法、荷兰等国商人开设的保险公司均关闭停业,华商保险公司一度迅速发展。1942 年 8 月,日本企图对我国华北保险业务实行统制,组织一个 5 人代表团(由东京海上、日本海上、佳友、三井、安田等 5 家保险株式会社各派 1 人组成),推举东京海上保险株式会社为首席代表,来天津要求华商保险公司以"中日亲善"为重,一律改为日商保险公司的代理店。以张章翔为会长的天津市保险业同业公会坚决抵制,使日方统制整个华北保险业的阴谋终未得逞。1944 年 2 月,张章翔辞去中国垦业银行的职务,把主要精力放在了保险行业。他相继在中国天一保险公司、太平洋产物保险公司、平安保险公司、长城保险公司等任经理、董事长、监理等职务,并任天津保险同业公会会长,直到 1951 年 11 月。日本侵华期间,在天津的日商保险业曾经发起了成立华北保险协会的动议。华商方面虽然推荐了龚作霖、冯仲博任理事,张章翔任监事,但华商一直拖延未就。到 1945 年 8 月日本投降时,华北保险协会自行解体。华安水火保险公司后来也加入了太平保险集团,于 1948 年结束。中安保险公司,中华人民共和国成立前为天津帮所创办,于 1949 年转让给张章翔,由张章翔任董事长;直到 1951 年 11 月同太平保险公司一并参加了公私合营。在天津的 12 家华商保险公司中,宁波帮自办或参股的保险公司占到 1/3。例如四明保险公司、天一保险公司由宁波帮商人独资设立,而泰山保险公司、太平保险公司则由宁波帮参股。

5.3 宁波帮在浙江的保险经营活动

5.3.1 宁波帮在宁波的保险经营活动

宁波保险业距今已经有 150 年的发展历史。宁波的民族保险业始于 1908 年,但发展缓慢。20 世纪二三十年代,由于银行资本的投入和上海华商保险公司纷纷在宁波设立分支机构,形成了华商和外商共揽宁波保险市场的局面。这一时期是宁波保险业发展的鼎盛时期。在华商保险公司中，四明保险公司、中国天一保险公司等保险分支公司实力较强，在保险同业中具有一定影响力。从1934年起，俞佐宸先后担任中国天一保险公司、四明保险公司及国际保险公司3家保险公司的经理。当时宁波华商保险公司只有19家。到1937年，在保险业务上，外商从占总额的2/3降至1/3，华商则由1/3升至2/3。其中俞佐宸领导的中国天一保险公司、四明保险公司、国际保险公司3家保险公司，为宁波民族保险业的发展做出了重要贡献。

5.3.1.1 中国天一保险公司在宁波的创办及发展

1934年2月1日，秦润卿、王伯元、梁晨岚发起组织，由中国垦业银行投资，在上海创办了中国天一保险股份有限公司。同年，中国天一保险公司宁波分公司在宁波江厦街121号中国垦业银行内设立，俞佐宸任经理。俞佐宸所属企业和丰纱厂、太丰面粉厂等均向天一投保火险，业务发展较快。全面抗战爆发不久，上海、杭州相继沦陷，内地客商货物由宁波转运上海，向天一投保水险，业务繁忙，保费收入十分可观。后因船只触礁沉没较多，于是停办水险业务。1941年4月，日军侵占宁波，宁波沦陷。俞佐宸离职赴重庆。宁波分公司迁至江左街13号原江西裕民银行内，毛镓生任经理，同年在镇海设立支公司。各地代理机构由于经营不善或受战争影响等相继停业。1945年8月抗日战争胜利后，公司迁至方井街11号办公，毛镓生离职赴上海，俞佐宸任经理。分公司到1949年5月歇业。天一在宁波设立的分支机构或代理处如表5-1所示。

表5-1 中国天一保险公司在宁波设立机构情况表

机构名称	代表人	开业时间	经营险种	性质	地 址
宁波天一保险公司	俞佐宸	1934年	水火险	华商	江厦街中国垦业银行内
余姚天一保险公司	中国垦业银行办事处	1936年	水火险	华商	新建路火弄口
镇海天一保险公司	慎祥庄	1935年	水火险	华商	城关镇
	刘占坤	1935年	水火险	华商	贵驷桥
	美丰杂粮号	1935年	水火险	华商	柴桥

机构名称	代表人	开业时间	经营险种	性质	地 址
象山天一 保险公司	乾康钱庄	1935 年	水火险	华商	石浦中街
	同隆盛号	1935 年	水火险	华商	城关镇
慈溪天一 保险公司	徐弘恒	1943 年	水火险	华商	城关镇
	瑞号酱园	1935 年	水火险	华商	庄桥街道
奉化天一 保险公司	志康钱庄	1935 年	水火险	华商	大桥镇
宁海天一 保险公司	柴万成布号	1948 年	水火险	华商	城关镇
鄞县天一 保险公司	嘉全席庄	1935 年	水火险	华商	黄古林镇

5.3.1.2 四明保险公司在宁波的创办及发展

四明保险公司创建于 1933 年 4 月 6 日,由孙衡甫、俞佐庭等人发起,四明银行为主投资,注册资本 100 万元。1933 年,四明保险公司在宁波设立分公司,地址在江北岸外马路四明银行内,经理为张纯馥。主要经营水险、火险等,业务一度十分兴旺,经营稳健。在宁波同行中信誉卓著,业绩突出。保费收入每年可以达到 1.5 万元左右。1941 年 4 月,宁波沦陷,四明银行迁至上海,四明保险公司随之停业。抗战胜利后,四明保险公司于 1946 年 5 月在宁波复业。俞佐宸担任经理,地址在外马路 53 号四明银行内。1949 年 5 月,四明保险公司在宁波歇业。中华人民共和国成立后,四明保险公司因业务清淡无意继续经营,于 1950 年 3 月申请停业。

5.3.2 宁波帮在浙江其他地区的保险经营活动

四明保险公司在浙江杭州也设有分公司,并统辖绍兴、嘉兴两地业务,经理为施沛庭,地址在杭州青年路。另设温州、湖州代理处。1935 年水险、火险及意外险收益为规银 4.2 万元。

5.4　宁波帮在湖北、江苏、黑龙江、广州、江西等地的保险经营活动

5.4.1　宁波帮在湖北的保险经营活动

汉口是宁波帮在上海以外活动最集中的城市。据统计,1931 年常住汉口的宁波人超过了 3 万人。宁波镇海人宋炜臣先后在汉口创建和投资了燮昌火柴厂、既济水电公司等,成为武汉近代民族资本工业的领军人物。宁波帮在武汉经营的主要行业有:粮油加工业、搪瓷业、建筑业、营造业、航运业、银行业、保险业、进出口贸易、商业、国药业、呢绒业、服装业、钟表眼镜业、金银首饰业和木器家具业等。宁波帮在武汉建立了宁波会馆、汉口商务总会,筹设了旅汉同乡会,兴办宁波小学。汉口华商保险公司近 30 家,外商保险公司则有 30 余家。经营火险业务者首推中国保险公司、太平保险公司、宝丰保险公司这三家保险公司,年保费收入约 17 万规元,占总收入的 30% 以上。朱葆三参股创办的华安人寿保险公司在汉口建立了分公司;张高级任华安人寿保险公司汉口分公司高级经理,并在汉口五族街建造了华安大楼。宁绍人寿保险公司在汉口河街宁绍商轮公司和武昌均设有代理行,以承保水火险为主。四明保险公司分设汉口分公司和沙市分公司,以承保水火险为主。卢绪章的民安产物保险公司在汉口设有分公司,分公司经理、奉化人康辛潮曾经担任汉口宁波同乡会会长。由浙江兴业银行和美商美亚保险公司合资创办的泰山保险公司在汉口设有分公司,镇海人朱翔莆任经理。

5.4.2　宁波帮在江苏的保险经营活动

华兴水火保险公司成立后在南京、镇江设有分支机构。1911 年,华安水火保险公司在镇江设立分公司,自 1929 年起,相继在常州、南京、苏州、无锡、扬州、徐州、南通等城市设立代理处,经营水火险和船壳险,业务发展面较广。华安合群人寿保险公司在江苏南京、苏州、扬州、南通、常州、常熟等地设有分公司、经理处和代理处。金星人寿保险公司是江苏较早的兼营人寿、水火险的保险公司,在江苏苏州、镇江、扬州和常熟等地设有分公司和代

理处。中一信托公司保险部、大华保险公司在江苏设有代理机构。1935 年 6 月 14 日,上海中国、太平、安平、宝丰、泰山、丰盛六家保险公司派代表赴无锡与该地储栈业、银行业代表就粮食保险问题达成四点原则协议,以后各保险公司将在无锡设立联合办事处。

5.4.3 宁波帮在黑龙江的保险经营活动

1931 年"九一八"事变前,哈尔滨有华商保险公司 10 余家,其中有华安、联保、永宁、福安、阜成、安平、先施、聚泰、通益、太平等,以华安水火保险公司为最大;外商保险公司 14 家,分别是花旗、美亚、永保、老晋隆、口宁、老世昌、阿良土、三井、巴鲁士、三菱、德利洋行、太古、益和等,以美国花旗银行为最大。大部分保户均向洋商投保,约占保险资本总额的 70%,华商只占 30%。中外保险公司每年共收保费约黄金 1.5 万两。1935 年,黑龙江省省会龙江(齐齐哈尔)计有 5 家华商保险公司(中国、太平、羊城、先施、华安合群及上海联保)、10 家外商保险公司,年收保费 2.1 万余规元。

5.4.4 宁波帮在广州的保险经营活动

1935 年,广州经营火险者有广州大华(总公司)、羊城(总公司)、中央(分公司,下同)、中国、上海联保、太平、安平、永安、先施、均安、香安、泰山、兴华、联泰、宝丰、丰盛等保险公司。该年保费收入为 600 万规元(实收数为 50 余万元),火灾计 80 多次,损失 50 余万元,其中保有火险者 30 万元。人寿保险业有中国、中央、太平、永安人寿、先施人寿、泰山、陆海通、华安合群、宁绍人寿、爱群等 10 家保险公司,全年承保额 500 余万规元。

5.4.5 宁波帮在江西的保险经营活动

1935 年,江西吉安的保险公司有宝丰、中国、天一等。徐瑞华烟号代理天一保险公司业务。其火险保费价目(保额 1000 规元)如表 5-2 所示。

表 5-2　徐瑞华烟号代理的天一保险公司火险保费价目表

	一等	二等	三等
住宅	10～12.5 元	15 元	25 元
店铺	12.5～15 元	18～20 元	30 元

6 宁波帮对中国近代保险业的贡献

宁波帮不仅在投资创办保险公司方面贡献突出,而且在创办保险团体和推进保险学术研究、宣传保险知识等方面有很多作为。

6.1 创办保险同业团体,振兴民族保险事业

6.1.1 朱葆三和华商水火保险公会

随着民族保险市场的发展,保险同业为联络感情,讨论保险事项,开始筹划成立保险同业公会组织。华商保险同业公会创办于 1907 年,初名为"华商火险公会",由华兴水火保险公司、华成保险公司、华安水火保险公司三公司总董朱葆三组织发起,会员有华兴水火保险公司、华成保险公司、华安水火保险公司、华通保险公司、源安保险公司、源盛保险公司、合众保险公司、万丰保险公司、福安保险公司等 9 家公司。这是中国第一家保险同业团体。公会设立的目的在于联络同业感情以及讨论同业间偶尔发生的保价纠纷事项,"事务极为单纯,开会之数亦属寥寥"。华商火险公会是中国第一家保险同业团体,"我国保险事业乃逐渐进展"。它采取会长负责制,朱葆三曾担任分会总董、副会长、会长。1916 年,朱葆三还曾担任中华全国商会副会

长,为商界表达意愿并开展相关社会活动。朱葆三积极参与工商界各项公共事务,在许多有影响的社会活动中发挥了重要的作用。1912 年,公会改会董及会长并行制,推王一亭为会董,沈仲礼为会长。1914 年 4 月,改推洪文廷为会长。公会成立时,会址设在四川路腾凤里,1917 年 7 月迁往江西路三和里 B 字 144 号。因会员公司多已兼营水火险业务,1917 年 6 月 7 日,华兴水火保险公司提议将"华商火险公会"改名为"华商水火保险公会"。同年 10 月 1 日,正式定名为"华商水火保险公会"。修正并通过会章,由会长暨会董并行制改为正、副会长制,并对保价、退保、短期投保、违章处罚等均作统一规定。同年,天津成立华商水火保险公司公会。1918 年 7 月,华商水火险公会迁至江西路三和里 709 号。1922 年 8 月,营口成立了由 10 家华商保险公司参加的东三省华商保险公会。同年 11 月 21 日,迁往中信公司议事厅办公;1923 年 4 月,迁往江西路三和里 114 号;1923 年 7 月 11 日,迁往三和里 115号;1928 年,迁至江西路新华银行楼上。公会经营范围只限于水火保险,但人寿保险及其他保险者为数日众。至 1928 年年底,联安水火保险公司以及在香港、广州等地的华资保险公司(如香安保险公司、羊城保险公司、先施保险公司等 12 家保险公司)陆续入会。公会地址四易,在保险界已有较大的影响。

6.1.2 胡詠骐、傅其霖和上海市保险业同业公会

华商水火保险公会经营范围只限于水火保险,而人寿保险及其他保险者为数日众,因此更名变得日益迫切。1928 年 9 月 8 日,上海保险同业公会正式筹备,万泽生为筹备会正会长;11 月 4 日,召开全体大会,修订章程,定名为"上海保险同业公会",选傅其霖与刘石荪为正、副会长。新会员有华安、合众、永安人寿等 5 家公司。1931 年 10 月,根据国民政府公布的《工商同业会法》,正式改名为"上海市保险业同业公会"。由于上海是当时中国保险业的中心,大多数保险公司的总部都设在上海,因此上海市保险业同业公会实际上成为具有全国地位的中国民族保险的同业公会组织。主要工作为宣传保险工作,训练保险从业人员,研究保险法律,汇集保险统计资料,制定业规,陈列各种标准保险文件,改善保险行政管理,研究各种保险问题,宣传慎防火险运动,调整保价率及改良公估办法,等等。该会隶属于各委员会组

织,如人身保险、火灾保危、运输保险、汽车保险、保险法规以及财务、会计设计等委员会。1935 年 10 月,胡詠骐任上海市保险业同业公会常务委员会主席,成立保险单译文委员会;11 月 17 日,上海市保险业同业公会举行执委会,推选胡詠骐、朱如堂、邓东明为常务,胡詠骐任主席。在担任主席的 8 年间,胡詠骐鉴于当时保险业保价不同、规章不同,保险市场混乱、保险信誉受到严重影响的局面,提出:"今日上海市保险业同业公会应改弦更张,力矫俗习,充分扩展机能,务使成为积极化、学理化、研究化、同业互助化之组织。"为此,他做了大量的开拓性工作和公会改革工作,为维护华商保险企业的共同利益,振兴民族保险事业,做出了很大的贡献。1936 年 2 月 24 日,上海市保险业同业公会第十次执委会召开,讨论华洋联合委员会拟订的《火险经纪人登记与管理规章草案》。同年 5 月 5 日,上海市保险业同业公会应国民党政府立法院委员马寅初函请,推举胡詠骐等 6 人出席保险法修订会议。1936 年 5 月 19 日,《申报》登载了一则以上海市保险业同业公会及上海火险公会名义刊登的公告,即火险保价及保费收据改填实价收费不折不扣之公告。1936 年 6 月,上海市保险业同业公会设立医务委员会(由各寿险会员公司医务主任所组成)和精算委员会。同月,上海市保险业同业公会通告各会员公司:凡所发保单上注明"本保单中文部分系译自英文,如有差异之处,应以英文为准"者,均予取消,应改为"以中文为准"。1936 年下半年,上海市保险业同业公会除与华北汽车险公会、上海水险公会及上海兵险公会合作外,还与上海火险公会联合成立华洋特别保价与意外事项联合委员会、华洋估价委员会等。1936 年 9 月 2 日,上海市保险业同业公会致函国民党政府立法院、财政部及实业部,要求人寿保险及各种保险的保费与保险金免征所得税。9 月 9 日,上海市商会推选国民党国民大会代表,上海市保险业同业公会负责人胡詠骐为 12 名候选人之一。10 月,上海市保险业同业公会与上海火险公会联合组织的兵险委员会认为目前未到严重时期,所议定的兵险保费最低行市是:若以保额 1000 元为标准,闸北地区一个月保费为 8 元,3 个月保费为 8 元,6 个月则为 17.5 元,期限定为 6 个月;至于南市公共租界等区域,保费则更低;上海"一·二八"事件时期之兵险,每保额 1000 元,其保费为 175 元。10 月 24 日,上海市保险业同业公会寿险组召开会员会议,决定设立寿险名词统一委员会。12 月 28 日,保险单译文委员会将火险保单等七种译文提交上海市保险业同业公会第 51 次会员常会讨论,当即通过并交执委会核查。这一年,《上海市保险业同业公会二十五年度报告》对本年度下达的 14 项工作作了总结,这 14 项工作分列于下:①修改会章及各种办事细则;②讨论修改保险法;③翻译各种保险单;④设立互助委员会;⑤筹办保险书籍流通图书馆;⑥提倡保险学识;⑦呈请政府免缴保险金所得税;⑧提倡会员公司同人参加公民训练;⑨完成减低保险单印花税运动;⑩本会与洋商公会之联合运动;⑪本会对外活动;⑫改良会内日常办事方法;⑬各项会议次数及议案;⑭收文、发文及油印品件数。

6.1.3　周金箴和上海商业会议公所、上海总商会

上海商业会议公所发起于 1902 年 1 月,周金箴"力为提倡规划,迨总会成立,以君为坐办兼会董"。"坐办"即秘书长。1904 年,上海商业会议公所根据 1903 年清政府颁布的《商会简明章程》,改组更名为"上海商务总会"。周金箴 1 次当选协理,3 次当选总理,可见其在政界、商界的影响和地位。

上海总商会议事厅

1912 年 2 月,上海商务总会和朱葆三创建的上海商务公所合组为上海总商会,周金箴再次被推为总理。1913 年,周金箴还首任中华全国商会联合会会长,被誉为近代中国商会的发起人、创办者和实践者。1915 年 10 月,周金箴升任沪海道尹,辞去上海总商会总理职务。周金箴前后任职 13 年,其中 4 次担任上海商务总会总理,是上海总商会承前启后的领袖人物,其任上海总商会总理年份最长。在上海总商会总理任上,他将上海临时军政府批拨给上海商务公所位于天妃宫桥北块的前清出使行辕地块上,启动并集资建造了上海总商会议事厅,诸项事宜,深得商界人心。

6.1.4 朱晋椒和上海市保险业经纪人公会

1936 年 12 月 6 日，朱晋椒等人发起成立了上海市保险业经纪人公会。选举执行委员 21 人，监察委员 11 人。同年 12 月 23 日，上海保险业经纪人公会举行第一届执监委员会，选举朱晋椒、郭佩弦、王梅卿、李百祥、潘垂统 5 人为常务会员，并于常务委员中推定朱晋椒为主席。会员有 200 多人，事务所设在上海市河南路 459 号恒利大楼。订有公会章程共 9 章 27 条。该会成立后，在谋求同业福利、提高会员学术修养、调解和排除纠纷方面做了一些工作，推动了保险经纪市场的规范化发展，保险经纪市场呈现出一番新景象。

6.1.5 董汉槎、宋汉章和中国保险学会

1935 年，董汉槎与宋汉章等人发起成立中国第一个保险学术团体——中国保险学会，它的成立是保险界的一件大事。董汉槎与宋汉章当选为第一、二届理事。

中国保险学会第一届年会合影

1935 年 8 月 3 日，中国保险学会在上海静安寺路华安大厦（现华侨饭店）二楼正式举行成立大会。出席大会的代表 30 余人，公推宋汉章为大会

主席。会上选出宋汉章、张素民、罗北辰、丁雪农、胡詠骐、张明昕、刘聪强、王效文、朱如堂、项馨吾、吕岳泉、徐可陞、经乾坤、顾庆毅、董汉槎等 15 人为第一届理事,互选宋汉章、胡詠骐、张明昕、丁雪农、刘聪强等 5 人为常务理事,公推宋汉章为理事长,王效文为名誉秘书,项馨吾为名誉会计。在第一届理事当中,宁波籍保险人物占了三分之一。8 月 21 日,中国保险学会举行会员临时大会,通过了理事会修订的《中国保险学会章程》,共 7 章 23 条。"总纲"第二条开宗明义地指出,中国保险学会以研究保险学原理、促进保险事业为宗旨。第 5 章规定了保险学会的任务为:①研究保险原理;②调查保险实务;③编制保险统计表;④拟定保险条款;⑤训练保险人才;⑥举办保险演讲;⑦发行保险书刊;⑧创设保险图书馆;⑨组织各种保险研究会。成立中国保险学会,是中国保险学者与保险事业家共同促进保险事业的创举。它刚一成立就做了大量工作,如敦促国民党政府立法院编订社会保险法案,建议编制我国国民经验死亡表,以及呈请教育部通令于小学教科书内编入保险教育材料;与上海市保险业同业公会联名函请各大书局于小学教科书内加入保险一课;出版《保险季刊》创刊号;呈请教育部并函中英庚款董事会、清华大学派遣国外保险留学生;呈请立法院财政部修改《所得税暂行条例》,将人寿保险列入免税项下;与上海市保险业同业公会联名致函各大学及专门学校,要求开设保险学课程;筹备保险学术讲演;等等。发展了团体会员,如中国保险公司、华安合群人寿保险公司、太平保险公司、宝丰保险公司等 10 余家。1936 年 9 月 19 日,中国保险学会召开第一届年会,讨论了十项提案,如敦促国民党政府立法院编订社会保险法案,建议政府聘请寿险专家,编制我国国民经验死亡表等。主席宋汉章作了一年会务工作总结,其要点是:①呈请教育部,通令于小学教科书内编入保险教育材料;②本会与上海市保险业同业公会联合函请各大书局于小学教科书内加入保险一课;③出版保险季刊;④呈请教育部,并函中英庚款董事会、清华大学派遣国外保险留学生;⑤呈请立法院财政部修改所得税暂行条例,将人寿保险列入免税项下;⑥征求会员情形;⑦本会鼓励留学生研习保险;⑧本会与上海市保险业同业公会联名致函各大学及专门学校,请设保险学课程;⑨筹备保险学术讲演;⑩本会年会之筹备。1936 年 11 月 13 日,民国政府财政部批复中国保险学会:投保寿险人领受保险金,超过投保费用总额者,其超过部分,即与储蓄利息所得相等,自应按照《所得税暂行条例》第六条税率课税。1937 年,学会的个人会员由成立初期的 40 余人增加到 100 余人。1942 年,董汉槎出任上海市保险业同业公会常务理事,以后历届均当选为常务理事。1947 年 4 月,董汉槎当选为中国保险公会联合会常务理事。

6.1.6 谢寿天、胡詠骐、林震峰和上海市保险业业余联谊会

1940 年上海市保险业业余联谊会第三届理事会成员合影

1937 年 7 月,卢沟桥事变爆发,谢寿天、胡詠骐、杨经才、郭雨东等保险界中上层进步人士共同发起成立"上海市保险界战时服务团"。1938 年,上海租界成为"孤岛"以后,中共上海地下党组织根据保险业的特点和当时客观形势的需要,由保险业同业公会主席、宁绍人寿保险公司总经理胡詠骐,中国天一保险公司谢寿天,太平保险公司郭雨东,美商北美洲保险公司董国清,宁绍水火保险公司程恩树以及中国保险公司林震峰等人发起筹备上海市保险业业余联谊会。在筹建过程中,主要以华商保险公司中的中国保险公司、中国天一保险公司、宁绍人寿保险公司等公司为重点,开展组织抗日民族统一战线和广泛发动群众的工作。这一时期,谢寿天把全部精力都投入在筹备工作中。在中国天一保险公司内部,他借与公司同事共进晚餐之机,进行抗日救国宣传教育,从而团结了一批进步青年,这些青年中一部分成为筹建上海市保险业业余联谊会的骨干力量。他的宿舍,则成为大家经常碰头讨论工作的地点。谢寿天通过个别征求的方式,发展会员达 300 余人。筹备组提出的上海市保险业业余联谊会宗旨"联络感情,交换知识,调

剂业余生活,促进保险业之发展",得到保险业中上层人士和广大职员的赞同。当年 7 月 1 日,上海市保险业业余联谊会成立大会在宁波同乡会召开。在胡咏骐、谢寿天等人的号召下,参加的会员有 300 余人。谢寿天当选为常务理事兼组织部主任和图书委员会主席。上海市保险业业余联谊会通过举办各项活动,广泛而又密切地联系保险业职工,团结一切可以团结的力量,日益发展壮大,在上海保险业职工运动史上留下了光辉一页。

6.1.7　虞洽卿、袁履登和航业公会

国内航运业同人为共谋生存发展,于 1928 年成立航业公会,选举执行委员 9 人。这 9 人分别是:招商局李伟侯、三北公司虞洽卿、宁绍公司袁履登、正记公司王伯芬、大通公司陆伯鸿、北方公司李镜轩、达兴公司徐忠信、肇兴公司李子初和陈干青。前 8 人中李伟侯为官方背景,其余 7 人为船东,陈干青是专家,既懂航运业务,又能体察航商内情。通过公会协调,缓解了航运业残酷竞争的状况和生存危机。

6.1.8　宁波帮和中国船舶保险联合会

中国船舶保险联合会前身是船险联合团,制订颁行组织合同共 11 条。参加者有肇泰保险公司、华安水火保险公司、上海联保保险公司、太平保险公司、宁绍商轮公司保险部、中国海上意外保险公司、先施保险公司、永宁保险公司和联泰保险公司等 9 家保险机构。

6.1.9　董汉槎和中华民国保险商业同业公会

中华民国保险商业同业公会于 1946 年 7 月 15 日在上海成立,为全国性保险业联谊机构。罗北辰为理事长,董汉槎、毛啸岑等 9 人为常务理事。设立人身保险、火灾保险、运输保险、保险法规和保险学术研究 5 个专门委员会。由于当时国内经济形势混乱,国民政府濒临崩溃的边缘,因此该组织基本未能进行正常活动,处于名存实亡的状态,到 1949 年年初自行解体。

6.1.10　徐可陞和四行联合总经理处

1929 年 12 月,上海联保保险公司、联泰保险公司、肇泰保险公司、羊城保险公司等 4 家保险公司设立四行联合总经理处。原上海总商会总务主任兼商业夜校校长、宁波人徐可陞被聘为司理。徐可陞建议保单上载明四行联行经理处所受分保数额。1930 年 2 月,四行联合总经理处改名为"中国联

合保险总经理处"。太平保险公司、华安水火保险公司、宁绍保险公司及通易信托公司保险部等相继加入。

6.1.11 厉树雄、傅其霖和华商保险公司合组经理处

丰盛保险公司、联保保险公司、仁济和水火保险公司、华戎保险公司、华安水火保险公司、华兴水火保险公司、宁绍商轮公司保险部、通易信托公司保险部、肇泰保险公司等 9 家保险机构,在厉树雄、傅其霖等的发起下,于 1931 年 8 月 31 日成立了华商保险公司合组经理处。9 月,上海市有关华商保险公司草签合组经理处规约(共 13 条),规定每家应交纳保证金 1 万元,组员公司的分保手续适用于同业公会分保团之规定,但对于组员以外保险公司,应收取 5% 的佣金。该规约暂以 6 个月为期。

6.1.12 方椒伯和上海市商会

1933 年 6 月 25 日,上海市商会召开第四届代表大会,大会通过了《限制洋商行使公证人办法》,并上报国民政府实业部。该办法指出:各洋商公证人不向政府注册,又未经当地当局许可而行使权力,有辱国体;甚至华商保险公司遇出险时也延请洋商公证人为之估断,尤属荒诞不经;并通告各业团体及专函上海华商保险业工会,勿再使用洋商公证人。上海市第四届商会代表通过监委方椒伯提案,通告各业及各地商业团体,以后欲投财产保险者,勿向洋商保险公司投保火险,均得向华商保险公司投保。

6.1.13 宁波帮和华商寿险协会

1934 年 11 月,中华人寿保险协进社中华商会会员公司华安水火保险公司、宁绍保险公司、先施保险公司、中国保险公司等退出,拟重组华商寿险协会,并制订《华商寿险协会简章草案》(共 7 章 17 条)。

6.1.14 谢寿天和上海保险业消费合作社

1943 年 10 月 17 日,上海保险业消费合作社第四届社员代表大会在四川路青年会举行,到会各公司代表百余人,推选陈巳生、谢寿天、赵伟民、林绳佑、董国清 5 人组成主席团,选举新一届理事监事会。10 月 28 日,当选的新一届理事监事会在江西路金城议事厅举行联席会议,选举陈巳生、谢寿天等 11 人组成常务理事会,孙广志当选理事长兼社长,陈巳生、谢寿天为副社长,过福云、丁雪农、任硕宝等保险业界上层人士出任监事,推选丁雪农为监事长。

6.1.15　张章翔和天津保险同业公会

1934年10月,天津保险同业公会召开成立大会,并选举理事(任期4年,每2年改选半数)。言叔韦任理事长,张章翔(中国天一保险公司)、孙静澜(太平保险公司)任常务理事。

6.2　兴办保险刊物,推进保险学术研究

民国时期,国内保险学术研究落后,史籍记载寥寥无几,而系统的调查统计工作又未开展。胡詠骐在上海市保险业同业公会1936年工作报告中指出:"保险事业在国内之历史,既尚肤浅,一半经验自属缺乏,以致不知不觉间,难免有盲人瞎马、夜半深池之憾! 惟商战无异兵战,我人营业如欲驾乎洋商之上,而须熟练保险业务之状况,取人之长,弃己之短,所谓知己知彼,则战无不胜,攻无不克,以是目前最重要之工作,厥惟编制各种统计及设计之工作。……今日之研究保险事业者,辄以难得正确之材料及统计数字为苦。故欲保险事业之发达,而不以搜集材料编制统计为务。实等于缘木而求鱼耳。"由此可见,当时开展保险学术研究的迫切性和重要性已为保险界有识之士所洞察,认为不如此不足以振兴民族保险业,不如此不能够与外商保险公司作抗衡而挽回权利。由此,在保险业内部和社会舆论界兴起了研究保险知识之风。

6.2.1　中国保险学会创办会刊《保险季刊》

为谋求中国人自营保险事业的发展,中国保险公司、华安合群人寿保险公司、太平保险公司、宁绍保险公司等在上海组织中国保险学会,以研究保险理论,讨论经营方法,交流经验,联络同业人员,增进友谊。1936年9月,中国保险学会会刊《保险季刊》出版第1期,蔡元培题写了刊名,宋汉章撰写了创刊词:"……环顾国内保险定期刊物,寥若晨星,本刊之产生,必有其重大意义与必要。不惟业斯者藉可沟通声气,灌输新知,以达事实与学理互相印证,共作进一步之切磋。即各界人士对于保险事业,亦可因此而获正确之认识,加强其信仰,以收事业推进之效。"该刊"编辑语"指出,"本刊以研究保

险学理,推进保险事业为主旨"。主要登载当时保险界专家所撰学术性文章,为纯粹学术刊物。撰稿人有胡詠骐、郭雨东、罗北辰、张明昕、关可贵、陆士雄、魏文达等。1937 年 6 月,由于保险同业公会遭遇大调整,人员变动,大上海分保集团和其他分保集团因成员变动而停刊。

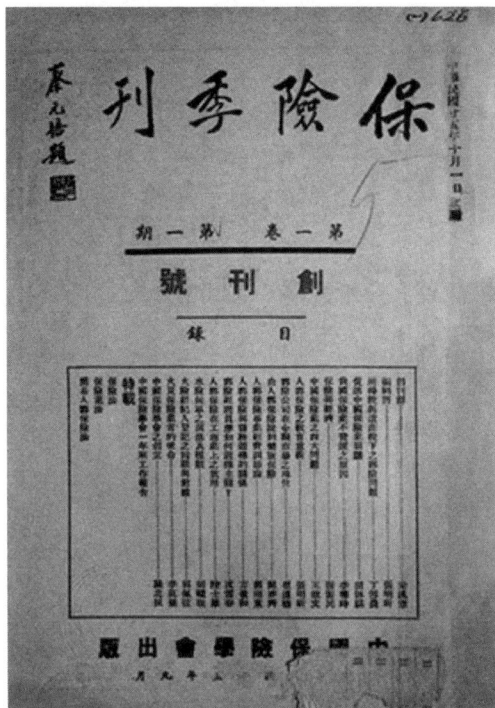

中国保险学会创办的《保险季刊》

6.2.2 宁绍人寿保险公司协办《寿险季刊》

1933 年 4 月 10 日,由中华人寿保险协进会创办、宁绍人寿保险公司协办的《寿险季刊》出版了第 1 期。该刊是专门研究寿险学理的定期刊物,每 3 个月出版 1 期,这是中国保险界最早出版的定期刊物,也是较早研究寿险理论的专业刊物。据《寿险季刊》创刊号记载,上海外商保险机构上海火险联合会有 129 家会员公司,上海水险联合会亦有 70 多家会员公司(其资产总额已达数万万元),而上海市保险业同业公会只有 22 家会员公司,仅有数家资本额达到 100 万元(法币)。1933 年 3 月,中华人寿保险协进社作为主编,主持《申报》的《人寿保险》专刊,月出 1 期。1936 年 10 月,胡詠骐在《寿险季刊》第 15 期上发文指出,中国寿险公司现在保额约国币 4000 万元,即每个国民仅摊到 1 角钱,而同期美国每人保额约 1600 元,日本每人保额约 100元。他呼吁社会各界加大寿险投保力度。《寿险季刊》于 1941 年 11 月停刊。

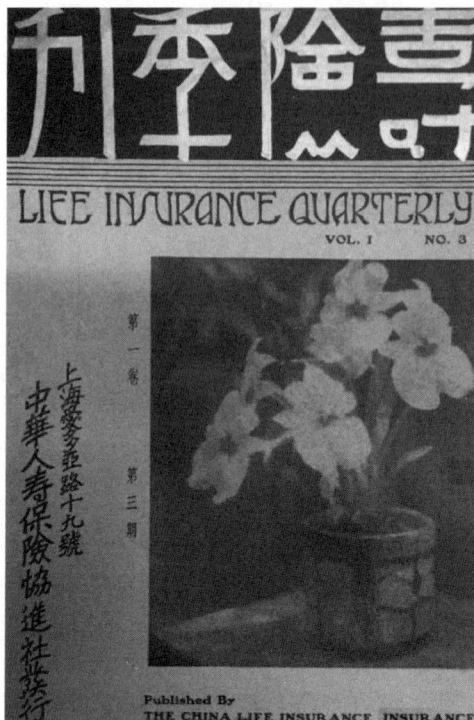

《寿险季刊》封面

6.2.3 上海市保险业业余联谊会创办会刊《保联》

上海市保险业业余联谊会为扩大影响,加强与会员及广大职工的联系,于 1938 年 11 月 1 日创办会刊——《保联》(公共租界登记证字 419 号)。每月 1 日出版,由林震峰、关可贵共同主编。胡詠骐题写刊名,在卷首还加印了绘有火炬图案的标志,作为"保联"的会徽。《保联》的创刊目的,是让"同人们大家在精神上融成一片""会友们在精神上交和'联谊'"。创办初期的宗旨是:"联络感情,交换知识,调剂业余生活,促进保险业的发展。"设有会务报道、会务动态、通讯、特写、简讯等栏目,集中报道会务活动,如各部会会务报告、征求运动结果,学术部各班会活动,话剧、评剧及各项体育比赛情况,座谈会、联欢会的特写以及会员通讯和会员动态等,沟通了"保联"与会员间的联系,扩大了宣传,使更多会员来参加各项会务活动。

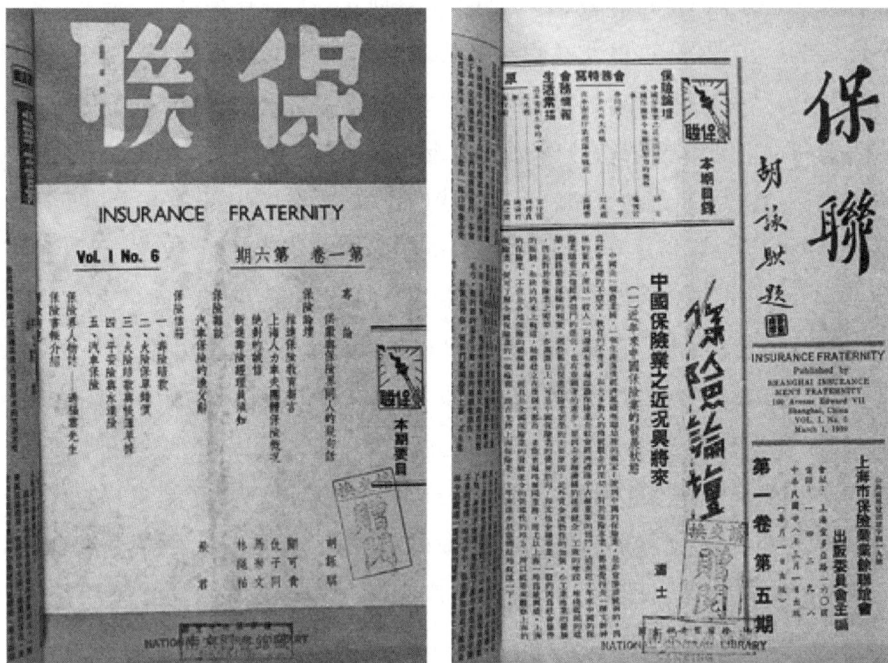

上海市保险业业余联谊会出版的《保联》月刊

　　根据保险业的特点和保险业各阶层人士的业务学习需要,《保联》还设置了《保险论坛》《保险浅说》《保险杂谈》《保险信箱》《保险问题研究》等栏目,通俗地宣传保险知识,解答工作中的实际问题,并系统地介绍都市防险、家庭防火、个人保健等常识,旨在"以极浅显的笔法,广为说明,使保险事业普遍各界,深入民间,渐渐的使其大众化"。这些栏目文章的撰稿人大多是保险界中上层知名人士、保险学教授以及对保险理论有研究的专家,如胡詠骐、项馨吾、邓东明、王效文、张仲良、邵竞、魏文达、陆士雄、郑元杰等。中共地下党员谢寿天、林震峰、施哲明、赵锦仁(赵帛)等都曾为《保联》撰写保险学术文章,借以宣传发展民族保险事业的政策和要求,在抵制日商保险公司的业务往来方面产生了一定的影响力。《人物志》专栏先后刊登了保险界上层人士及对保险界有影响的人物如过福云、胡詠骐、朱如堂、冯佐芝、陈干青、严福堂、王仁全、潘学安、丁雪农、朱晋椒、项馨吾、邓东明、杨士珍、傅其霖、任硕宝、吕岳泉、黄泽生、徐可陞、陆仲义等的事迹、履历和照片,在保险界引起较大的反响,起到了加强统战工作的作用。《保联》还增设以"原野"命名的文艺作品专栏,刊登保险业同人的创作,体裁有小品文、杂文、诗歌、漫画及翻译小说等,这些文章短小精悍、内容丰富、文体通俗,深受会员和职工的喜爱。《保联》还结合当时形势,报道演唱救亡歌曲、排演抗日题材的进步话剧和举办青年知识讲座等活动情况,宣传抗战的意义,刊载动员保险业资金转移到大后方、宣扬坚持长期抗战的论文。自1940年第2卷第1期起,《保联》更名为《保险月刊》,并在上海和重庆同时发行两个版本。其宗旨改为:"(一)普及保险知识;(二)发扬保险学理;(三)研究保险问题;(四)报道保险消息;(五)从事保险服务;(六)促进保险事业。"栏目有《保险论坛》《保险界人物志》《保险问题研究》《防险谈座》《保险判例》等,成为一份专业刊物。到1940年12月,《保险月刊》共出版了12期。后因物价飞涨、纸张供应困难等原因,刊行至第3卷第8期(1941年8月)后停刊。《保联》和《保险月刊》作为中共地下党组织直接领导创办的进步刊物,虽仅出版了2卷26期,但对宣传党的政策、团结教育保险业广大职员群众、扩大抗日民族统一战线、提高民众的保险理论水平等,起到了积极作用。

6.2.4　宁绍人寿保险公司主办《人寿》(季刊)

1933年4月10日,《人寿》(季刊)创刊,由上海宁绍人寿保险公司主办。每3个月出版1期。马寅初、张公权等分别题写了刊名。这是保险界创办的唯一研究人寿保险学理的专门刊物。大32开本,每期20页。免费赠阅给保户和公司员工,以广泛招徕业务。据《上海宁波日报》报道:"该公司为近代科学化之组织,以故推广业务,创用教育方法,如公开之演讲,已有数次,听者为数极众。文字之宣传,如现在发行之《人寿》季刊,此项宣传之目的,为唤起国人认识寿险为人生之需要,使:(一)未投保者早日投保;(二)已保寿险者不致中辍;(三)增加本公司营业人员之智识与兴趣;等等。观乎人寿保险之定期刊物,以该公司为首先创行,亦即可知该公司推进业务之工作,常在于最努力之地位也。"其栏目依据宗旨设置,前期有《论坛》《业务报告》《保户园地》《同人讨论会》《专著》《杂载》《艺林》等;后期固定为《业务报

告》《保险论坛》《寿险讲座》《健康常识》《赔款征信》《条文释义》等。第 4 期
刊名"人寿"二字由著名经济学家陈光甫题写,卷首有国民政府立法院院长
孙科的题词——"有备无患,何用不藏。天保定尔,俾尔寿而康",徐源泉将
军为《保险论坛》栏目撰写了《人寿保险与复兴中华民族经济》一文。1936 年
10 月,上海市铜铁机器业同业公会主席胡厥文向宁绍人寿保险公司投保人
寿险,并为《人寿》(第 15 期)撰文,题目是《人寿保险与保障事业》。《人寿》
于 1941 年 11 月停刊。

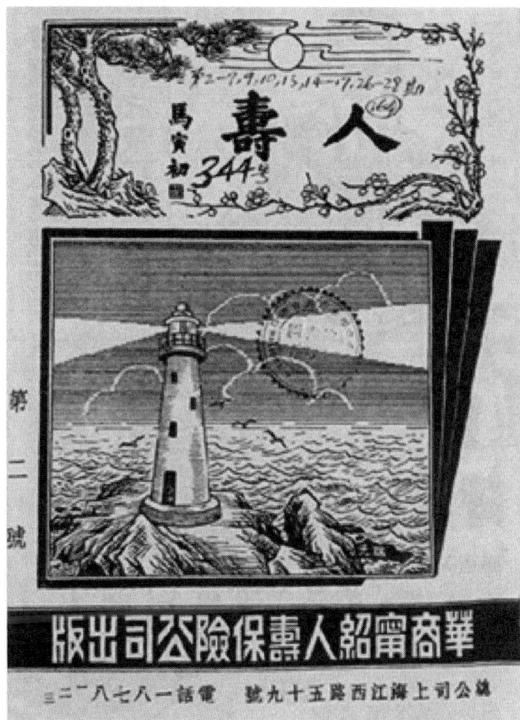

《人寿》季刊

6.2.5　民联分保交换处创办《防灾》报

该报主要反映民联交换处会员公司动态,报道保险行业经营管理等相
关情况。对于宣传民联分保交换处宗旨、传播保险文化起到了重要的作用。
《防灾》由丁雪农题名,林震峰题词——"要发展为人民服务的保险事业,必
须加强防灾工作"。

《防灾》报

6.2.6　太平、安平、丰盛保险公司总经理处主办《太安丰保险界》

1935 年 10 月,《太安丰保险界》创刊。该刊由太平、安平、丰盛保险公司总经理处主办,地址在上海江西路 212 号。该刊以"研究保险学理、阐扬保险利益、推进保险事业"为宗旨。自第 5 卷起改用《保险界》刊名。《太安丰保险界》是当时国内保险界唯一的半月刊,每月 1 日、15 日出版。零售价每册 5 分钱,预订全年 1 元,均含国内邮费。在《太安丰保险界》创刊号刊登了太平保险公司总经理周作民的发刊词:"保险为社会事业之一,经营保险,无异于服务社会。太平、安平、丰盛三公司之并设,即以服务社会为其鹄的者也。顾保险事业,千头万绪,经营亦非易言,学理法条,有待研讨,无论矣,于是一面为集中力量发展业务之计,乃于本年 5 月倡议联合太、安、丰三公司为一体,组织总经理处,以统管三公司之业务,希冀密切提携,黾勉前进,以求贯彻服务社会之初衷;一面为研讨保险远离改进业务之计,发行本刊,分门别类,选载鸿文,希冀合力研究,切磋砥砺,以达求知借鉴之目的。区区之愿,如斯而已。兹当本刊发行之始,用特略述原委以告当世,尚祈海内硕学之士与三公司同人有以教进而协助之。"《太安丰保险界》于 1942 年 1 月停刊。

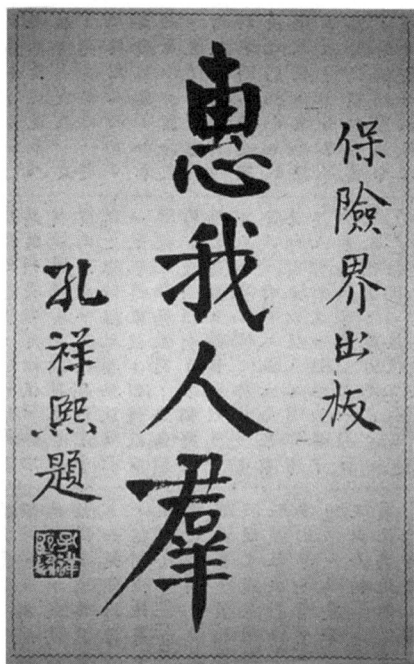

《保险界》　　　　　　　孔祥熙为《太安丰保险界》题词"惠我人群"

6.3　宣传保险知识,提高民众保险意识

6.3.1　胡詠骐和上海市保险业业余联谊会开展的话剧宣传

1939 年 7 月,中共上海地下党依托职业界救亡协会发起组织了规模空前的"上海市业余话剧界慈善公演",以群众喜闻乐见的话剧形式宣传抗日救国。上海市保险业同业公会主席胡詠骐是公演筹备委员会副主任,其动员了许多知名上层人士参与演出筹备。参演的剧团有上海市保险业业余联

谊会、上海市银行业业余联会、上海华联同乐会、益友社及上海职业妇女俱乐部等 11 家单位,轮流安排演出,于 7 月 24 日至 30 日连续 7 天、日夜各 1 场在八仙桥黄金大戏院(现在的大众剧场)上演。为此,保联组织了由金瑞麒与关可贵、谢寿天、程恩树、谈峥声、李言苓、徐可陞、傅其霖、过杰庆、龚渭源、容受之、林绳佑、董国清、滕运筹、张衡等 15 人组成的义卖公演委员会,分头负责剧务、演出、义卖入场券等事宜,主要赞助人为胡咏骐,前台主任张菊生,后台主任李伯龙。保联话剧团排演了由上海剧艺社鲁思导演、沈宥(又名阿英,原名钱杏村)创作的三幕剧《群莺乱飞》(演出时改名为《日出之前》)。这次联合慈善公演,是上海"孤岛"时期最大规模的戏剧展演活动,戏票由各社团分摊推销,票价分 0.5 元、1 元、2 元、5 元四档,场场客满。演出空前成功,仅保联就有 1400 多元售票所得,除费用开支外,全数由胡咏骐通过中共八路军驻沪办事处刘少文转交给新四军。

6.3.2　太安丰产物保险公司宣传资料

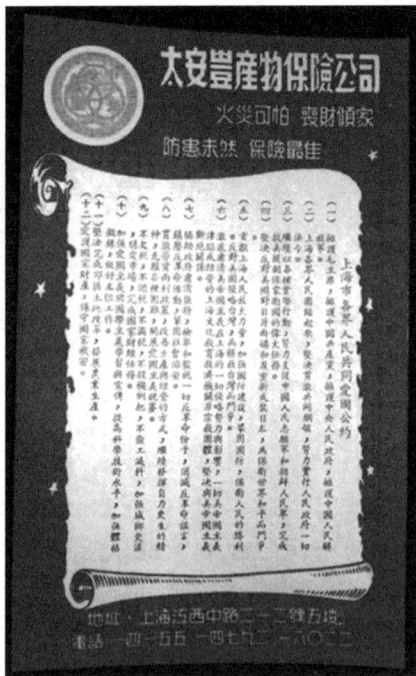

太安丰产物保险公司宣传资料

太安丰产物保险公司宣传资料上有"火灾可怕、丧财倾家、防患未然、保险最佳"的广告词。中间印有《上海市各界人民共同爱国公约》,共 12 条,内容包括:拥戴共产党人民政府;贯彻共同纲领;支援抗美援朝,保家卫国;肃清匪特,镇压反革命;贯彻劳资两利政策;不欠、逃、漏税,不投机倒把;爱护国家财产,保守国家机密;等等。

6.4 促进保险法出台,推行中文保险单

6.4.1 积极推进保险法的制定和出台

1917 年 2 月 15 日,61 岁的沈敦和被上海华商保险同业推举为代表赴京请愿,要求尽快颁布保险专律。当日《申报》以《保险业请愿速颁专律》为题作了报道:"本埠保险事业十年前仅有洋商,近年华商相率继起,保火险者如华安、华盛、华兴等公司,保寿险者如华安合群、金星、康年等公司,均蒸蒸日上。惟以近来小保险公司不免有失信用,租界当局颇有加以取缔之意。然吾国政府苟能即颁保险专律,或不致成为事实。日昨华安水火险公司总董朱佩珍、金星人寿公司总董唐绍仪、华安合群保寿公司总董沈敦和等公函总商会云:查泰西各国保险已创数百年,至今地位重要,或且驾银行之上,为生聚富庶之第一要需。故各国政府皆订专律;一方面保护之,以促进斯业之安全;一方面监督之,以免公众之被欺受损。其未订专律者惟我中国,闻工部局有订章取缔华公司之举。今中政府既不颁行专律,势且不能久待。为此代表全体华保险公司,函恳贵会转呈农商部,迅予厘订保险专律,提前颁行,至纫公谊。闻各华公司并推沈仲礼君赴都请愿,速颁保险专律,以保主权。沈君已定于十五日(今日)北上,前赴农商部请速颁律云。"2 月 21 日,据《申报》报道,《字林报》就沪上保险业刊发社评,内称沈敦和为华商保险业领袖,"主张由政府管辖保险公司"。3 月初,沈敦和致函上海华商保险同业公会,报告在京请愿情形。《申报》报道说:"上海华商保险同业前以政府尚未颁布保险专律,公举沈敦和代表赴京向农商部参众两议院请愿,已见报端。兹该业接到沈君来信,谓抵京后觐见大总统陈述请愿宗旨,极□嘉纳,立命

谷总长属司秦瑞玠参考东西洋保险法，草定中国保险业法三十余条，已送国务院法制局研究，再送国会通过，然后以命令公布，事关法律办理，十分郑重。兹将其内容大纲录右：（一）完全华商股份或有华商股份三分之二者方为合格；（二）保险公司注册时先缴实收股金三分之一存于政府指定之银行为保证金；（三）人寿公司除第一次缴存股金二分之一外，每年于收入保费内提百分之二十分存于政府指定银行，以存足二十万元为止，以为保证；（四）农商部内特设保险业主管科，选聘专门学洋员赞理；（五）保险公司不准兼做别项营业（火险不得兼做保寿，保寿不兼火险）。其余均系取缔公司保护被保险人之法律，大纲之外尚有细则，极称周密，惟手续极繁，一时恐难公布。"1936 年 5 月，应国民党政府立法院委员马寅初函请，胡詠骐等 6 人出席保险法修订会议。同年 7 月，由胡詠骐主持的上海市保险业同业公会鉴于上海通易信托公司宣告破产，其保险债权人毫无保障，建议国民政府当局对《中华民国保险法》第 73 条加订"保险公司或保险社破产时，应受赔款之被保险人或受益人，对于破产财团有优先受偿之权，应受退还保险费之被保险人次之"之条文，协助国民党政府修改出台了《中华民国保险法》。

1937 年，国民政府修订《中华民国保险法》

6.4.2 解决华商保险业诸问题并就保单兼用洋文一事作出说明

1909 年 3 月 7 日，沈敦和作为华商保险业代表，与陈辉庭在《申报》上刊登《敬答论华人自立之保险公司》一文，回答华商保险业诸问题并就保单兼用洋文一事作出说明。文录于下："顷见二月初四日《申报》'来函'一门内，有振亚子来稿，论及吾华人自立之保险公司一则，苦口婆心，良深钦佩。但身居局外,往往不知局中办事之难,故缕述之,以当面复。夫华商之设立保险公司近来生意发达,其塞漏卮也诚如尊论矣。夫洋公司来华保险卅年前店面房屋保费每千不过十余两,嗣见火患越多,即保费越涨,甚至每数年必增一次,近年竟增至三十余两矣,增高继长殊无已时。于斯时也,吾华人保险公司犹未创立,以致甘受外人之垄断,而无如何也。于是商界之热心公益者慨然特设华商保险公司减轻保费,不独挽回利权,并为吾同胞免受外人挟制起见。是以自立以来,华商均称便益,而洋公司亦以此不敢续加保费,其明效已可概见。近来外埠通商口岸,亦渐有分设,日见进步。惟内地各府县必待警务举办,各户编有门牌,火会改良,始可分设保险公司耳。来书谓保单宜用华文,必不得已须用中西合璧。夫各华商保险公司除一家专用洋文外,其余均中西文并列,其所以兼用洋文者,其故有四:(一)上海租界纵横三十余里,保险一层往往有与洋公司同保者,譬如有房屋街房系洋公司所保而弄屋则系华公司承保者,他如某甲数家同居一屋楼上,或系洋公司所保,楼下或系华公司所保,一旦失慎,华洋分任赔款,颇有交涉,不得不用洋文查考。(二)商人有房产货物往往持保单赴洋行银行抵作押款者,不用洋文何能信用?(三)租界内每遇失慎,捕房首先索保险单阅看,如非洋文,亦览不便。(四)招商、怡和、太古三大公司洋栈以及浦东洋栈、上海丝栈寄存货物,各听货主自择华洋公司承保,往往华洋各保而货物同存一处,倘遇失慎,须查照洋文保单为凭,以便□定各家应赔之货,此皆不得不兼用洋文之实在情形也。至华公司任用西人经理者却不多见,然专用华人者多,即问有洋人,亦华公司伙计,并无主权,若城内房屋因街道太窄,救火之法亦未完备,是以偶有不愿承保者,然承保者已属不少。鄙人等忝居华商保险同业,现承垂询,用敢谨述所知以闻,即祈明察为荷。陈辉庭、沈仲礼同复。"

6.4.3 结束了我国早期民族资本保险公司保险单上没有中文条款的历史

1931 年 10 月 1 日,上海市保险业同业公会举行成立大会,通过公会章程(共 8 章 23 条),并推选厉树雄为主席。同月,上海洋商火险公会已同意上海市保险业同业公会的要求,今后往来函件文字须中英文并用。1933 年,胡詠骐当选上海市保险业同业公会执行委员。1935 年,中国保险学会成立,胡詠骐为常务理事。同年,胡詠骐出任上海市保险业同业公会主席。

在担任同业公会领导工作的 8 年中,胡詠骐做了许多开拓性的工作。他主持制定中英文保单标准条款格式,审订了保险单上长期沿用的英文条款译文,结束了保险业通行英文(我国早期民族资本保险公司保险单上没有中文条款)的历史,使中国的保险公司有了中文保险单。曾在中国人民保险公司、四川省重庆市保险公司任职的赵同生在其撰写的《保险费率条款今昔谈》一文中这样记述:"比如解放前的保险业是以营利为目的的,因此,所用的条款也沿袭外商保险公司那一套,不但在内容上对被保险人限制较严,而且文字也苦涩难懂。如那时条款中有关除外责任写道:'本保险不包括任何损失或间接近因或远因为下列任何事故所致或因之而发生或与之有牵连关系而发生者。'就是比较典型的例子。特别是原来中英文合璧的保险保单条款,最后还加了一条:本条款的解释以英文原文为准。是一个地地道道的半殖民地产物。保险费率则是既高昂又繁琐,有的千分率竟订至小数以下三四位,像包厂费率订有 20.625‰、30.9375‰ 等就是如此。"[①]1935 年,保险单译文委员会成立。1936 年 12 月 28 日,保险单译文委员会将火险保单等 7 种译文提交上海市保险业同业公会第 51 次会员常会讨论,当即通过并交执委会核查。经过谈判成立了包括华商和保险公司外商火险公司在内的上海市火险联合委员会,协调统一了火险费率和条款,限制了外商保险公司针对华商保险公司的不正当竞争。

6.4.4 在新《印花税法》方面的贡献

1912 年 10 月 21 日,北洋政府颁布了《印花税法》,决定在中国开办印花税,于 1913 年在北京开征,随后推及全国。从此,我国正式开始实行印花税。1934 年 12 月 8 日,国民政府修改《印花税法》,公布了共 24 条、3 类 35 个税目的《印花税法》,并制定了执行细则,定于 1935 年 9 月 1 日起在全国施行。保险单被列为第一类商事产权凭证,适用税率为"按保额每千元贴花 2 分,超过之数不及 1000 元的按 1000 元计贴。每件保额不满 1000 元的免贴"。由于此项办法不仅未依照保险法划分人身保险和财产保险,即以水、

---

① 上海市保险学会.中国民族保险业创办一百周年纪念专集(1885—1985)[M].上海:上海市保险学会,1985:352—357.

火两项保险而言,亦较原印花税法增加数倍,加重了各保险公司的负担。经
过保险业同业公会与政府数度交涉印花税的问题,立法院始允酌予减轻。
1935 年 10 月,国民党政府立法院财政委员会开会讨论新《印花税法》。马寅
初主持会议。银行业、保险业及航运业等代表到会,陈述修改新《印花税法》
的意见及理由,指出按新税率只占用银行支票、保险单及航业提单之印花的
不合理性。保险业代表、中国保险公司董事长宋汉章(暂由南京中国银行副
经理汪叔梅代表),副经理项馨吾,肇泰保险公司经理徐可陞,太平保险公司
南京分公司经理张梦文诸君,均历举保险业之特殊情形,及负担深重各点,
希望对于保险单之印花,改按民国十九年(1930)暂行条例贴用。1936 年 2
月 10 日,国民政府对新《印花税法》部分条目和税率表进行了修改,将人身
保险与财产保险分别计征印花税,将保险单税率栏修正为:"人身保险每件
按保额每千元贴花 2 分,其超过之数不及千元者,亦以千元计。财产保险每
件按保额每千元贴花 1 分,其超过之数不及千元者,亦以一千元计。但每件
所贴印花最多以 3 元为限。"1936 年 9 月,保险业同业公会致函国民党政府
立法院、财政部及实业部,要求人寿保险及各种保险的保费与保险金免征所
得税。经过保险业同业公会与政府数度交涉,协助国民党政府修改出台了
《所得税法暂行条例》《所得税施行细则》等有关保险经纪人管理的若干
规定。

参考文献

[1]《保险史话》编委会.保险史话[M].北京:社会科学文献出版社,2015.

[2] 成继跃.简明保险知识[M].兰州:兰州大学出版社,2002.

[3] 程乃珊.终身奉献中行的宋汉章和张公权[N].国际金融报,2009-03-23.

[4] 戴建兵,等.话说中国近代银行[M].天津:百花文艺出版社,2007.

[5] 丁凝口述,刘永刚采访整理.60年口述经济史:1949年没收官僚资本 [EB/OL].(2009-11-11)[2017-12-12].http://dangshi.people.com.cn/ GB/85039/10358049.html.

[6] [美]费维恺.中国早期工业化:盛宣怀(1844—1916)和官督商办企业 [M].虞和平,译.北京:中国社会科学出版社,2002.

[7] 高星.时间的梳子[M].北京:中国华侨出版社,2016.

[8] 胡丕阳,乐承耀.浙海关与近代宁波[M].北京:人民出版社,2011.

[9] 江苏省地方志编纂委员会.江苏省志·保险志[M].南京:江苏古籍出版 社,1998.

[10] 李继锋.1935:危机再现[M].青岛:山东画报出版社,2003.

[11] 陆其国.宋汉章,从大清银行到中国银行[J].检察风云,2008(7):66—68.

[12]《宁波金融年鉴》编辑委员会.2008宁波金融年鉴[M].北京:中国经济 出版社,2009.

[13] 宁波金融志编纂委员会.宁波金融志:第一卷[M].北京:中华书

局,1996.

[14] 孙善根,杨顺福.近代宁波籍买办势力的形成和发展[J].浙江学刊,
1993(5):117—120.

[15] 唐芸萍.上海市保险业同业公会[EB/OL].(2010-01-26)[2017-12-12].
http://www.archives.sh.cn/.

[16] 王安.我经历了中国保险50年[M].北京:现代出版社,2005.

[17] 吴越.1912—1937:荣华二十五载[N].国际金融报,2004-05-19.

[18] 颜鹏飞,李明炀,曹圃.中国保险史志:1805—1949[M].上海:上海社会
科学院出版社,1989.

[19] 叶奕德.中国保险史[M].北京:中国金融出版社,1998.

[20] 佚名.草拟保险业法之大纲[N].申报,1917-03-06.

[21] 佚名.华安保寿公司股东会纪事[N].申报,1914-07-01.

[22] 佚名.敬答论华人自立之保险公司[N].申报,1909-03-07.

[23] 佚名.上海是宁波人商贸活动最早的舞台[EB/OL].(2007-12-04)
[2017-12-12].新沪商网.

[24] 佚名.西报对于保险公司事之辩论[N].申报,1917-02-21.

[25] 赵云声.荣宗敬荣德生传:荣氏家族企业的创始人[M].武汉:湖北人民
出版社,2007.

[26] 中国保险学会,中国保险报.中国保险业二百年:1805—2005[M].北
京:当代世界出版社,2005.

[27] 中国太平保险集团公司编审委员会.传承:薪火相传 基业长青——中
国太平八十周年纪念画册.(非正式出版物)

附录一

近代宁波帮保险业大事记

　　1842 年（道光二十二年），清政府被迫签订不平等的《南京条约》，宁波列为五口通商口岸之一。外国保险商开始抢占中国保险市场，保险业大多未曾独立，主要依附于经营范围广泛的洋行，保险业务多数由洋行代理，承保对象大多为洋人、洋货、洋船和洋宅。

　　1844 年（道光二十四年），宁波正式开埠，辟江北岸为商埠。英、美等国在江北岸设立领事署，外商洋行接踵而至，经营贸易、倾销洋货，开设码头、货栈，办理轮船运输，代理银行和保险等业务。

　　1858 年（咸丰八年），宁波商人李容、费纶志、盛植琯提议，筹银 7 万两，由杨坊、张斯臧、俞斌经办，向英国购置轮船一艘，命名"宝顺"号，聘张斯桂督船勇，贝锦泉司炮舵，全船有官兵 79 人。呈报督抚，咨会海疆文武官员，列诸档册，是为全国置办的第一艘铁壳轮船。所耗费用，官商各负其半，按年运量在船商总收入中抽成，共同负担，以期共保航海安全。此举颇有成效，并合乎保险宗旨，为上海船商所仿效。

　　1859 年（咸丰九年），于钞关外另设新关，以征国际贸易之税。购置轮船一艘，在南槎山一带与"宝顺"号联防。这是宁波保险业的萌芽。

　　1864 年（同治三年），在宁波市经商的 24 家洋行，包括英商怡和洋行、恒顺洋行、悦来洋行、广元洋行、宝顺洋行在宁波江北岸外马路开设机构，为外资保险公司英商海上保险公司、广州保险公司、联合保险公司、利物浦承保人协会等代理水火保险和人寿保险业务。

1871年(同治十年),在香港正式开业的华商保险有限公司在宁波口岸代办处聘请逊昌洋行作为其管事。

1875年(光绪元年),轮船招商局在宁波江北岸建造码头。12月,《益报》刊登《保险招商局公启》,公布宁波等12个口岸作为第一批办理保险的口岸。上海保险招商局在宁波设立分局,地址在江北岸轮船招商局,经营范围始为招商局轮船和货物运输保险,其业务委托宁波轮船招商局代理。此为国人集资在宁波开办的第一家保险机构。

1876年(光绪二年),上海仁和水险公司成立,保险招商局宁波分局停业。

1879年(光绪五年),宁波太古洋行开设,地址在宁波江北岸外马路43—45号。受上海太古洋行管辖,系代理行性质,专为别家企业办理商品进销和保险等。宁波太古洋行设有太古保险分公司,受上海太古洋行保险部管辖。分公司通常为伦敦郎卡郎、皇家交换、家定和不列颠商贸等6家保险公司代理业务。其中4家代理火险,1家代理宁波至上海客货保险,1家代理运往内地太古车行的水险业务,同时办理报关、提货、出栈、轮船、货物运输等业务。共20余人,内设2个办公室,开保险单、结算保费、佣金等由洋务办公室办理;推销保险由买办办公室负责,买办则雇佣"跑街"推销保险。宁波太古保险分公司一般无核赔权,若遇火灾,损失额小的自行处理,并向上海公司报备;损失额大的电告上海公司,由上海公司派洋人调查员核查,并另派他人携款赔付。

1885年(光绪十一年),同孚洋行为美商保险公司代理水火保险。上海轮船招商局在宁波成立保险部,即仁和水险公司,开办水火保险业务。这是华商在浙江开办的第二家保险机构。

1894年(光绪二十年)10月,上海机器织布局发生火灾,损失惨重。由于脱保,未得到任何保险赔偿。12月,以英国为首的西方保险集团已打进和占领了远东各国保险市场。扬子等9家保险公司在宁波太古、美溢两家洋行开设保险代理处。

1895年(光绪二十一年),保安行在宁波设立保险代理店。

1898年(光绪二十四年),在宁波江北岸老巡捕房对面设立机构的逊昌洋行、泰和洋行为英商保险公司代理水火险及人寿险。

1900 年(光绪二十六年),福安保险公司在香港成立,为纯粹华资保险公司,额定资本 100 万美元,经营水火险和仓库险,在宁波设立分公司。

1905 年(光绪三十一年),上海华洋人寿保险公司成立,在宁波口岸设立分公司。5 月,由宁波帮曾少卿、朱葆三、严筱舫等人发起创办的华兴水火保险公司在上海正式开业。资本金 50 万元,为股份有限公司。总公司设在上海黄浦滩路 7 号中国通商银行二楼。经营火险、汽车险业务。其股东大部分是通商银行高级职员,以曾少卿、严筱舫、朱葆三为总董,徐润、谭干臣、施子英、谢纶辉、周金箴、苏保森为董事,陈耀庭为总理,严子均、吴涤宜为经理。11 月 26 日,宁波帮朱葆三、沈仲礼等在上海聚会,商议集资设立华安水火保险公司事宜。席间,沈仲礼作如下发言:“上海一隅,洋商保险公司四十余家,结成团体;自华商同益公司失败停业后,洋商公司引为口实,遂不与华商公司联络交换,致寥寥数家之华商公司,更趋孤立!为今之计,若不急起直追,赶紧增设,则永无挽回利权之一日!”与会者决议分头集资,加快筹设步伐。

1906 年(光绪三十二年)4 月,由宁波人朱葆三等发起创办的华安水火保险公司在上海正式开业。资本为规银 30 万元。浙江吴兴人沈联芳、宁波人朱葆三和沈仲礼为董事,总经理傅其霖。主要经营水险、火险、汽车险、船舶险业务。地址在上海爱多亚路 29 号。11 月 16 日,华成经保火险公司在上海成立,由宁波人王一亭、朱葆三、李云书等人创办,资本为规元 16 万两,经理为黄友林,董事为朱葆三、顾馨一等。

1907 年(光绪三十三年),上海华商保险公司在华兴、华安、华成 3 家公司的总董,浙江宁波人朱葆三的主持下发起组织华商火险公会。该公会为上海市保险业同业公会的前身,是中国第一家保险团体。当时采取会长制度,由同业公推朱葆三为会长。华商火险公会共有 9 家会员公司,即华兴、华安、华成、华通、源安、源盛、合众、万丰、福安等。公会设立的目的在联络同业感情,以及讨论同业间偶尔发生之保价纠纷事项,“事务极为单纯,开会之数亦属寥寥”。8 月 9 日,浙江宁波人沈仲礼等人发起创办华安人寿保险公司,总公司设在上海。资本为规银 50 万两,每股规银 5 两,共 5 万股。

1908 年(光绪三十四年),华商经营的允康人寿保险公司、华年水火人寿保险公司分别在宁波江北岸八角间码头、傅家道关等处设立营业机构,经营人寿和财产保险业务。12月7日,该公司向农工商部注册。宁绍商轮公司由宁波商人虞洽卿、严信厚等联络绍兴帮人士在沪创建,虞洽卿任总经理,所属之宁绍、甬兴两轮行驶甬申航线,并设保险部,兼营保险业务。总部设在上海江西路59号,保险部首任经理为乌人尧。

1909年(宣统元年),宁波人傅筱庵任华兴水火保险公司总经理,后任董事长,由宁波人厉树雄继任总经理。

1910年(宣统二年),协和洋行为德商保险公司代理水火保险业务。华商华通水火保险公司在宁波糖行街、江北岸洋船街、江东甬泰北号以及余姚的虞官街普文明书庄等处开设分支机构,经营水火保险。华商信益火险公司、中国合众水火保险公司在宁波江北岸外马路等处设立机构,经营水火保险业务。1910年,华安人寿保险公司拟在吉林各地设分公司,特定以上海商务总会名义致函吉林劝业道,"请烦分别行知各该县地方官出示晓谕,并饬甲随时保护,以资安业"。

1912年(民国元年)1月,天津老顺记五金商号代理华兴水火保险公司,经营火险,系华商最早设立的保险代理处之一。华兴水火保险公司改组,遂隶属于中国通商银行,资本额为规银50万元。

1913年(民国二年)4月,上海华商火险公会自1911年改为会董及会长并行制以来,公推王一亭为会董,并由洪文廷替代沈仲礼为会长。6月,华安合群保寿公司试行营业。7月1日,正式开业。资本收足规元20万两。浙江宁波人朱葆三、沈仲礼等人入股。12月,华商合群保寿公司向北洋政府工商部注册。黎元洪任公司名誉董事,冯国璋任董事,吕岳泉任总经理,并聘请英国人礼佛斯(F. Defries)为精算师。华安相继在国内外重要商埠设立机构,如巴达维亚(雅加达)、棉兰、万隆、泗水、孟加锡等。经营种类有资富保寿、安家保寿、额定红利保寿、额定加增保款保寿、终身保寿、教育年金保寿、婚嫁立业保寿、团体保寿以及赎路储金保寿、经济救国保寿等,并出版《华安杂志》免费赠送保户。

1914年(民国三年)4月,中华全国商会联合会成立。宁波帮首领周金箴任会长、总干事。扬子保险公司和先施保险公司在宁波设立分公司及代理处。华商先施保险置业公司在宁波江北岸扬善路19号设立代理处。6月,上海金星人寿保险公司向北洋政府农商部注册。

1915 年(民国四年),允康人寿保险公司、年华水火人寿保险公司分别在宁波江北岸八角间码头、傅家道关等处设立代理处。4 月 5 日,金星人寿保险公司在营口设立东三省分公司,经营水火险业务。

1916 年(民国五年),英商长利洋行保险公司在宁波江北岸玛瑙路设立机构,经营水火险业务。

1917 年(民国六年)6 月 27 日,上海华商火险公会成员已达 27 家,其中12 家经营水火险。金星、联保、联泰、华安 4 家保险公司讨论华兴水火保险公司关于将"华商火险公会"改为"华商水火保险公会"的建议,并起草会章。

1918 年(民国七年),美商柏森洋行在宁波江北岸鸿达里设立机构,开办水火保险。华安保险公司在天津设立分公司。不久委托老顺记五金商号代理。

1919 年(民国八年),华安合群保寿公司在宁波江北岸首善里内设立营业机构,经营人寿保险。

1920 年(民国九年),美商柏生洋行保险公司在宁波江北岸外马路设立办事处,代理人为李定芳。英商太阳保险公司在宁波开明街 21 号设立机构,经营水火险业务。

1921 年(民国十年),美籍商人史带在上海创设美亚保险总公司之后,与华人买办设立了所属新大陆保险公司、花旗合群保险公司、全球保险公司、美丰保险公司、美兴保险公司、信孚保险公司等 6 家保险公司。不久,以上 6 家公司在宁波找到代理人,设立了代理处。章松官代理花旗合群保险公司,楼兰生代理新大陆保险公司,徐富顺代理美孚保险公司,丁义良代理美兴保险公司,边义卿、李政和代理信孚保险公司,后来又增设全球保险公司代理处。宁波保险业务大部分控制在美商史带手中。经营方式为招聘熟悉地方情况的"老宁波"当掮客,分头兜揽投保,业务分房产、生财、"货脚"各种,分保与连保均可。美商美兴保险公司、美丰洋行保险公司,英商安利洋行保险部在宁波江北岸美孚洋行等处开办水火保险业务。怡和保险公司在宁波设立分公司,经营水火保险,年营业额在 5000 元以上。

1922 年(民国十一年),上海日商裕先保险公司在宁波江北岸同兴里设立办事处,聘李象卿为经理。

1923 年(民国十二年),德商禅臣洋行保险部在宁波国医街 9 号设立机构,开办火险。德商华德洋行在宁波糖行街设立机构,开办水火保险。

1925 年(民国十四年),美商友邦人寿保险公司、美商友邦水火保险公司、美商加拿大保险公司、洋商义记洋行在宁波江北岸等处设立保险分支机构。该年秋,德商德华洋行在宁波设立代理处,办理进出口及保险业务,委任严云卿为代理人。华兴水火保险公司在宁波设代理处,代理人余润泉,地址在江北岸通商银行宁波分行内。11 月,宁绍商轮公司保险部成立,承保火险、船壳险及汽车险,由宁绍商轮公司内拨保险部 25 万元。保险部主任是胡詠骐。

1926 年(民国十五年),美商加拿大保险公司在宁波所设代理处倒闭。宁波一地代理人有苏安卿、李晋甫、徐富顺等数人,投保者亦不少。4 月,华安合群保寿公司为解除现金在押送过程中遭抢劫之虞,开办送银员防护保险。

1927 年(民国十六年),英商中和洋行、信记洋行、保慎保险公司、泰康保险公司、美商公和保险公司、美亚保险公司、信孚保险公司、花旗合群保险公司、新大陆保险公司等在宁波江厦街、开明坊、应家弄、东门外等处设立机构,开办业务。上海天一保险公司、四明保险公司在定海县永生钱庄设代理处,开办财产及货物火灾保险。

1928 年(民国十七年)9 月,民国政府金融管理局制定《保险条例(草案)》。法商长安保险公司,英商保兴保险公司、昌隆保险公司、保丰保险公司,美商普益公司保险部,洋商东亚保险公司、康海尔保险公司等在宁波江北岸、扬善路、开明街、宁绍码头庆元里等处设立机构,经营保险业务。华商宁安保险公司、安丰保险公司、汉中保险公司、通易信托公司保险部等分别在宁波药行街、国医街、东门口棋杆夹弄等处设立机构,经营水火险业务。金星人寿保险公司在宁波设立代理处。

1929 年(民国十八年),英商公裕保险公司、巴勒保险公司以及法商永兴洋行保险部在宁波设立机构,经营保险业务。11 月 20 日,太平水火保险公司由金城银行独家投资在上海开设,总资本 100 万元,地址在江西路 212 号,经理为丁雪农。宁绍商轮公司保险部经理由胡詠骐继任。同年出现滥保保额、纵火图赔及保险人赖赔等情弊,纠纷案增多。有居民组织聚星里委者,订立《火灾保险登记办法》,试图解决上述弊端。凡该里委所在地住户,如已经保有火险者,将保险单送交里委登记,经里委派员调查,以保单与所报货物或房屋、生财价值相符为合格,由里委负责人签名后,订立正式保险单,不收费用,如保险人赖赔,该会负责与其交涉。上海市政府赞赏这一做法,曾发函推广,称此为民众自发监督、政府赞同的一种办法,而非保险业必然的议保手续。12 月 24 日,《中华民国保险法》出台,国民政府各部先后发出训令,各工商团体也通过决议,推进和支持民族保险事业,呼吁挽回权利,推动了民族保险事业的发展。此后,在甬由国人所办的保险公司出现了新的发展势头。

1930 年(民国十九年)1 月 1 日,华安水火保险公司开业。宁波设立宁绍商轮公司保险部,代理人有纪育鸿(药局巷 5 号)、余润泉(宁绍商轮公司、通商银行宁波分行经理)、陈筱宝、苏安卿等。英商宏利保险公司、保丰保险公司、信托保险公司、荣丰洋行经理摩托右宁水火保险公司、礼臣洋行保险部在宁波设立驻甬经理部。法商保余保险公司与美商美隆保险公司、慎余洋行、义泰洋行保险部等也都在宁波设立机构,经营水火险业务。上海永安水火保险公司、宁绍水火保险公司、华安水火保险公司、泰安保险公司、宁安保险公司、大华保险公司在宁波设驻甬经理处。9 月,外交部训令提倡职工团体寿险,并准由纯粹华商保险公司承保,以杜绝外商窥觑。华安合群保寿公司 1930 年开始在南洋设立分公司。

1931 年(民国二十年)6 月,行政院通饬各省:"国有财产及国营事业,应一律归中国保险公司承保。"同时发布《国有财产企业保险由华商承保令》。11 月,宁绍人寿保险公司由宁绍帮旅沪富商创立,董事长邵长春,总经理胡詠骐。洋商在甬开办的保险公司共 37 家,其中英商 19 家,美商 10 家,德商 2 家,法商 2 家。当时,宁波保险市场完全为外商所控制。宁波城区保险营业额为 541600 元。

1932 年(民国二十一年),交通银行投资 100 万元入股太平保险公司,太平保险公司通过交通银行宁波支行、余姚支行推销保险业务。1932 年,宁波鄞县有保险公司(代理机构)54 家,其中华商 30 家,英商 17 家,美商 7 家。

1933 年(民国二十二年)2 月 19 日,宁绍人寿保险公司在宁波设立经理处。4 月 2 日,四明保险公司由浙江宁波商人孙衡甫、俞佐庭等发起创办,总公司设在上海南京路 470 号;在宁波设分公司,地址在江北岸外马路四明银行内。5 月,四明保险公司在甬复业,经理俞佐宸。6 月 10 日,华商联合保险公司成立,通过公司章程(共 6 章 34 条)。发起单位是肇泰、华安、永宁、永安、先施、中国海上以及通易信托公司保险部、宁绍商轮公司水火保险部等 8 家。资本额为规银 80 万元,实收半数,国民政府认官股 5 万元,并特许为财产各险的分保机关,专营各种分保业务,并承保或经营各种官有财产及国营事业之水火险业务。其分保后台是瑞士保险公司。7 月,太平水火保险公司在交通银行宁波支行设代理处,代理人金志强,地址在东门街 11 号,并在余姚、镇海等县分设代理处,经营水火险业务。四明保险公司、太平保险公司、中国保险公司在宁波江北岸的四明银行、中国银行和东门街的交通银行内设立分支机构。宁绍人寿保险公司在宁波开明街 21 号设立经理处。上海华商保险同业公会已有会员公司 25 家。

1934 年(民国二十三年),德商美最时银行、鲁麟洋行,英商老公茂保险公司、皇后保险公司、宝隆保险公司、联安水火保险公司、荣保保险公司等在宁波江北等处设立机构。4 月 2 日,中国垦业银行投资在上海创建中国天一保险公司。同年,在宁波设分公司,地址在江厦街 121 号(中国垦业银行内),经理俞佐宸,副经理毛稼生。永安人寿保险公司、先施人寿保险公司、安旗保险公司、安平保险公司、宝丰保险公司、通商保险公司、好华保险公司等分别在宁波应家弄、东渡路、江左街、江北岸等处设立机构,经营水火保险、人寿保险。6 月,鄞县第十届全县代表大会通过"劝实劝导人民,嗣后投保人寿水火各险应向华商保险公司投保,以塞漏卮而挽利权"的决议,略谓:"就本县言,各项保险费年达二十余万元……若能将是项保费储国人之手,于国内经济亦不无少补。"该决议除分函各机关、团体外,亦呈请国民政府通令全国遵行。《鄞县通志》记载:1934 年,"以被灾损失言之,火灾五十起,公约五十万金,平均每起损失一万一千金,其中物品损失约四倍于房屋,盖所烧毁者以商店为多,故保险总额亦达四十万余金之巨也"。商家投保多于居民个人投保,甬城商业集中地江厦一带的商号、钱庄、店铺,几乎家家投保。和丰纱厂、太丰面粉厂、通利源榨油厂、钱业会馆等著名商号和机构也都投保火险。保险业务甚为兴旺。11 月 22 日,华商联合保险公司召开第 30 次董监事联席会议,制定了关于改用百分率分派本公司及各股东公司之受保责任的 14 条办法。

1935年(民国二十四年),中国第一家保险学术机构——中国保险学会成立。3月,鄞县建立保险合作社,拥有社员55人,股金378元。4月26日,民国政府立法院通过《简易人寿保险法》和《简易人寿保险章程》,规定人寿险由邮政储金汇业局承办,其他保险公司不得经营。中央信托局保险代理处在宁波成立。中国天一保险公司在镇海城关、柴桥、贵驷桥,象山城关、石浦,慈溪庄桥,奉化大桥镇,湖州中北街等地设立代理处。天安保险公司在余姚设立代理处。平安保险公司在余姚新建路元亨钱庄设代理处。华安保险公司在象山石浦镇瑞丰米号设立代理处。宁绍商轮公司保险部改组为宁绍水火保险公司。据《中国保险年鉴(1935年)》记载,1935年驻宁波保险公司有16家。上海市保险业同业公会为冲破外商垄断在华保险市场的局面,同洋商保险公会交涉,洽商保险价目,结束了我国早期民族资本保险公司保单上没有中文条款的历史。8月3日,中国保险学会举行成立大会。8月7日,中国保险学会举行第一届理事会,推选宋汉章、胡詠骐等5人为常务理事,宋汉章为理事长,王效文为名誉秘书,项馨吾为名誉会计。

1936年(民国二十五年)5月,朱葆三等人创办的华成经保火险公司进行改组,更名为华成保险公司,并将业务扩展到水险、汽车险、兵盗险、意外险等险种。10月,宁波邮政储金汇业局在宁波日新街、鼓楼的两邮局设立机构,承办人寿保险业务。上海先施水火人寿保险公司在平湖县乍浦镇设立业务接洽处,县内各钱庄均代理先施保险公司业务。尔后上海外商保险公司在宁波的分支公司和代理机构逐渐迁撤。

1937年(民国二十六年)1月11日,国民政府公布了修订后的《中华民国保险法》《中华民国保险业法》《保险业施行法》。《中华民国保险业法》规定:同一保险公司不得兼营损害保险与人身保险;《保险业法施行法》规定:保险契约以中文为准。中国保险公司、安平保险公司、丰盛保险公司、太平保险公司分别在余姚县、镇海县等地设立代理机构。中央信托局保险部委托浙江省银行宁海县办事处代理火险和人寿险业务。全面抗战开始后,益中公正行等内迁重庆,赔款均由上海公司理赔人员赴甬估损,或由在甬保险公司将赔案报上海公司,由上海公司转保上海保险业同业公会赔款审核小组同意后,始能赔款,处理时间多则1月、少则5天。

1938年(民国二十七年)七八月间,鄞县集仕港镇、鄞山桥、云龙镇等地也筹建了有限责任保险合作社。镇海口封锁后,上海至宁波轮船都停泊于镇海口外,货物进出须经驳船驳运,水面险情环生,报关行、转运行为减轻自身责任,要求货主投保水险。美商美亚保险公司复业承保水险,但定价昂贵,每千元实收 1.4 元(限平安险),超过其他公司数倍。12 月底,一艘投保的铁驳船在镇海口外触礁沉没,大宗物资损失,美亚应赔 2 万余元。此事发生后,美亚即借端大涨保险费,铁驳水险每千元高至 20 元。

1940 年(民国二十九年)6 月,长城保险公司在上海创办,并在杭州、宁波设立分公司,董事长秦润卿,总经理李劲根。中国天一保险公司镇海代理处升格为分公司。兴华保险公司在宁波江北岸外马路 17 号设立机构,经营水火保险。邮政储金汇业局在奉化县大桥镇、溪口镇两地邮局开办简易人寿保险。

1941 年(民国三十年)4 月 19 日,日军侵占宁波,宁波沦陷。中央、中国、交通、农民和四明、通商、垦业、实业等银行或停业,或向内地与上海租界迁移;四明、中国、安平、华兴、中央信托局保险部代理处等亦随行撤离,太平保险公司、四明保险公司停业。宁绍水火保险公司迁至上海,保险业务由经纪人直接向上海宁绍保险公司投保。简易人寿险停办,保险业务一落千丈,宁波保险机构停业甚多。继续营业勉力维持的只有中国天一等几家公司的分公司。12 月 8 日,太平洋战争爆发,太古洋行与美孚石油公司等英、美企业被日军接管。此后不久,中国保平保险公司、华成保险公司、华泰保险公司、华业保险公司、华孚保险公司、大中保险公司、大南保险公司、大安产物保险公司、久安保险公司、中国工业保险公司、中国利民保险公司、五洲保险公司、长城保险公司、宝隆保险公司、金安保险公司、南丰保险公司、泰安保险公司、安达保险公司等保险公司来甬设分支公司,先施保险公司代理处重新开业,太平保险公司设办事处,丰盛保险公司设分公司,先后恢复营业。中国天一保险公司宁波分公司迁至江左街 13 号原江西裕民银行内,原经理俞佐宸离职赴渝,由毛稼生任经理,邬冠卿任副经理,于同年 6 月继续营业,并在镇海设立支公司。各地代理机构或因战争或因经营不善而相继停业。中国天一保险公司在宁波各埠设立机构的还有象山石浦代理处(地址在乾康钱庄)与定海代理处(地址在福泰钱庄)。

1942 年(民国三十一年),保安保险公司、华业保险公司、大中保险公司、大公安联合办事处、上海华孚保险公司、上海金安保险公司、华泰保险公司、华成保险公司等9家公司分别在宁波崔衙街、握兰巷、方井街、江北岸外马路、江厦街、江左街等处设立机构,经营水火保险。大安产物保险公司、中国工业保险公司、大中保险联合办事处等在余姚县设立机构,经营水火保险。华安水火保险公司宁波分公司为扩展业务,聘曹介新为经理。国民政府在重庆公布了《非常时期保险业管理办法》和《抗战时期保险业管理办法》。上海华商公司组成了太平、大上海、久联、五联、十五联、华商联合等6个分保集团,其中太平分保集团驻甬代表办理该集团在甬公司分保业务,宁波分公司则概不办理分保业务。

　　1943年(民国三十二年)1月11日凌晨1时,甬城发生了历史上最大的一次火灾,药行街仁和堂国药铺奇虎,延烧之车桥街、堂平街,又新街、怀安巷、护城巷、泥桥街、灵桥路一带,房屋被焚近200间,店铺被烧百余家,损失数百万元。次日,《时事公报》报道:"因时在深夜,又值严冬抗旱……时复西北风肆虐,火焰四周飞腾,其势之猛,市空皆红,遭灾店铺、住户114户,大小房屋194间,一时哀鸣遍野,哭声雷动,厥状殊惨,诚为宁波空前大浩劫。"据不完全统计,对这次火灾进行理赔的保险公司有中国天一保险公司、华安保险公司、大中保险公司、永安保险公司、宁绍保险公司、久安保险公司、大新保险公司、华泰保险公司等9家。65家投保的商店、住户得到赔偿。其中同德详、老得馨协记、善详泰记、兴记、大生、五味和、宝兴、昇泰阳等8家店铺同时向多家保险公司投保,也分别获得多家保险公司的赔款。据《时事公报》记载,仅华安保险公司、大中保险公司、永安保险公司、宁绍保险公司、久安保险公司、华泰保险公司6家公司,赔款给48家商户、住户的金额为伪中储券686400元。5月1日,宁绍人寿保险公司为扩展业务,改设分公司,由曹介新兼任营业部主任及秘书,丁立成任医务主任,地址在滨江路13号2楼。大南保险公司、南丰保险公司、长城保险公司、五洲保险公司、中国联业保险公司、泰安保险公司、大安产物保险公司、中国工业保险公司、久安保险公司、宁兴保险公司、宝隆保险公司、上海大新保险公司、永平安保险公司、大陆保险公司等14家公司分别在宁波崔衙街、药行巷、药局巷、滨江路、江北岸、方井街、江左街、应家弄等处设立机构,经营水火保险业务。五洲保险公司在余姚城关新建路65号设立机构开业,但只营业27天就停业。中国天一保险公司委托慈溪城关镇徐弘恒代理水火保险。6 月 22 日,太平保险公司在甬设办事处,主任陈齐美,地址在外马路 16 号。10 月,宁波保险业同业公会成立,会址设立在东后街 87 号。

1944 年(民国三十三年)2 月 1 日,宁波保险业同业公会按照汪伪保险监理局公布的《苏、浙、皖、京各省市火险保价规则》,确定了宁波保险业保价,对宁波火险保费标准作了统一规定,要求各同业遵照执行。7 月 1 日,宁波保险业同业公会调整火险保费标准,提高两成,对回佣、折扣率亦有所规定,要求同行遵照执行,但是收效甚微。上海联保保险公司、中国平安保险公司、华隆保险公司分别在宁波江北岸同兴巷、东马路 1 号、应家弄 5 号设立机构,经营水火保险。中央信托局产物保险处委托浙江地方银行孝丰办事处代办水险、火险、运输险、人寿险业务。

1945 年(民国三十四年),浙海关改在江东常关原址办公。太平洋产物保险公司委托中国农民银行余姚办事处开办水火保险;余姚县邮政储金汇业局在县邮局内设立机构,开办简易人寿保险。镇海、象山、慈溪、宁海等县邮局均代理本县邮政储金汇业局的简易人寿保险业务。8 月,抗日战争胜利。保险机构由重庆移至上海,上海重新成为全国保险业的中心。10 月 1 日,民国政府财政部公布《收复区商营保险公司复员办法》,财政部驻京、沪区财政金融特派员办公处亦发布公告,饬令敌伪政府核准设立的保险公司一律停业清理。宁绍水火保险公司复业。

1946 年(民国三十五年)3 月,宁绍水火保险公司、四明保险公司等保险公司在甬复业。28 日,宁绍水火保险公司改设分公司,经理李助赉,地址在江北岸外马路 7 号。10 月,继邮政储金局在甬恢复办理简易人寿保险业务后,裕国、宁安、华盛、安平、太平洋、茂德、华茂、信义、永中、永平安、浙江、大通等产物保险公司和中国第一人寿保险公司等先后在甬设立机构,开展业务。宁波招商局亦办理义务代保乘船旅客人身意外伤害责任险。保险业虽曾一度复兴,但社会经济混乱,物价暴涨,货币贬值,除银行开办的几家保险公司办理押汇保险外,货物保险和人寿保险濒于消失,人寿公司只能推行短期意外伤害责任保险,浙江省邮政管理局也通知各经办邮局,除"一年定期"外暂停接受简易人寿保险新保户。5 月,华安水火保险公司宁波分公司改设分公司,经理俞方,地址在和义路 87 号;6 月 9 日,设支公司,经理为陈安定。

太平支公司在宁波保险同业中颇有影响,并办理太平分保集团在甬分保业务。6月,余姚县联合社保险开办了耕畜、农具保险。宁绍水火保险公司在湖州设立分公司。

1947年(民国三十六年),裕国保险公司、茂德保险公司、浙江产物保险公司、信义保险公司、华茂保险公司等相继在宁波设立机构。奉化县成立保险合作社,开办牲畜保险。华商保险机构有所减少,据中央银行稽核处编印的《全国金融机构一览》,至1947年3月,宁波有中国天一、四明、宁绍、上海联保、太平、华业、华泰、华成、华安、兴华、长城等11家分支公司和代理处。3月,奉化县试办保险合作社。

1948年(民国三十七年),浙海关划归江海关管辖,更名为江海关宁波分关。中国天一保险公司在宁海县城关柴万成布号设立代理处。招商局宁波分局、宁安保险公司、华盛保险公司、太平保险公司、第一人寿保险公司、永中保险公司等相继在宁波江北岸、外马路、战船街、车轿街、东门街等地设立机构。上海联保水火险有限公司在宁波方井街5号设立分公司。到年底,宁波保险机构增至29家,比上年3月份的11家增加1.5倍。

1949年(民国三十八年)5月,华安水火保险公司宁波分公司、四明保险公司宁波分公司、宁绍水火保险公司宁波分公司停业,华安水火保险公司余姚代理处停业。原中央信托局保险部、太平洋保险公司、中国农业保险公司和浙江产物保险公司等国营和公私合营的保险公司由贸易总公司和人民银行分别接收,没有复业。5月25日,宁波解放。其时,在定海的国民党空军部队对宁波滥施轰炸,保险业经营困难,多有停业。太平洋产物保险公司宁波支公司于年末被接管。7月,大通保险公司在宁波江北岸外马路17号设立机构,经营水火保险,这是中华人民共和国成立前浙江省设立的最后一家保险公司。至解放前夕,宁波保险机构虽有31家,但是业务均趋停顿。

附录二

为有源头活水来

——《宁波帮与中国近代保险史略》
透露的保险历史与文化影迹①

宁波保险史研究学者王珏麟先生,今年 7 月出版了他的第一本研究著作《宁波帮与中国近代保险史略》。日前记者对王珏麟先生进行了采访。一些鲜为人知的史实下的历史与现代文化的交融,得以浮现于人们眼前。

方磊:王珏麟先生,最近浙江大学出版社出版了您的第一本研究著作《宁波帮与中国近代保险史略》,在此,我向您表示衷心的祝贺。您能否谈谈这本著作想要表达的主题是什么?您觉得这本书有哪些价值和意义?

王珏麟:我的第一本研究著作《宁波帮与中国近代保险史略》已在 2018 年 7 月出版。屈指算来,从 2004 年我开始对中国保险历史产生兴趣,时间已经过去了 14 年;从 2008 年年初第一篇文章交于《宁波保险》期刊发表,时间也已经过去了 10 年。白驹过隙,中国保险历史,特别是宁波保险的历史研究终于有了些许的成果。在我眼中,它如同初生的婴儿,那么让我欢喜,让我真切感受到它的活力。

关于这本著作想要表达的主题,实际上就是我在本书写的前言,即《写在前面的话》里所要表达的内容。一是保险是商品经济发展的产物。二是

---

① 本文根据《中国保险报》记者方磊 2016 年、2018 年对作者的两次采访稿整理而成。

中国近代民族保险业的发展是华商为了国家利益挽救利权同洋商不断合作与斗争的结果。三是宁波帮引领中国保险业近50年。当然,以上主题是我查阅了大量历史资料进行分析研究,提炼而得出的研究成果,是我对1949年之前中国保险业的基本认识、理解和评价。

方磊:您能否就本书表达的主题做一阐述?

王珏麟:好的。第一个主题是保险是商品经济发展的产物。1865年中国正式开海禁。当时广东、福建、浙江、江苏四省为通商贸易地点,并在广州、漳州、宁波和云台山设立四个海关。自浙海关设立后,宁波不但对日贸易有了发展,与东南亚各国的商贸往来也更加密切,从而促进了宁波地区手工业、商业的繁荣。宁波人商品意识非常强,在商业贸易发达地区都能看到宁波人的身影。特别是1842年鸦片战争后五口通商,中国保险业的中心由广州转到上海。"宁波商人,自其人数之多、历史之远、势力之大,观之,实可谓上海各商领袖。"宁波商帮在登陆上海后迅速崛起,逐渐超过了广东帮,并从上海向其他地区拓展。这当中自然包括保险业。我们从中国保险史发展过程看,从国外舶来的保险初到中国是1805年谏当保险行的设立,但由于自给自足的自然经济,中国到了1835年才有了第二家外资保险行——于仁洋面保险行。从目前掌握的史料来看,中国民族保险业的诞生比谏当保险行的成立则迟了整整60年。为什么会事隔30年才有第二家外资保险公司?为什么中国民族保险业的诞生要比外资保险公司成立晚60年?这是因为我们是自给自足的自然经济,虽有贸易往来,但主要集中在广州。缺少商品经济的发展,保险在国内的发展缺少生长的土壤、阳光和水分。第二段史料也能说明这一问题。1949年后,除香港、澳门和台湾还保持正常的贸易往来外,由于大陆基本上消灭了商品经济,1965—1980年国内保险业恢复这段时间,中国保险业的发展几乎是一片空白。改革开放以来,特别是中国加入WTO以来,中国经济获得了空前发展。2016年年底,当中国发展成为世界第二大经济体时,中国保险业发展也超过日本,成为世界上排名第二的保险大国。中国保险发展历史进程说明,只有坚持发展商品经济,只有不断融入全球经济,中国经济才会更好更快地发展。正如习近平总书记在2017年达沃斯论坛上所讲:"经济全球化为世界经济增长提供了强劲动力,促进了商品和资本流动、科技和文明进步、各国人民交往。"毋庸置疑,中国目前已经成为世界保险大国,但要转型为保险强国,还有很长的路要走。但我们欣喜地看到,随着这些年来中国"一带一路"的发展,中国保险业正在深度参与全球保险业的治理。目前世界保险市场呈现出亚太、北美和欧洲三足鼎立的并购主体格局。从 1805 年保险作为"舶来品"进入中国到 2015 年以来"走出去"到世界保险市场展开搏击,中国保险业已经勇敢地迈出了坚实的步伐。这一巨大变化令中国当今保险人感到无比的自豪。因此,历史发展表明:我们只要坚持发展社会主义商品经济,坚持走市场经济发展的道路,我国经济就会越来越强大、越来越繁荣。

方磊:本书表达的第二个主题内容是什么?

王珏麟:第二个主题是中国近代民族保险业的发展是华商包括宁波帮,为了国家利益挽救利权和洋商不断合作和斗争的结果。从清末到民国时期中国保险重大事件中均有宁波帮的身影。近代中国民族保险业的诞生和当时清朝沙船业衰落密切相关。由于技术的不断成熟,第二次鸦片战争后外商蒸汽轮船替代了木帆船。而当时中国国内水上运输工具主要还是旧式沙帆船,无法与外商轮船公司现代化轮船相抗衡。为解决漕运问题,挽回利权,李鸿章上奏《筹议制造轮船未可裁撤折》指出:"各口岸轮船生意,已被洋商占尽。华商领官船另树一帜,洋人势必挟重赀以倾夺,则须华商自立公司,自建行栈,自筹保险……" 1873 年,筹组"保险招商局",发起集股。1875年 12 月 28 日,招商局创办了中国第一家船舶保险公司——保险招商局,自办保险,挽回利权。随着中国自然经济的解体和洋务运动的兴起,英美等资本主义国家在中国经营轮船航运业,开设银行和保险机构,随资本主义商品经济发展的近代中国民族保险业脱颖而出。正如中国人民大学清史所博士研究生罗艳在其《试论洋务运动与近代民族保险业的兴起》一文中所说:"洋务运动不仅为民族保险业的产生提供了历史平台,也产生了对民族保险业的迫切需要,提供了民族保险业赖以生存的物质基础,直接促使了民族保险业登上历史舞台,并逐步迈入发展正轨。另一方面,民族保险业兴起以后也给洋务运动提供了强有力的支持。"洋务运动期间,宁波帮在航运、银行和保险业的发展过程中起到了积极的作用。进入 20 世纪,宁波帮引领中国近代民族保险业近 50 年。宁绍人寿保险公司总经理胡詠骐在担任上海市保险业同业公会会长期间,迫使外商同意在保险费率的确定上同华商商议,在其主持下结束了华商保险公司保险单上没有中文条款的历史。此外,上海市保险业同业公会经过谈判成立了包括华商和外商火险公司在内的上海市火险联合委员会,协调统一了火险费率和条款,限制了外商保险公司针对华商保险公司的不正当竞争。1937 年 1 月,上海市保险业同业公会执委会讨论华洋实价委员会新订火险实价表等事宜,制定了《火险经纪人登记与管理规章》(共 6 章 37 条)。同年 4 月,上海保险同业公会火险组通过议决案,成立调查委员会,调查各保险公司遵守火险规章情况。同年 6 月,上海市保险业同业公会执委会原则通过了上海火险联合会章程,除与华北汽车保险公会、上海水险公会、上海兵险公约委员会合作外,还与上海火险公会联合成立华洋特别保价与意外事项联合委员会、华洋估价委员会等;设立医务委员会和精算委员会。通过一系列的积极活动,不仅划一了保险费率,订立了各项规章,扭转了保险业各自为政的混乱局面,而且与外商火险公会共商保险中存在的问题,制定解决办法,共同遵守,从而开创了中外保险同业公会共同协商、联合行动的局面。

方磊:本书表达的第三个主题内容是什么?

王珏麟:第三个主题是宁波帮引领中国保险业近 50 年。从 1805 年英国人将保险带入中国后的 60 年里,中国保险业基本上是洋人的天下。当中国民族保险业的曙光在东方地平线升起的时候,宁波帮通过供职、间接参股和投资逐步参与到保险行业里来。洋务运动则助推了中国民族保险发展的进程。而宁波帮真正拥有自己完全控股的保险公司则在 1905 年。从这一时间算起,到新中国保险公司公私合营为止,宁波帮领导中国保险业近 50 年。1905 年以后,无论是外资、合资还是民族保险公司,都有宁波帮的身影。由宁波帮自己创办和能直接控制的保险公司主体占到当时民族保险公司的 35% 左右。中国保险学会、保险同业公会和上海市保险业业余联谊会均由宁波帮发起与创办,历届正副主席、理事,宁波人都占有一定的比例。中国共产党地下党在 1949 年之前创办的红色保险公司共有 3 家——民安保险、大安保险、联合保险,由宁波人卢绪章、谢寿天创建。1949 年 5 月,谢寿天、林震峰等人接管和改造民族保险业。中国人民保险公司初创时期的人员均来自中国保险公司和太平保险公司；中国保险公司、香港民安保险公司自新中国建立以来，在香港等地市场继续为国家创汇，为社会主义建设和发展做出了重大贡献。

以上研究成果和考证都说明：宁波帮在近代中国民族保险业有着的重要的地位，并起到了积极作用。同时说明，清末至新中国建立初期，中国近代民族保险业近 50 年的历史是在宁波帮的领导下书写的，这一研究成果填补了中国保险史的空白。斗转星移，沧海桑田，约 200 年前，保险作为一种"舶来品"由英国人带入中国；200 年后，中国保险业已经走向海外布局，开始走向国际，在普惠金融和全球经济治理结构中起着越来越重要的作用。今天的中国保险业在主体和规模上，都远超旧中国的民族保险业。在历史发展的进程中，中国民族保险业虽经历了许多坎坷和曲折，但"历史潮流，浩浩荡荡，顺之者昌，逆之者亡"。21 世纪初，中国保险业紧紧抓住了中国加入 WTO 这一历史机遇，乘势而上，最终站在了历史的潮头。历史值得回味！宁波帮蕴含的顽强拼搏、奋发有为的创业创新精神与开拓进取意识，将进一步激励当代宁波保险人积极投身国家保险综合试验区的伟大事业。宁波帮在保险业未来的发展进程中必将再创辉煌！

《宁波帮与中国近代保险史略》比较全面地记述了宁波帮在中国近代保险业领域取得的丰硕成果和历史功绩，展示了宁波帮引领中国近代保险业发展的历程，从一个侧面反映了中国近代保险业波澜壮阔的发展历史。这对于我们以史为鉴，更好地发展今天的中国保险业有着一定的意义。

以上正是我想要表达的这本书的价值和意义。

方磊：您的写作是如何展开的？ 写作前您都做了哪些准备？ 写作脉络如何？ 您克服了哪些困难？

王珏麟：我的写作主要分为这样几个阶段来展开。第一个阶段主要是搜集资料。"冰冻三尺，非一日之寒。"追溯这本书的写作源头，应该在 2004 年。我那时就开始搜集保险业方面的史料和翻阅相关档案了，不过那个时候应该是无意识的、碎片化的，关注点也主要在相关公司和人物方面，而且区域范围比较广。2007 年年底我到宁波工作后，关注点开始集中放在研究宁波帮上。宁波帮在保险业做出的突出贡献,激发了我的研究兴趣。但这本书的正式写作是从 2008 年开始的。为写好这本书,我专门跑到宁波档案馆、浙江档案馆,查阅了各种金融保险志、宁波市政协文史委员会编辑的宁波帮史料丛书、20 世纪 80 年代编辑出版的宁波文史资料、民国时期的《申报》等;购置了相关的图书,参阅了颜鹏飞、叶奕德、吴越、朱元仁、童伟明、王安、徐晓、高星、成继跃、林振荣、陈国庆、孙善根等学者撰写的有关著作、文章。正因为有了以上充分的准备,才有了今天的这本《宁波帮与中国近代保险史略》。第二个阶段主要是梳理相关历史资料和构建本书的初步框架。在占有一定的历史资料后,我开始对相关史料进行分类,并在分类的基础上搭建起本书的基本框架。2013 年,我将初步框架和完成的部分章节报送宁波市社科联,参加 2013—2014 年度宁波市文化研究工程项目的评审。在多名专家的严格审核下,这本书进入预立项名单,这是非常不容易的,对我鼓舞很大。同时,这本书也受到宁波保险学会秘书长邵洪吉与副秘书长管益君、徐明的高度重视,发布了本书征求意见稿,征求行业相关人员意见,以保证出版的质量。第三个阶段是围绕框架进一步搜集资料,丰富本书内容。从 2013 年到 2017 年,我利用业余时间,一边搜集和丰富资料,一边写作,其间克服了大量的困难,并常常就写作过程中需要考证的资料搜寻相关证据。这个过程是寂寞的,也是十分孤独的。但不如此,就不可能有任何成果出来。我感谢自己能静下心来,享受这样的寂寞和孤独。

说到本书的写作脉络,也就是本书的结构安排,我主要采取总分的模式。第一章主要介绍近代宁波帮保险和宁波保险业的发展过程。这是对宁波帮保险业的总括,好比人的骨架。第二章到第六章主要侧重于宁波帮保险人物在保险业不同领域做出的贡献,好比人的肉和血,丰满了骨架。这样的结构安排,使整本书的论述层次分明、脉络清晰,增强了本书的说服力和感染力,使读者感受到宁波帮在中国保险业 213 年的发展历程中做出了杰出的贡献,进一步突出了本书的主题。

方磊:本书写作中您对保险历史与文化有哪些心得?

王珏麟:中国保险业发展的历史只有 213 年,在历史的长河当中不算长,只是泛起的一朵小浪花。但是如果把这段历史截取出来,它就有趣多了。在这本书的写作过程当中,我一直涌动着兴奋、感动和向保险前辈致敬的心情。要说心得,我非常赞同中国保险学会原会长姚庆海先生的一段话。在 2014 年 5 月中国保险学会和中国人民大学联合举办的"保险之路——中国保险历史文化展"上,姚庆海先生说:"人类文明史是一部人类社会与自然抗争、管理风险的历史。从古巴比伦到古埃及、罗马,人类从洪荒时代走来,防灾避祸、以备补患,得以生生不息,世代繁衍。互助共济——人类智慧和文明的象征,孕育了保险文化,成为现代文明和保险发展的基础。环视当今世界,保险正在以独特的生命力,渗透和滋润着我们生活的方方面面。"本书和中国保险史的发展历程恰恰全景式地展示了中国从一个保险弱国成长为一个保险大国,进而迈向保险强国的历程。是的,"保险,让生活更美好"。它连接着过去和未来、集体和个人、此刻和永恒。中国保险需要文化,与时俱进的保险文化正在为中国保险业的迅猛发展插上腾飞的翅膀。

附录三

植根保险沃土　传承文化薪火①

保险史研究专家王珏麟积十年之功撰写的《宁波帮与中国近代保险史略》，记述了宁波帮投资创办保险公司、参与保险公司经营及其与中国近代保险业发展的前因后果。这是宁波地区第一部由个人独力完成的保险史著作，也是近年来地方保险史研究的成果之一。

宁波自南宋起，政商界人才辈出，成为浙东的钟灵毓秀之地。宁波商帮由明代中晚期兴起，至清末民国纵横天下，在海内外经济舞台上担当了不可或缺的角色。19 世纪以降的百年内，外资保险进入中国并得以逐步发展，揭开了近代中国保险史的序幕；20 世纪初，民族保险业渐成规模，宁波优越的地理位置、商业体系，加上清代海禁开放、"五口通商"等天时地利，使宁波成为最早开办保险业务的口岸城市，因此造就并促使宁波帮商人在近代保险业中发挥了重要作用。论及中国保险业的演进，不能不关注宁波帮，不能忽视宁波商人在历史上留下的诸多痕迹。

《宁波帮与中国近代保险史略》系统梳理了宁波保险业的产生和发展。宁波民族保险业的萌芽，被作者定位于一艘名为"宝顺"的货轮。这艘时价7 万银圆、官商各担一半费用，用以保障航海风险的铁壳大船，在征伐太平军时搁浅消失，但其象征性的意义却得以延续——推动了外资保险抢滩中国

---

① 作者刘润和，甘肃省作家协会会员。本文原载于 2018 年 11 月 2 日《中国保险报》。

保险市场的进程。1862年宁波江北岸租界,外国领事馆的增多和商业活动的繁盛,开启了宁波的近代化,为多家保险公司在宁波设立分支机构创造了条件。1905年,宁波人朱葆三等在上海发起创办华安水火保险公司,给更多的宁波帮商人投身保险业埋下了伏笔。至1930年,宁波的中外保险公司达到69家。一批宁波帮商人转型为职业保险人,以上海为基地,创办中国首家再保险公司、"四联分保办事处"、大上海分保集团和华联产物保险公司等机构,组建船舶保险联合会,深度参与兵险等业务,在国内保险业发展的重要节点上写下了浓墨重彩的一笔。

在"宁波帮保险公司的经营管理"一章里,作者以保险机构成立时间为线索,分节记述了各保险公司的机构设置、人员构成、业务范围和经营情况,以丰富的老照片再现了各公司当年的建筑外观、保险单证、宣传广告,介绍了宁波帮主导的各类保险商会、公会、协会等组织的运作模式。宁波帮保险公司的治理结构,反映了民族保险业由简单管理渐变至精细管控、业务种类不断增多和贴近客户需求的趋势,而随之产生的行业各种组织,在联系保险公司开展业务、恪守行业规范等方面起到了积极作用。花样繁多、要言不烦的保险广告和宣传画,多以简洁通俗的语言、引人注目的画面向大众普及保险知识,于今看来也会给人以启示。

该书的主要篇幅"宁波帮保险人物与保险公司",列出了近代涉足保险业的一大批宁波帮保险人。从初创国内保险公司的朱葆三到民国时期的保险"大腕"宋汉章,从"船王"包玉刚到中共地下党人林震峰,可谓众星云集,耀人眼目。其从事或参与保险业的时间长短不等,但无一例外地成为宁波近代保险史上可圈可点的人物。本书作者经年累月在零散的保险资料中寻觅草蛇灰线,继而刨根问底,将一幅宁波保险人物"联络图"呈现在了读者眼前。这些保险人物或浮沉业界,与保险短暂结缘;或毕生如一,倾心沥血,构筑民族保险业的路基与大厦,形成了独具个性特点和富于传奇色彩的风景。

英国历史学家柯林伍德说:"历史就是按照大量材料,想象古人的心灵活动。"面对这些历史人物,不免让人浮想联翩:在平静或动荡的时代,他们的心态、作为、成败、悲喜,究竟如何改变了人生的线路,又是如何影响了宁波乃至国内的保险业发展轨迹,作者在书里没做过多的交代,只是编撰了粗线条的人物经历。这方面的客观局限是资料稀缺所致,好处则是给后来的研究者提供了依据。柯林伍德还说:"历史著作有开始也有结束,但它们描写的事件却并不如此。"这正是历史研究的魅力所在。

《宁波帮与中国近代保险史略》的结构体系遵循了历史研究著作的基本范型,但篇章和细节尚值得认真推敲、打磨。例如,人物篇的前置与其他章节关于保险公司的内容交叉,条线纷扰,有所重复;个别标题与编撰的文稿存在距离,关联并不紧密等。当然,瑕不掩瑜,《宁波帮与中国近代保险史略》的意义并不因此受到影响。

王珏麟是个勤奋、严谨、执着的研究者,《宁波帮与中国近代保险史略》是其学术研究的发轫之作。相信他的努力会取得更大的收获,期待他为保险历史研究锦上添花,再结硕果。

附录四

保险从海上来

——评王珏麟《宁波帮与中国近代保险史略》①

1123 年,宋徽宗在宁波招宝山下造两艘"万斛神舟"大船,从明州港启航出使高丽;到达后,高丽"万民欢呼出迎"。返航途中,船队遭遇巨浪。传说当时的给事中路允迪向妈祖祈祷,后顺利抵达定海。宋徽宗因此赐妈祖庙额为"顺济",即返航船舶的船名。

1347 年 10 月 23 日,意大利商船"圣·科勒拉"号要从热那亚运送一批贵重的货物到马乔卡,船长担心海上风险,找到一位以冒险著称的富商乔治·勒克维伦,在他那里存上一笔钱,如果船行顺利,钱就归勒克维伦,如果船遇风险,勒克维伦负责赔偿货物损失。这张"冒险借贷"的契约,成为世界上第一张保险单。

历史的巨浪和海风洗刷着东西方漫长的海岸线,演绎着不同的航海意识。

宁波学者王珏麟在其新著《宁波帮与中国近代保险史略》中,力求发现这条近乎抽象的海岸线在其中的暗合。他像一位老船长,航行著书了整整十年的光景;他的近视眼镜镜片如同老船长的双筒望远镜,永远巡视着远

---

① 作者高星,任职于中国人民保险集团公司。本文原载于中国保险学会《保险史志》2018 年第 51 期,收入时有删改。

方;他在铺展的海图上,寻觅着彼此的坐标和灯塔。

王珏麟在书的开篇,将时间节点定在了1842年。

王珏麟讲道:"1842年,根据中英《南京条约》的规定,宁波作为'五口通商'口岸之一,被迫开埠。随后,宁波江北岸开辟了外国人居留地。1854年,慈溪人费纶志、盛植绾等集资7万两,向英国商人购买了一艘蒸汽机动轮船,定名为'宝顺'号……"

又是一个"顺"字,可见中国人对顺风、顺利的高度认同。

这艘中国最早的蒸汽机动轮船,也是宁波告别帆船港进入机船港的标志。"宝顺"号配备武器,为商船护航。

其实,宁波的名字就取自"海定则波宁"。宁波是世界第四大港口城市,是中国最早设立的四个海关之一,是"海上丝绸之路"的东方始发港。宁波港(古称明州港)被国际港航界权威杂志——英国《集装箱国际》评为"世界五佳港口"。可见宁波海运由来已久,保险发展也是水到渠成。

在书中,王珏麟在阐述宁波环境背景之后,便开始进入细节的解剖。以点带面,由宁波保险人物切入,连带介绍宁波帮创建、参与的保险公司情况,再进一步论及在中国保险业的地位和影响,铺展开一卷中国保险事业发展的立式构图。

请看一组人物群像:朱葆三、宋汉章、胡詠骐、卢绪章、谢寿天、包玉刚、王正廷、林振峰、蒋明、李如成……这些赫赫有名的保险历史人物皆出自宁波,他们前仆后继,继往开来。

任何个人对于历史的发展都起着作用,都在一定程度上参与了历史的形成。从中国保险史看,众多保险人的奋斗汇聚成保险业发展的长河,他们身上负载着保险创业者的艰辛和荣光。他们每个人的成长经历及人生故事,更是多姿多彩;他们共同呈现出的宁波地域特色,同样值得称道。

每一个历史人物都是历史事件的当事者,他们能在历史发展的进程中明显地留下自己意志的印记,能够影响历史事件外貌特征。作为保险发展的杰出群体,宁波帮反映了时代的要求,代表了进步阶级的利益,可谓顺应历史潮流而动。

当然,这些保险历史人物体现了必然性和偶然性的统一。时势造英雄,他们对中国保险业起到了强有力的推进作用。

我也写过两个宁波保险历史人物。

第一个是楼茂庆,宁波鄞县(今鄞州区)人。1941年,楼茂庆报考了浙江兴业银行,录取后,被分配到上海泰山保险公司担任职员。后来,他成为人保财产保险专家。另一个是出生在宁波慈溪的周庆瑞,后来成为人保再保险的创办人。

在该书第三章,王珏麟以严谨的史学态度,剖析了宁波帮与中国近代保险业发展的关系和作用,并重点论述了再保险、航运险、兵险、中介业务四个方面的内容。第四章则是"宁波帮保险公司的经营管理",王珏麟另辟蹊径地选择了宁波帮保险大楼、宁波帮保险单、宁波帮保险广告等进行赏析和分析,让我大开眼界。

因此,我认为,不论是在保险史料的选择和挖掘上、治学态度上,还是在文本规划上,该书都是一部创新之作。

索　引

致 谢

感谢:

中国保险学会会长姚庆海、副秘书长童伟明,宁波文史办原主任朱忠祥,中华联合保险集团公司祁成民的指导;

保险业历史研究专家及收藏家高星、成继跃、林振荣、陈国庆、赵守兵、张天福、刘润和的帮助;

《中国保险报》记者方磊的帮助和辛勤付出;

宁波市保险学会原会长毛寄文、张忠平,常务副会长邵洪吉的帮助和指导;

中国人寿宁波市分公司负责人王立华的帮助和指导;

中华联合财产保险股份有限公司宁波分公司原总经理尹天笑、张伟星,现任总经理王金城、副总经理周东明的帮助和支持;

中国保监会宁波保监局耿岳、姜政一、夏民程多年来的帮助和指导;

宁波近现代保险史研究编纂工作小组管益君、徐明、陆金儒、邵萍、徐昌振、李为敏、陆益斌、胡丽娜的审读和校对;

上海财经大学商学博物馆提供支持;

宁波大学孙善根教授的帮助和指导;

上海市第八中学林振荣老师提供相关照片并同意部分文章的引用;

宁波保险学会前工作人员刘惟佳、许红的辛勤付出;

浙江大学出版社吴伟伟编辑的策划组稿。